1590년대 일본열도

KB120721
다테
마사무네
우에스기
가게카쓰
마에다 도시이에
이시다 마쓰나리
호소카와 다다오키
에도
교토
오사카
모리 데루모토
소 요시토시
쓰시마
시마바라성
나고야성
히라도
니베시마
나오시게
나가사키
오토모 요시무네
우키타
히데이에
가토 기요마사
고니시 유키나가
아리마 하루노부
사쓰마
1549년
하비에르 신부가
상륙한 곳
이시야마 혼간지
혼노지
1600년
세키가하라 전투
도쿠가와
이에야스

일본인 이야기

일본인 이야기 1

전쟁과 바다

김시덕 지음

메디치

들어가며

이 책은 전체 다섯 권으로 구성된 《일본인 이야기》 시리즈 첫 번째 책입니다. 이 시리즈에서는 일본과 유럽이 처음으로 접촉한 1540년대 초부터 이른바 '대일본제국'이 연합군에 패배하여 점령된 1940년대 말까지를 다루려고 합니다.

《일본인 이야기》 시리즈의 첫 번째 책으로서 16~17세기의 전환기를 다루는 〈전쟁과 바다〉 편의 관점은 크게 세 가지입니다. 첫째, 인간 세상에서는 때로 법칙보다 우연이 더 크게 작용하고, 둘째, 인간 개개인의 삶에서는 노력 이상으로 행운이 중요하며, 셋째, 정치 분야 이상으로 경제와 군사 분야가 인간 세계를 전진시키는 중요한 요인이라는 점입니다.

자신에게 찾아온 우연을 행운으로 만들 수 있는 것이야말로 실력입니다. 오다 노부나가織田信長, 도요토미 히데요시豊臣秀吉, 도쿠가와 이에야스德川家康 모두 위험한 순간마다 우연이 찾아왔습니다. 그들의 진정한 실력은 그 우연을 놓치지 않고 자신에게 유리한 행운으로 만들었다는 데 있습니다. 그리고 그들은 정치 부문 이상으로 경제·군사 면에서 실력을 발휘하여 우연을 행운으로 만들었습니다. 특히 경제·군사 부문은 17세기 이후의 한반도 주민이 한반도와 바깥 세계를 바라볼 때 취약한 부분입니다.

저는 세 가지 차원에서 16~17세기를 담으려 했습니다. 첫째는 일본 국내의 통일 전쟁 과정입니다. 대부분 학자들이 이 시기를 서술할 때 주목하는 부분입니다. 둘째는 통일 전쟁 과정만큼이나 중요한, 유럽 국가들과의 교섭, 그 과정에서 가톨릭의 역할과 영향력입니다. 셋째는 조선과 한반도 문제입니다. 임진왜란과 병자호란을 겪고도 쇄국의 길을 걸으며 동아시아 경쟁구도에서 왜 뒤떨어지게 됐는지 살펴보려 합니다. 일본사 시대 구분을 할 때 일반적으로 오다 노부나가와 도요토미 히데요시가 권력을 잡았던 시기와 에도시대(1603~1868년)를 합한 3백 년간을 '근세'라고 부릅니다. 일본과 조선의 격차는 바로 이 시기에 크게 벌어졌다고 해도 과언이 아닙니다.

이제까지 이 시기를 다룬 한국 바깥 여러 언어권의 저자들은 이 세 가지 포인트 가운데 한 가지 또는 두 가지를 다루는 데 그쳤습니다. 어떤 저자는 일본의 전국시대를 볼 때 도쿠가와 이에야스의 막부 수립으로 끝나는 과정에만 집중하다 보니 유럽 국가와의 문제에는 상대적으로 관심을 보이지 않았고, 어떤 저자는 유럽의 가톨릭 또는 프로테스탄트 국가들이 일본과 교섭을 가진 데에만 주목하다 보니 일본 내부의 전국시대가 전개된 과정에 대해서는 상대적으로 서술이 소홀했습니다. 그리고 두 부류의 저자 모두 16~17세기 일본과 조선의 문제에 대해서는 거의 무심했습니다. 반대로 한국에서는 지나치게 조선 문제에 관심을 갖고 있는 데다가 정치사·경제사에 치중해서 역사를 바라보는 경향이 있습니다. 그 때문에 16~17세기 일본이 처리해야 하는 두 가지 큰 과제가, 종교적 분열과 경제적 성장 속에서 일본 내부의 통일을 이루어내고, 가톨릭과 프로테스탄트 유럽 국가들과의 관계를 어떻게 설정할 것인가에 있었다는 사실에는 상대적으로 관심이 덜했습니다.

저는 이 책에서 전국시대의 통일, 유럽과의 관계 설정, 조선 문제 이 세 가지를 가능한 한 비슷한 분량으로 다루면서, 세 가지 포인트를 되도록 유기적으로 엮어서 이야기하려고 노력했습니다. 그리고 한반도 또는 일본열도에서 일어난 일을 동남아시아 등 동중국해 연안 지역 너머의 세계에서 일어난 일과 비교해서 그 관점을 여기에 덧붙였습니다. 일본을 일본열도로만 한정해 보는 것이 아니라 동아시아 판, 유라시아 판에서 바라보는 게 가장 큰 특징이 될 것입니다. 이런 저의 시도가 성공했는지 여부는 이 책을 읽는 독자 여러분께서 판단해주실 터입니다.

《일본인 이야기》 시리즈의 향후 출판 계획은 다음과 같습니다. 17세기 중반~18세기 중반을 다룰 제2권 〈백가쟁명百家爭鳴〉, 18세기 후반~19세기 전반을 다룰 제3권 〈북로남왜北虜南倭〉, 메이지유신 전후를 다룰 제4권 〈일본의 두 번째 기회〉, 19세기 말~패전 전후를 다룰 제5권 〈보통국가에의 지향과 좌절〉까지 구상하고 있습니다.

이 책에서 출전을 표기하지 않은 삽화는 위키미디어 커먼스 등에서 확인할 수 있는 것들로, 저작권·소장권이 해제된 삽화들입니다.

이 책에 수록한 고문헌을 입수하는 데 도움을 주신 게이오대학 사도문고 사사키 다카히로 선생과 이치노헤 와타루 선생, 이 책의 가톨릭 관련 사항을 검토해주신 한님성서연구소 주원준 선생, 경제 관련 사항을 검토해주신 명지대학교 경제학과 김두얼 선생, 2017년에 네덜란드로 초청해주신 하비에르 차 선생께 감사드립니다. 그리고 이번 책을 쓸 때에도 장누리와 딸 김단비가 저와 함께했습니다.

2019년 10월 김시덕

차례

01

대항해시대 유럽과 동부 유라시아

"전투 없이 거래 없다"

1542~43 포르투갈인이 일본에 조총 소개

1549 프란치스코 하비에르 일본 도착

1550

1592~98 조선·명·일본 사이의 무력 충돌 (임진왜란·정유재란)

1600

1600 영국 동인도회사 설립

1600 세키가하라 전투

1602 네덜란드 동인도회사 설립

1609 네덜란드 동인도회사, 일본 규슈 히라도에 거점 구축

1614~15 두 차례의 오사카 전투

1618~48 유럽의 30년전쟁

1621 네덜란드 서인도회사 설립

1627 조선과 청나라의 첫 번째 무력 충돌 (정묘호란)

1636~37 조선과 청나라의 두 번째 무력 충돌 (병자호란)

1637~38 시마바라 봉기

1650

1662 정성공의 타이완 정복 및 네덜란드 동인도회사 세력 축출

1664 프랑스 동인도회사 설립

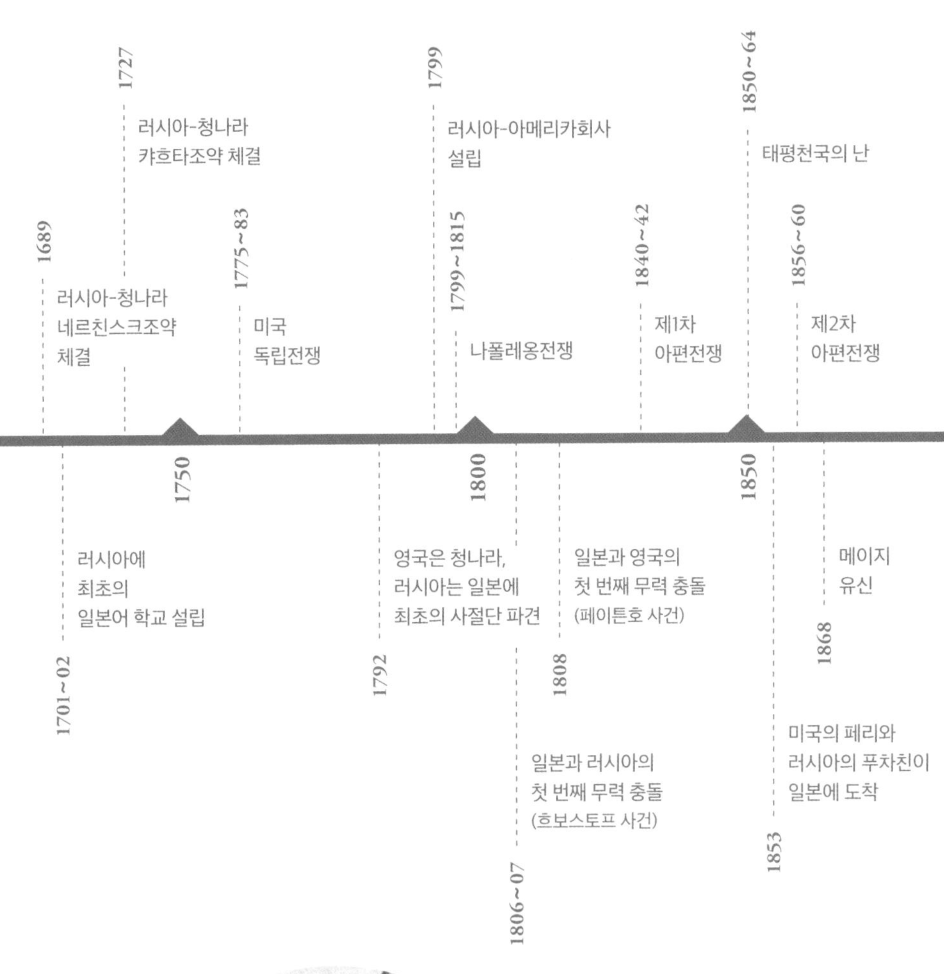
1689
러시아-청나라
네르친스크조약
체결
1701~02
러시아에
최초의
일본어 학교 설립
1727
러시아-청나라
캬흐타조약 체결
1750
1775~83
미국
독립전쟁
1792
영국은 청나라,
러시아는 일본에
최초의 사절단 파견
1799
러시아-아메리카회사
설립
1799~1815
나폴레옹전쟁
1800
1806~07
일본과 러시아의
첫 번째 무력 충돌
(흐보스토프 사건)
1808
일본과 영국의
첫 번째 무력 충돌
(페이튼호 사건)
1840~42
제1차
아편전쟁
1850
1850~64
태평천국의 난
1853
미국의 페리와
러시아의 푸차친이
일본에 도착
1856~60
제2차
아편전쟁
1868
메이지
유신

네덜란드에서 생각하다

《일본인 이야기》 1권을 네덜란드 이야기로 시작하려고 합니다. 안심해주십시오. 조금만 따라와주시면 곧 일본인 이야기에 다다를 터입니다.

2017년 8월 29일, 저는 네덜란드 덴하흐에 있었습니다. 덴하흐라고 하면 한국에서 흔히 영어식으로 '헤이그'라고 불리는 곳이죠. 대한제국 황제 고종이 1907년에 이준, 이상설, 이위종 세 사람을 이곳에서 열린 제2회 만국평화회의에 파견했습니다. 바로 '헤이그 밀사 사건'입니다. 현재 덴하흐의 차이나타운 한쪽에는 헤이그 밀사 사건을 추모하는 이준열사기념관이 자리하고 있습니다. 19세기 후반 당시 조선과 대한제국의 외교가 기본적으로 중국 청나라의 영향 아래서 이루어졌고, 또 해외에 나간 조선인이 그나마 문화적 친근감을 느낄 수 있는 곳이 차이나타운이었을 테니, 이들 세 사람의 행적이 덴하흐의 차이나타운에 남아 있는 것이 이해되었습니다.

만국평화회의가 열린 데서도 알 수 있듯이 덴하흐는 국제정치의 무대로서 유명합니다. 하지만 제가 덴하흐를 찾은 이유는 두 곳을 들르기 위해서였습니다.

한 곳은 덴하흐 중앙역에서 동쪽으로 나오면 곧장 마주치는 국립기록보관소Nationaal Archief에서 열리는 〈네덜란드 동인도회사의 세계De Wereld van de VOC〉 전시회입니다.

네덜란드 국립기록보관소와 비슷한 성격을 띠고 있는 한국의 국가기록원은, 대전·서울·부산 기록원 모두 지하철 역에서 꽤 먼 곳에 위치해 있습니다. 과거 역사의 국가기록원이라 할 수 있는 국사편찬위원회, 장서각, 규장각한국학연구원 그리고 국립중앙도서관도 마찬가지입니다. 저는 세계의 주요 도시 가운데 하나인 덴하흐의 중앙역 바로 옆에 국립기록보관소를 당당하게 세워놓은 네덜란드 사람들이야말로 '책의 민족'으로 불려야 한다고 느꼈습니다. 이것이 국립기록보관소에서 받은 첫 번째 충격이었습니다.

두 번째로 충격적이었던 것은 〈네덜란드 동인도회사의 세계〉 전시회장 입구에 내걸린 "전투 없이 거래 없다No business without battle"라는 캐치프레이즈였습니다. 네덜란드 동인도회사는 1602년에 설립되었습니다. 서쪽으로 남아프리카공화국에서 동쪽으로 타이완과 파푸아뉴기니에 이르기까지 동인도회사는 인도양의 패권을 차지한 무역 회사이자 전투 집단이었습니다. 현지에서 무역할 만하다고 생각되면 무역을 하고, 자신들에게 유리한 방향으로 무역이 이루어지지 않는다고 판단되면 거리낌 없이 군사력을 동원해서 뜻을 관철해나갔습니다. 그

1

2

1 덴하흐 중앙역에서 바라본 국립기록보관소.

2 전시회장 입구에 내걸린 네덜란드 동인도회사 특별전의 캐치프레이즈. "전투 없이 거래 없다(No business without battle)."

러한 네덜란드 동인도회사의 태도를 상징하는 것이 바로 이 "전투 없이 거래 없다"라는 캐치프레이즈입니다.

네덜란드 동인도회사뿐 아니라 영국·프랑스·벨기에·독일·러시아 같은 유럽 문명권 국가들이 중세부터 오늘날에 이르기까지 세계를 상대로 해온 일들이 바로 이것이었습니다. 자기들 이익을 얻기 위해서라면 무역이든 전쟁이든 가리지 않고 무엇이든 한다는 정신. 청나라 사람들에게 아편을 판매하려던 것을 청나라 관리들이 저지하자 영국인들이 1840~1842년에 일으킨 아편전쟁이 대표적인 사례입니다.

"전투 없이 거래 없다"라는 캐치프레이즈를 보면서 저는, 세계가 움직이는 근본 원리를 이렇게 숨기지 않고 드러낼 수 있는 당당함이랄까, 혹은 뻔뻔함이 바로 유럽 문명권이 세계를 지배한 원동력이었다는 사실을 최종적으로 확신했습니다. 그리고 《일본인 이야기》의 첫머리를 "전투 없이 거래 없다"는 말로 시작하기로 했습니다.

덴하흐에서 보고 싶었던 두 번째 장소는 마우리츠하위스Mauritshuis 미술관입니다. 네덜란드 화가 요하네스 베르메르Johannes Vermeer의 유명한 그림 〈진주 귀걸이를 한 소녀〉가 있는 곳으로도 유명하지요. 처음에는 저도 마우리츠하위스를 이런 유명한 그림이 적잖이 소장되어 있는 미술관이라고만 생각했습니다. 브라질 총독을 역임한 요한 마우리츠Johan Maurits의 저택이던 이 미술관은 생활공간답게 작은 방이 많았고, 그 방 하나하나마다 렘브란트Rembrandt며 브뤼헐Brueghel 같은 네덜란드 유명 화가들의 그림이 걸려 있어서 감탄스러웠습니다. 이런 유명 화가의 그림 앞에는 당연히 사람들이 빼곡히 서 있었고요.

그러다가 어느 방으로 옮겨 갔는데, 신기하게도 그 방에는 사람이 아무도 없었습니다. 다른 방들과 달리 조명도 어두웠고, 그림을 담은 액자들도 전체적으로 검은빛으로 통일된 느낌이었습니다. 일종의 전율감이 느껴졌죠. 방 한쪽에는 붉은 전신상 하나가 세워져 있었는데, 바로 이 건물의 주인인 요한 마우리츠의 전신상이었습니다. 이 방에는 마우리츠가 인생 중반기인 1630년부터 1654년 사이에 총독으로 근무했던 네덜란드 서인도회사령 브라질의 풍경을 담은 그림들이 전시되어 있었습니다. 1621년에 설립된 네덜란드 서인도회사는 오늘날의 브라질 동북부를 지배했습니다.

네덜란드 화가 프란스 포스트Frans Post는 마우리츠 총독의 초청을 받아 1636년에 브라질을 방문해서 이국적인 풍경을 그림으로 그렸습니다. 제가 마우리츠하위스를 방문했을 때에는 〈브라질 이타마라카섬의 풍경〉(1637)과 〈집을 건설 중인 브라질의 풍경〉(1655~1660)이 전시되어 있었습니다. 두 작품 모두 흑인 노예와 브라질 원주민이 네덜란드인의 지배를 받으며 신생 브라질 식민지를 건설하는 모습을 미화하는 그림이었습니다.

프란스 포스트는 유럽인 최초로 아메리카 대륙의 모습을 그림으로 옮긴 화가로 유명합니다. 15세기 말 콜럼버스가 아메리카 대륙에 첫발을 내디딘 이후 백 수십여 년 동안 이른바 '신대륙'에서 바다 건너온 온갖 진귀한 물건을 보면서 아메리카 대륙을 상상만 하던 유럽인들에게, 처음으로 아메리카 대륙의 '실제' 모습을 보여준 것입니다.

물론 프란스 포스트는 네덜란드 서인도회사의 지배를 받으며 질서 있게 개발되어가는 브라질의 모습을 이상화해서 그렸을 것입니다.

요한 마우리츠의 전신상(마우리츠하위스 소장)

프란스 포스트, 〈브라질 이타마라카섬의 풍경〉(마우리츠하위스 소장).

따라서 어떤 사람들은 프란스 포스트의 아메리카 그림이 실제 모습이 아니라 유럽인이 바라는 모습에 지나지 않는다고 생각할 수도 있습니다. 하지만 인간은 자신이 처한 입장에서만 세상을 바라보는 법입니다. 브라질의 대지를 조망하던 네덜란드 사람들은 자신들이 정말로 이 '야만'의 땅에 '문명'을 가져다주었다고 감개무량해했을 터입니다. 그리고 그러한 업적을 본국에 자랑하고 싶었을 것입니다. 그 상징적인 건물이 바로 덴하흐의 마우리츠하위스입니다.

마우리츠가 살아 있을 당시에도 네덜란드 사람들은 식민지의 부富로 쌓아올린 이 건물에 대해 이러쿵저러쿵 말들을 했습니다. 스페인으로부터 독립한 뒤 얼마 안 되어 '제국'을 건설한 자기 나라의 위상을 상징하는 건물이라고 생각한 사람도 있었을 테고, 식민지 사람들을 착취해서 쌓은 부로 이런 으리으리한 건물을 짓는 것은 좋지 않다고 생각한 사람도 있었을 것입니다.

이러한 왈가왈부를 거치며 생활공간으로 쓰이다가 오늘날 미술관으로 바뀐 마우리츠하위스의 탄생 배경과 관련해, 미술관 공식 팸플릿이나 건물 안내판 어디에서도 식민지 통치의 역사를 언급하고 있지 않습니다. 이곳을 찾는 네덜란드인이나 대부분의 관광객들도 〈진주 귀걸이를 한 소녀〉를 비롯해 유명 화가의 그림들에만 주목할 뿐, 이 건물이 상징하는 유럽인의 세계 지배의 역사에는 무관심합니다.

마우리츠의 전신상과 함께 프란스 포스트의 남아메리카 그림이 걸려 있는 이 방에서 저는 생각했습니다. 마우리츠하위스에서 〈진주 귀걸이를 한 소녀〉만 보고 이 방의 숨겨진 뜻을 헤아리지 않는 것은 이 미술관을 절반만 보는 것이라고요. 마찬가지로 유럽 문명의 밝은 부구아야나스(Guayanas).

분이 만들어진 배경에는, 똑같은 유럽인들이 무역과 전쟁이라는 두 개의 칼을 휘두르며 세계 전체를 식민지로 만들려 한 역사가 있었다는 사실을 우리는 똑똑히 인식하고 있어야 합니다.

제가 유럽 문명의 폭력성과 이중성을 비판하기 위해 이런 말씀을 드리는 것이 아닙니다. '무역과 전쟁은 하나'라는 입장을 가지고 있으면서, 이를 도덕적으로 부끄러워하거나 반성할 생각이 전혀 없는 유럽 세력이 오늘날의 글로벌 질서를 만들었다는 말씀을 드리는 것입니다. 제가 덴하흐에서 본 〈네덜란드 동인도회사의 세계〉 전시회, 그리고 네덜란드 서인도회사 관계자인 마우리츠가 세운 마우리츠하위스는 스페인과 포르투갈에 뒤이어 식민지 쟁탈전에 뛰어든 17세기 네덜란드의 본질을 보여주는 것이었습니다.

여담입니다만, 네덜란드령 서인도회사를 생각할 때마다 영국령 기아나에서 독립한 가이아나, 네덜란드령 기아나에서 독립한 수리남, 그리고 지금도 프랑스의 일부인 프랑스령 기아나가 떠오릅니다.[1] '많은 물의 땅'이라는 뜻의 선주민 말에서 빌려온 스페인어 '구아야나스Las Guayanas'라고 통칭되는 지역을 스페인, 영국, 네덜란드, 프랑스, 포르투갈, 다섯 유럽 국가가 나누어 점령하면서 이 지역에 복잡한 경계선이 만들어집니다. 스페인령 기아나는 스페인어를 쓰는 베네수엘라의 일부가 되었고, 포르투갈령 기아나는 포르투갈어를 쓰는 브라질의 일부가 되었습니다. 그리고 남아메리카의 양대 언어권인 스페인어권과 포르투갈어권 어느 쪽에도 속하지 않은 나머지 세 지역이 지금까지 그 형태를 남기고 있습니다.

유라시아 동부 해안에 나타난 네덜란드 동인도회사

이야기를 다시 네덜란드로 되돌리겠습니다. 덴하흐에서 네덜란드의 동인도회사와 서인도회사의 영향력을 확인한 뒤, 저는 암스테르담으로 가서 두 회사의 본부 건물을 찾았습니다. 현재 동인도회사 본부 건물은 암스테르담대학에서 사용하고 있고, 서인도회사 본부 건물은 복합시설로 활용하고 있었습니다. 이 건물들을 올려다보는 동안, '여기서 네덜란드 제국의 세계 지배가 이루어졌구나' 하는 감회가 저절로 들었습니다. 그리고 아시아를 관할구역으로 둔 동인도회사 본부 건물이 아메리카나 아프리카를 상대로 무역을 벌인 서인도회사 본부 건물보다 몇 배나 큰 것을 보면서, 두 회사의 세계 경영 규모 차이가 반영된 게 아닐까 생각했습니다.

한때 세계의 바다를 제패한 네덜란드 동인도회사가 유럽의 최신식 '무기'와 '상업'이라는 두 개의 칼을 앞세워 인도양을 휩쓸고 동중국해에 왔을 때 맞닥뜨린 것이 바로 명·청대 중국과 일본이었습니다. 인도양 지역에서 보여준 모습과 달리 네덜란드 동인도회사는 동중국해 국가들에게는 군사적으로 무기력한 모습을 보였습니다. 심지어 북쪽에서 만주인·몽골인을 중심으로 여러 민족이 연합한 후금(뒷날의 청나라)을 견제하느라 상대적으로 남쪽에 소홀했던 명나라에게도 군사적으로 도전하지 못했습니다.

네덜란드 동인도회사는 타이완과 육지 사이에 놓인 펑후澎湖제도

암스테르담의
옛 네덜란드 서인도회사 본부 건물.

에 군사 거점을 마련하려다가 명나라의 공격을 받고 후퇴해서, 당시 명나라 지배권 바깥에 있던 타이완 남부에 거점을 마련하는 데 그쳐야 했습니다. 게다가 이 네덜란드령 타이완마저 1628년에는 일본인 무역상 하마다 야효에浜田弥兵衛와 스에쓰구 헤이조末次平蔵, 1661년에는 중국인 해적 정지룡鄭芝龍과 일본인 다가와 마쓰田川マツ 사이에서 태어난 명나라 장수 정성공鄭成功의 공격을 받습니다. 이렇게 네덜란드 동인도회사는 군사적으로 수세에 몰린 끝에 1662년 타이완 섬을 포기하기에 이릅니다.

또한 일본 본토에서도 도쿠가와 이에야스 정권에 무력으로 도전하지 못하고, 규슈 서쪽 끄트머리의 히라도와 나가사키에 극히 제한된 무역 거점을 마련하는 데 그칩니다. 1600년 세키가하라 전투와

1614~1615년 두 차례의 오사카 전투를 거쳐 일본을 지배하게 된 도쿠가와 막부, 즉 도쿠가와 가문의 군사력이 네덜란드 동인도회사의 무력행사를 저지할 만한 실력을 지니고 있었기 때문입니다. 심지어 헨드릭 하멜 등 30여 명이 일본과 동남아시아를 왕래하다가 조선에 표착했으나 동인도회사 측은 조선 정부와의 교섭에 매우 소극적인 모습을 보였습니다. 물론 이것은 기본적으로 네덜란드 동인도회사가 조선으로의 상업적·군사적 진출을 17세기 초에 포기했기 때문입니다.

유럽 국가들이 대양을 개척하던 대항해시대. 스페인이나 포르투갈과 마찬가지로 네덜란드 역시 전 세계에서 군사력을 앞세워 무역을 전개하고 식민지를 건설하는 데 거침이 없었습니다. 훗날의 일이기는 하지만, 네덜란드의 강력한 군사력에 더 이상 아무런 저항도 할 수 없게 된 발리섬에서는 1906년에 바둔 왕국의 왕족과 신하들이 네덜란드 침략에 항거하는 '죽음의 행진', 이른바 푸푸탄puputan을 벌여 수천 명이 넘게 학살되기도 했습니다. 이 정도로 동남아시아에서 압도적인 군사력을 과시한 네덜란드지만, 동중국해 연안 지역에서는 무기력한 모습을 보였습니다. 명·청대 중국의 도자기나 비단, 일본의 은을 거래하는 데서 오는 이익이 워낙 크다 보니 네덜란드 동인도회사 측이 두 나라 정부의 눈치를 본 것입니다. 네덜란드가 자신들보다 군사력이 뒤떨어지는 동남아시아 여러 지역에서 거침없이 무력행사를 하던 것에 비하면, 동중국해 지역에서 조용히 무역에만 종사한 것은 분명 독특한 모습입니다.

이러한 모습은 19세기에도 마찬가지였습니다. 거대한 아프리카를 둘로 나눠 가질 만큼 전 세계에서 군사력을 과시하던 영국과 프랑스

암스테르담의 옛 네덜란드 동인도회사 본부 건물. 현재는 암스테르담대학 시설로 이용되고 있다.

역시 동중국해에서는 청나라와 일본, 조선을 식민지로 만들지 못했습니다. 러시아·미국·독일·벨기에 등도 마찬가지였습니다. 동중국해 연안 지역의 한 겹 바깥에 존재하는 연해주를 러시아가, 베트남을 프랑스가, 미얀마를 영국이 각각 식민지로 만들었지만, 동중국해 연안 지역의 류큐·타이완·조선을 두고 경쟁한 것은 유럽 국가가 아닌 청나라와 일본이었습니다. 그리고 청나라의 후신인 중화민국과 '대일본제국'은 결국 1937~1945년 중일전쟁에서 무력 충돌합니다. 이렇게 유럽 국가의 식민지가 되지 않고 살아남은 국가들끼리 패권 경쟁을 펼친 곳은 전 세계에서 동중국해 연안 지역이 유일합니다.

이러한 결과는 무엇보다도 명·청나라 시기 중국과 도쿠가와 막부 치하 일본의 군사적 역량에서 비롯된 것입니다. 유럽 국가들은 중국, 일본 두 나라와 모두 무역 관계를 맺었습니다. 한편 조선에서는 1868년 메이지유신이 일어나기 전부터 일본이 네덜란드와 접촉하면서 유럽 지식을 흡수해왔다는 사실이 널리 알려졌습니다. 네덜란드를 한자식으로 '화란和蘭'이라고 해서, 네덜란드 학문을 '난학蘭學'이라고도 불렀지요.

하지만 실제로 일본보다 더 많은 유럽 국가들과 접촉한 것은 명·청대 중국이었습니다. 유럽에 칸톤(Canton, 廣東)이라는 이름으로 알려진 중국 남부의 광저우廣州에는 영국·프랑스·네덜란드·스웨덴·덴마크 등에서 온 상인들이 무역 거점을 두고 있었고, 광저우와 이웃한 마카오에는 16세기부터 포르투갈 사람들이 거주하고 있었습니다. 또 아무르강이라고도 불리는 북쪽 흑룡강의 네르친스크에는 러시아와의 무역 거점을 두었습니다. 더욱이 명나라와 청나라에서는 예수회

(가톨릭 분파 가운데 하나) 선교사들이 활발히 활동하기도 했습니다.

반면 일본은 유럽 세력과 무역 관계를 맺는 데 소극적이었습니다. 16세기부터 포르투갈·스페인·영국·네덜란드 등이 일본과의 무역을 희망하며 접근했고, 18세기에는 러시아도 평화적인 수단과 군사력을 동원해 일본에 접근했습니다. 하지만 도쿠가와 막부는 17세기 초 유럽 국가들 가운데 네덜란드만을 유일한 무역 상대국으로 선택했고, 그 방침은 19세기 중반까지 변하지 않았습니다. 그것은 정치적 안정과 자신의 권력 체제 유지를 위해 네덜란드가 가장 적합하다고 판단했기 때문이죠(이 부분은 뒤에서 다시 다루도록 하겠습니다).

중국과 일본,
무엇이 같고 무엇이 다른가

대항해시대부터 19세기에 이르기까지, 실제로 유럽에서 발달한 지식을 배울 기회가 더 많았던 나라는 일본이 아니라 명·청대 중국이었습니다. 그렇다면 유럽의 학문을 배울 기회가 적었던 일본이 어떻게 명·청대 중국보다 더 많은 지식과 정보를 유럽인들로부터 이끌어내서 '난학'이라는 학문으로까지 발전시킬 수 있었을까요? 그 이유는 대항해시대 이래로 세계를 휩쓴 유럽의 군사적 위협을 일본이 명·청대 중국보다 더욱 심각하게 받아들였기 때문입니다.

명·청대 중국의 경우에는 ①당시 군사력이 유럽 세력의 도전을 여유 있게 물리칠 만한 수준이었고, ②중국 영토가 워낙 넓다 보니 광저우와 마카오에 유럽 세력의 무역 거점을 제공해도 그들에게 그다지 안보적·경제적 위협이 되지 않았습니다. ③명나라와 청나라에서 예수회 선교사들이 활동하기는 했지만 그들의 가르침이 민중에게까지 침투할 정도는 아니었습니다. 그리스도교의 가르침에 따른 민중 반란인 태평천국의 난(1850~1864)까지는 아직 2백여 년이 남은 시점이었습니다. 말하자면 청나라에서 지배 질서에 위협이 된 것은 그리스도교가 아니라 백련교도의 난(1796~1804)을 일으킨 불교, 서남에서 판데의 난(1856~1873)과 서북에서 둥간 봉기(1862~1877)를 일으킨 이슬람교였습니다. ④유럽 세력의 동중국해 진출이 본격화되는 16~17세기에 중국 대륙의 최대 문제는 명나라에서 청나라로의 왕조 교체였고, 군사적·종교적으로 크게 위협이 되지 않는 유럽 세력에 대한 관심은 상대적으로 적었습니다. ⑤마지막으로, "중화 세계가 진지하게 외부 문명으로부터 영향을 받은 것은 불교와 마르크스주의뿐이다"라는 말에서도 알 수 있듯이, 애초에 명·청대 중국인들은 유럽으로부터 배울 게 있다는 생각을 하지 않았습니다.

영국의 국왕 조지 3세가 1792년에 최초로 청나라에 사절단을 보내서 두 나라 무역을 확대하자고 제안했을 때, 청나라의 건륭제는 이렇게 답했습니다. "우리는 모든 것이 풍족하여 국경 안에 부족한 것이 없으므로, 국경 바깥 오랑캐(유럽)로부터 물자를 수입할 필요가 없다." 건륭제의 답변은 두 가지 측면에서 이해할 수 있습니다. 우선 17세기 중반부터 18세기 중반까지 백 년 가까이 압도적인 군사력을 발휘해서 유라시아 동북부의 패권을 차지한 만주족 지배층의 후신답게 건륭제는 바다 건너 저 멀리 존재하는 영국군의 실력을 과소평가했습니다. 또한 건륭제의 말은 "중화제국 바깥에 가치 있는 것은 없다"는 한족의 세계관을 잘 보여주고 있습니다.

그러나 이것이 오랑캐(만주족) 황제가 중화 문명에 감화되었다는 의미는 아닙니다. '용감한 사람들의 나라'라는 뜻의 만주어 '다이칭 구룬daicing gurun'을 한자로 옮긴 '대청국大淸國' 청나라는, 단순히 만주인만의 나라가 아니라 몽골인·한인漢人·티베트인·위구르인을 모두 포함하는 다민족 국가였습니다. 아이신기오로(Aisin Gioro, 愛新覺羅) 누르하치努爾哈赤의 후예인 대청국의 황제는 만주인만의 황제가 아니라 모든 민족의 황제여야 했습니다. 따라서 다민족 국가인 대청국의 중요한 구성원인 한족의 세계관을 건륭제가 흡수한 것은, 오랑캐가 중화 문명에 흡수된 것이 아니라 거꾸로 중화 문명이 유라시아 동북부의 대청국이라는 새로운 문명권의 일부로 흡수되었음을 뜻합니다.

이렇듯 대항해시대에 유럽 세력의 군사적 위협을 성공적으로 물리친 명나라, 그리고 소수 민족에 의한 통일왕조로서 유라시아 동북부의 패권을 차지한 청나라는 각각 유럽 세력에 위기감을 느끼지 않았고 유럽으로부터 배울 것도 없다고 여겼습니다. 만약 이때 청나라가 일본처럼 유럽의 발달된 군사기술과 과학 문명, 지리 정보를 진지하게 익혔다면, 백 년 뒤 청나라를 휩쓴 위기 상황은 오지 않았을지도 모릅니다. 물론 청나라의 지배층인 만주인과 몽골인은 피지배층

1792년 건륭제의 82회 생일을 축하하기 위해 청나라를 방문한 영국의 매카트니 사절단.

의 대다수를 차지하는 한인과 민족적으로 융합해서 하나의 '국민'으로 거듭나지 않았고, 만주족 황제 스스로도 그러한 융화를 바라지 않았습니다. 만약 이때 청나라가 유럽과 성공적으로 교류를 가졌다고 해도, 민족주의 발생으로 붕괴된 오스트리아-헝가리 이중 제국dual monarchy과 비슷한 성격의 다민족 국가였던 청나라 역시 언젠가는 분열과 멸망의 위기를 맞이했을지도 모를 일입니다. 훗날 중국 남부를 휩쓴 태평천국의 난은 바로 그런 위험성을 말해 줍니다.

영국 최초의 외교 통상 사절단인 매카트니 백작 일행이 청나라를 방문한 1792년, 러시아의 아담 락스만 사절단도 일본을 방문했습니다. 다이코쿠야 고다유(大黒屋光太夫, 1751~1828, 에도시대에 러시아에 표류한

1792년 일본을 방문한 러시아의 아담 락스만 사절단. 우측 그림의 왼쪽이 고다유이다.

일본인 선장)를 비롯한 일본 표류민들을 자국으로 돌려보내기 위해서였습니다. 이들은 10년 전인 1783년 서일본 이세伊勢 지역의 시로코 항구를 출발해서 동쪽의 에도(오늘날 도쿄)로 향하다가 태평양에서 조난되었습니다. 쿠로시오해류의 흐름에 따라 알래스카 서남쪽의 알류샨열도에 도착했지요. 당시 알래스카는 러시아 땅이었고, 이곳에는 유럽 시장에서 비싸게 팔리는 최고급 모피를 수집하는 러시아 사냥꾼들이 있었습니다. 당시 시베리아와 알래스카의 모피를 우랄산맥 서쪽의 유럽 시장으로 가져가면, 모피와 같은 무게의 금으로 교환할 수 있었다고 합니다. 그래서 이 최고급 모피를 '부드러운 황금'이라고 부르기도 했습니다. 석유를 '검은 황금'이라고 부르듯이 말이죠.

이 러시아 사냥꾼들은 다이코쿠야 고다유를 비롯한 일본인 표류민들을 구출해서 러시아 왕실로 데려갔습니다. 당시 러시아 정부에서는 일본인 표류민을 구출하면 죽이거나 돌려보내지 말고 일단 중앙정부로 데려오라는 명령을 시베리아 주재 관리들에게 내린 상태였습니다. 그들에게 일본에 관한 정보를 얻어서 장차 일본과의 무역 관계를 수립하기 위해서였습니다. 1689년 네르친스크조약, 1727년 캬흐타조약을 통해 청나라와 무역 관계를 맺은 러시아는, 청나라에 이어 일본과도 무역을 하고 싶어 했습니다.

당시 러시아는 다른 유럽 국가들처럼 무력을 동원해 동중국해 연안 국가인 청나라와 일본을 협박하는 것은 현명하지 않다고 판단하고, 평화적인 수단으로 일본의 개국을 유도한다는 방침을 1731년에 세웠습니다. 그리고 훗날 펼쳐질 일본과의 무역에 대비해 일본 표류민을 교사로 활용하는 일본어학교를 세웠습니다. 일례로, 1696년 캄차카반도에 표착한 '덴베이'라는 일본인 선원은 러시아 측 기록에 남아 있는 최초의 일본인 표류민으로, 그는 러시아정교회로 개종하고 러시아 최초의 일본어학교 선생이 되었습니다. 임진왜란 때 포로가 되어 일본으로 간 조선인 가운데 일부가 전쟁 후에도 조선으로 귀국하지 않고 일본에 정착한 것과 마찬가지입니다. 재능만 있으면 본국에서 차별받느니 외국에서 대접받으면서 살겠다는 것과 같은 이치죠. 도자기 굽는 재능이 있던 조선인 도공들이 그러했고, 일본어를 가르칠 능력이 있던 선원 덴베이가 그러했습니다.

1783년, 다이코쿠야 고다유와 함께 알류샨열도에 표류했다가 구출되어 상트페테르부르크로 간 일본인 선원들 가운데 일부도 러시아정교회로 개종하고, 바이칼호수 서쪽 이르쿠츠크에 설립한 일본어학교의 교사가 되어 귀국을 거부합니다. 그리하여 처음에 17명이었던 선원들은 바다 위를 떠돌다가 죽기도 하고, 알류샨열도에서 선주민인 이누이트와 충돌해서 살해되기도 하여, 결국 1792년 러시아 육군 장교 아담 락스만이 일본으로 데려온 사람은 3명뿐이었습니다.

당시 러시아 황제 예카테리나 2세의 명령에 따라 일본에 우호적인 태도를 보이며 무역 관계 수립을 요청한 아담 락스만의 러시아 사절단에 대해 일본은 혼란스러운 반응을 보였습니다. 도쿠가와 막부 측이 홋카이도 네무로에 머물던 러시아 사절단에 보낸 편지에는, 러시아가 일본인 표류민을 보내준 데 대해 고마워하면서도 일본이 역대로 교류를 가진 유럽 국가는 네덜란드뿐이므로 무역 관계를 맺을 수 없다는 내용이 담겨 있었습니다. 앞으로 또다시 일본에 올 경우에는 공식적인 국제항구인 나가사키로 오라는 내용도 편지에 담았습니다.

1799~1867년까지 러시아가 통치한 러시아령 아메리카(알래스카)의 주도 노보아르한겔스크(1837).
미국은 19세기 후반 태평양으로의 확장이 한계에 부딪치자
앤드류 존슨 대통령 재임 시절 러시아로부터 720만 달러에 알래스카를 매입했다.

이렇게 혼란스러운 내용의 편지를 받아든 러시아로서는 도쿠가와 막부가 러시아와 무역을 시작하기로 했다는 의미로 해석했습니다.

그리하여 아담 락스만이 홋카이도에 도착한 이후 12년 만인 1804년, 알래스카를 지배하기 위해 설립된 러시아-아메리카회사Russian-American Company의 경영자인 니콜라이 레자노프(Николай Резанов, 1764~1807)가 일본인 표류민 쓰다유 등을 데리고 나가사키로 옵니다. 러시아-아메리카회사는 유럽 국가들의 동인도회사와 비슷한 성격을 띤 회사입니다. 레자노프는 일본이 러시아와의 무역 관계 수립에 동의한 것으로 생각하고, 두 나라의 국교 수립을 환영하는 연설문까지 준비했습니다. 그러나 앞서 러시아 사절단이 왔을 때와 달리 막부는 이번에 레자노프를 나가사키에 구금하는 등 강경한 대응을 취했습니다. 청나라 조정으로부터 황제에게 삼궤구고두례(三跪九叩頭禮, 세 번 무릎 꿇고 아홉 번 머리를 땅에 닿게 절하는 예법)를 취하라는 요구를 받고 영국의 매카트니가 이를 모욕으로 느꼈다는 일화가 유명하지만, 러시아 측은 일본에게 더한 모욕을 받은 셈입니다. 레자노프는 이때 구금 상태에서 병을 얻어 귀국하는 길에 끝내 시베리아에서 사망하고 맙니다.

귀국에 앞서 레자노프는 부하 두 명에게 일본 공격을 본국에 요청하라고 명합니다. 두 나라 사이의 정식 무역 관계를 수립하기 위해 외교관으로서 일본에 온 레자노프 입장에서 보면, 일본의 대우는 외교적으로 결례라고 간주하기에 충분한 것이었습니다. 레자노프의 요청에 따라 러시아 해군은 1806~1807년에 사할린과 쿠릴열도의 일본군 진지를 여러 차례 공격했습니다. 일본은 청나라보다 더욱 강경하게 유럽 외교관을 대했다가 유럽 국가로부터 거센 반발을 산 셈입니다.

청나라가 받지 않은 군사적 위협을 일본은 실제로 경험한 것이지요.

같은 시기 청나라를 위협한 것은 유럽이라는 외적이 아니라, 먀오족의 반란(1795~1806) 및 백련교도의 난(1796~1804)과 같은 국내 반란이었습니다. 그 때문에 청나라는 (실제로도 위협이 되지 않았지만) 유럽의 군사적 도전에 에너지를 쏟을 여유가 없었습니다. 하지만 국내 정치가 안정되어 있던 가운데 수백 년 만에 유럽 국가의 공격을 받은 일본은 유럽 세력의 군사적 위협에 대비해야 했습니다. 그 결과 18~19세기 전환기에 청나라는 유럽을 연구할 필요성을 그다지 느끼지 못했지만, 일본은 유럽을 연구해야 할 현실적인 필요가 있었습니다.

1792년에 아담 락스만이 도착하기 전부터 이미 일본에서는 러시아가 점점 유럽에서 세력을 넓히고 있다("러시아가 전 세계 6분의 1을 지배하고 있다")는 정보가 나가사키 데지마에 거주하는 네덜란드 사람들과 네덜란드어로 적힌 책을 통해 알려져 있었습니다. 일본 지배층은 광활한 시베리아를 정복한 것으로도 부족해서 베링해 건너 알래스카까지 정복한 러시아에 대해 경탄과 공포가 뒤섞인 감정을 품고 있었습니다. 그리하여 네덜란드 쪽 정보를 입수해서 서양 문물을 연구해온 난학자가 러시아 문제를 대응하는 데에도 동원되었습니다.

아담 락스만과 함께 귀국한 다이코쿠야 고다유를 심문해서 《북사문략北槎聞略》이라는 러시아 백과사전을 만든 것도 난학자 가쓰라가와 호슈(桂川甫周, 1751~1809)입니다. 그전까지 유럽의 외과의학과 자연과학을 흡수하는 데 중점을 둔 난학은, 러시아가 일본에 접근한 이후부터 지리학과 군사학으로 그 범위를 넓혔습니다.

도쿠가와 막부에 고용된 학자 고가 도안(古賀侗庵, 1788~1847)은 일본에서 구할 수 있는 유럽 책을 모두 조사한 끝에, 그 속에 담긴 러시아 관련 정보를 정리해서 《아라사기문俄羅斯紀聞》 40책을 편찬했습니다(아라사는 한자어로 '러시아'라는 뜻입니다). 또한 레자노프의 부하들이 오호츠크해 연안의 일본인들을 공격했을 때 포로가 되어 시베리아로 끌려간 평민 나카가와 고로지(中川五郎次, 1768~1848)는, 1812년 석방되어 귀국할 때 러시아어로 된 종두법 책을 가져와서 일본 최초로 종두법을 퍼뜨리기도 했습니다.

이처럼 막부에서 평민에 이르기까지 러시아의 접근에 대한 대응을 고민하는 한편으로, 러시아로부터 얻을 수 있는 것은 최대한 빼내려고 애쓰는 모습이 확인됩니다. 이것은 일본에 찾아온 위기를 기회로 바꾼 것이자, 일본의 미래를 위한 행운이었습니다. 이 행운은 청나라와 일본에 동시에 찾아왔지만, 청나라의 경우 이 행운에 발 빠르게 대응하기에는 다른 문제들이 더 컸고, 일본은 이 행운을 활용할 수밖에 없는 상황에 놓여 있었습니다. 그리고 유감스럽게도 같은 시기 조선에는 이러한 위기와 행운조차 주어지지 않았습니다.

일본의 첫 번째 위기이자 기회

18~19세기 전환기에 러시아와의 관계에서 일본이 맞닥뜨린 위기이자 기회는, 16~17세기 포르투갈·스페인·네덜란드와 관계하던 때에도 일본에 찾아온 적이 있습니다. 대항해시대를 맞이하여 무력을 동원해 전 세계를 식민지로 만들던 유럽 세력과 처음으로 접촉했을 무렵 일본은 전국시대였습니다. 당시 일본열도는 수백, 수천 개의 단위로 쪼개져서 서로 싸우고 있었습니다. 장군들만 군사력을 지니고 있던 것이 아니라 몇몇 불교 세력들도 교주를 중심으로 무장해서 지방을 다스리던 장군들을 몰아내고 자치 정부를 세우고 있었습니다. 일본 정치의 양대 축을 이루는 덴노(天皇, 천황)와 쇼군(將軍, 막부 정권의 최고 실권자)은, 나라 바깥에서 접근해오는 외부 세력에 맞서 국내를 안정시키고 여론을 통합하기에는 정치적·군사적으로 실력이 부족했습니다.

유럽 세력이 남아메리카와 아프리카에 쉽게 접근할 수 있었던 이유는 해당 지역들이 분열되어 서로 싸우고 있었기 때문입니다. 스페인 세력이 중앙아메리카와 남아메리카에 도착했을 때 아즈텍제국과 잉카제국은 주변 국가들과 전쟁을 하던 중이었습니다. 이런 상황에서 아메리카에 도착한 스페인 세력은, 아즈텍과 잉카라는 주요 국가에 맞서 다른 나라들과 동맹을 맺은 덕분에 중남미 대부분을 비교적 쉽게 정복할 수 있었습니다.

한편 유럽 세력은 아프리카 해안 지역 국가들에게 무기를 제공했는데, 그 결과 그때까지 엇비슷한 실력으로 경쟁하던 아프리카 내륙 지역 국가들은 새로운 무기를 가진 해안 지역 국가들에게 버티지 못하고 차례로 무너졌습니다. 정복당한 지역의 주민들은 아프리카 해안 지역 국가들의 노예가 되어 바닷가로 끌려왔고, 이들 노예는 다시 유럽의 무기와 교환되어 노역에 종사하거나 대서양 너머 남아메리카로 팔려갔습니다.

유럽 세력이 접근해올 당시 일본도 아메리카나 아프리카와 별반 다르지 않은 상태였습니다. 일본도 전쟁에 패한 지역에서는 노예가 많이 발생했습니다. 이들 일본인 노예들은 승리한 지역으로 끌려가서 강제 노동을 하거나, 유럽 상인들에게 넘겨져 전 세계로 수출되었습니다.[2] 이처럼 전국시대 일본에서 전 세계로 공급된 일본인 노예 숫자는, 오다 노부나가와 도요토미 히데요시가 조총이라는 유럽의 최신 무기를 발 빠르게 수입하고 조총의 위력을 최대한으로 활용할 수 있는 전술을 개발하여 전국시대의 분열을 끝내면서 줄어들기 시작합니다.

임진왜란이 일어나자 이번에는 조선인 노예가 일본인 노예들이 수출되던 것과 마찬가지 방식으로 부산과 일본을 거쳐 전 세계로 수출되었습니다. 일본인 노예의 공급 부족을 메우기 위해 일본 지배층이 임진왜란을 일으키고, 이를 유럽 세력이 부추겼다고 하는 주장은 논리의 비약입니다. 대항해시대 당시 전 세계의 무역 흐름에서 보았을 때 일본과 조선에서 일어난 노예 거래는 아메리카나 아프리카에서 일어난 것과 다르지 않았습니다.

중국 대륙의 경우에는 명·청 시대, 심지어 명나라에서 청나라로의 교체기에도 유럽의 식민지가 될 만큼 분열적이거나 무력한 상황에 놓여 있지 않았습니다. 이 시기 한인漢人과 비한인非漢人을 포함한 중국 왕조들은 중앙집권적인 성격을 유지하고 있었습니다. 그리고 명나라와 청나라 모두 쉼 없이 외부 세력과 전쟁을 치르면서 전략과 전술, 무기 개량에 중단이 없었기 때문에 유럽 세력의 접근을 저지할 수 있었습니다. 당시 유럽 세력이 중화권에서 획득한 영토는 마카오뿐이었습니다. 네덜란드 동인도회사는 펑후제도를 점령하려다 실패했고, 선주민과 한인들이 한데 살고 있긴 했으나 중국 대륙 바깥에 놓여 있는 타이완 섬을 점령하는 데 그쳤을 뿐입니다.

대항해시대 일본의 상황은 아메리카·아프리카와 중국 대륙의 중간 정도였습니다. 일본은 아메리카·아프리카처럼 분열 상태였지만, 유럽 세력이 본격적으로 일본에 접근하기 시작하는 16세기 중반에 이르면 분열에서 통합으로 서서히 방향이 바뀌어갑니다. 그 계기는 유럽 세력의 일본 접근을 상징하는 예수회 선교사 프란치스코 하비에르(Francisco Xavier, 1506~1552)가 1549년 일본에 상륙한 사건입니다.

도요토미 히데요시, 도쿠가와 이에야스와 더불어 훗날 중세 일본의 영걸로 불리는 오다 노부나가는, 1549년(또는 1548년)에 '센고쿠 다이묘戰國大名'라 불리는 전국시대의 유력한 장군 가운데 하나인 사이토 도산(齋藤道三, 1494?~1556)의 딸 노히메濃姬와 혼인해 도산과 결혼 동

프란치스코 하비에르.
1506년 스페인에서 태어나 인도·중국·일본에서 선교활동을 펼쳤다.

INRI
SATISEST DNE SATISEST
IHS
FRĀCISCUSXAVERIVSSOCIETAT

맹을 맺습니다. 당시 다케다 신겐(武田信玄, 1521~1573) 같은 유력한 센고쿠 다이묘들도 세력을 넓히던 시점이었습니다. 단순히 자기 영역을 지키는 데 그치지 않고 의식적이든 무의식적이든 일본의 통일을 염두에 둔 장군들이 등장하기 시작한 것입니다. 이들은 당시 이탈리아를 비롯한 서유럽과 마찬가지로 쉼 없이 전투를 치러나갔고, 상대방보다 더 우월한 위치를 차지하기 위해 군사력을 증강하고 무기를 개량하는 데 열심이었습니다.

그런 와중에 유럽에서 직접 또는 동남아시아를 거쳐 일본에 수입된 것이 조총이었습니다. 일본어로 철포(鐵砲, 뎃포)라 불리던 조총은, 공식적으로는 1543년 일본인 왜구들과 함께 동남아시아에서 노략질을 일삼던 포르투갈인이 일본 서남부 다네가시마種子島로 가져왔다고 알려져 있고, 1555년에는 일본 내에서 자체적으로 대량 생산됩니다. 때마침 조총이 수입되어 일본에서 대량 생산된 1543년과 1555년 사이에 유럽의 가톨릭 세력이 일본에 도착한 것입니다.

참으로 절묘한 상황과 타이밍이었습니다. 역사를 이야기할 때 '만약'이라는 가정을 하는 것은 무의미하다고들 합니다만, 만약 일본이 전국시대 초기의 분열된 상태에서 일본인 장군들마저 전투 경험이 부족하고 새로운 무기에 대한 열망이 약했다면 어땠을까요? 게다가 일본에 도착한 것이 유럽인 선교사가 아니라 무장 집단이었다면, 일본열도 내부의 여러 세력과 합종연횡하면서 아프리카에서와 같이 최소한 서부 일본의 일부를 점령했을 것이고, 운이 좋았다면 아즈텍이나 잉카를 정복했듯이 일본열도 전체를 정복했을지도 모릅니다. 또한 유럽 세력은 세속적인 일본 장군들과 동맹을 맺고 불교 세력에 대

1

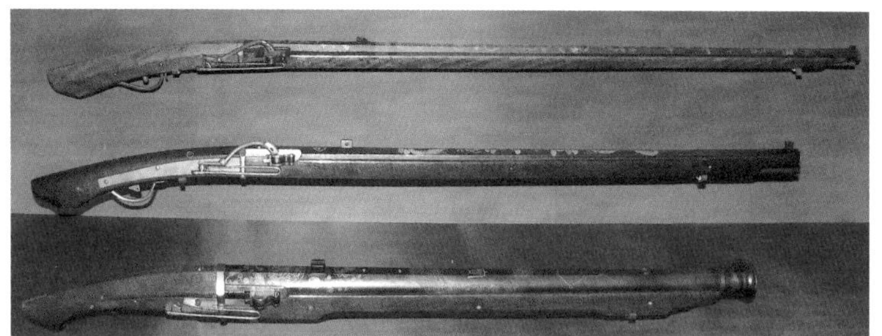

2

1 여러 가지 형태의 조총.

2 일본인에게 조총 사격법을 가르쳐주는 포르투갈인들. 도요토미 히데요시의 일생을 다룬 역사소설《에혼 다이코기絵本太閤記》에 수록된 삽화.

향해 나가거나, 반대로 종교적 탄압을 받던 불교 세력과 적대적 공생 관계를 맺으며 무사집단의 지배를 위협했을지도 모릅니다.

그리스도교가 들어오자 당시 일본 현실을 비관하던 평민부터 장군에 이르기까지 수십만 명의 그리스도교 신자들이 생겨났고, 나가사키와 같은 일부 지역은 교회에 바쳐져서 교회령이 되기도 했습니다. 그리스도교가 전파되어 수십만 명의 신도가 생겨난 조선, 그리고 나라 곳곳에 교황령이 남아 있던 통일 이전의 이탈리아와 같은 상황이 16세기 일본에서도 발생한 것입니다.

그러나 1540~1550년대 일본은 전국시대에서 통일로 향하던 시기여서 분열보다는 통합으로의 열망이 컸고, 센고쿠 다이묘들은 수많은 전쟁 경험을 통해 유럽의 신무기를 받아들여야 한다고 절실히 느끼고 있었습니다. 그들은 유럽 세력을 몰아내는 것 이상으로, 자신들이 일본을 지배하는 데 불만을 품은 백성과 불교 세력을 억누르기 위해 강력한 군사력을 필요로 했습니다. 그리고 다행히도 일본을 포함한 동중국해 연안 지역에 나타난 유럽 세력의 핵심은 군사 집단이 아니라 선교사였습니다(16~17세기만 해도 유럽의 군사력이 머나먼 극동까지 대거 진출하기는 쉽지 않은 일이었습니다. 군사 집단의 진출은 19세기 아편전쟁 무렵부터 본격화됩니다). 한마디로 일본은 실력과 운에 의해 간신히 유럽의 군사적 진출을 막을 수 있었습니다. 그중에서도 실력보다 행운에 의해서 식민지가 되지 않았다고 할 수 있습니다.

이러한 행운은 전국시대가 끝나고 찾아온 도쿠가와 가문의 군사 독재 시대인 에도시대까지 이어졌습니다. 일본 연구의 세계적인 대가 도널드 킨Donald Keene은 일본이 유럽 문명과 접촉한 과정을 밝힌 명저 《일본인의 유럽 발견 1720~1830 The Japanese Discovery of Europe 1720~1830》을 1952년에 출판하면서 다음과 같이 썼습니다.

> 에도시대 일본과 교류한 것이 영국이나 러시아였다면, 일본은 이들 국가에 비해 군사적으로 열세에 놓여서 많은 것을 양보하는 처지가 되었을 것이다. 에도시대 일본이 교류한 것이 스페인이나 포르투갈이었다면, 이미 쇠퇴해버린 이들 나라를 통해서 유럽에 대해 배울 것은 거의 없었을 터다. 당시 네덜란드는 정치·군사적으로는 쇠퇴기에 접어든 상태였지만 유럽 의학의 중심지였던 레이던이 자리해 있었기 때문에 일본은 군사적 위협을 받지 않으면서 유럽의 의학·천문학·회화 등을 배울 수 있었다.

일본이 전국시대에서 에도시대로 넘어가는 1600년대 전후, 네덜란드는 마우리츠(Maurits, 1567~1625) 오라녜 공작의 지도 아래 세계에서 처음으로 근대적인 군대를 가진 유럽의 군사 강국 가운데 하나였습니다. 당시 유럽에서는 '군사 혁명Military Revolution'이라 불린 군사적·행정적 혁신이 일어나고 있었고, 그 선두에 선 것이 네덜란드였습니다. 그러나 군사 강국 네덜란드도 동중국해에서는 명나라와의 전투에 패했고, 일본에서는 1609년 규슈 서북쪽 히라도에 무역 거점을 마련하는 데 만족해야 했습니다. 아직 군사 혁명 초기의 유럽은 명·청대 중국이나 일본과 상대하기에는 힘에 부쳐서 무역 관계를 맺는 데 만족하기로 했겠지만, 그보다는 유럽 세력들에게 좀 더 정복하기 손쉬운 지역이 전 세계에 많았다는 것이 그런 선택의 더 큰 이유일 것입니다.

좀 더 시간이 흐르면, 한때 스페인·포르투갈과의 경쟁에서 앞선 네덜란드는 영국·프랑스 등에 조금씩 밀리기 시작합니다. 그러면서 도널드 킨이 말한 것과 같은 상황이 펼쳐집니다. 러시아는 18세기에, 영국과 미국이라는 이른바 앵글로색슨 세력은 19세기에 비로소 일본에 접근하지만, 이 두 세력이 관심을 가진 나라는 일본이 아닌 청나라였습니다.

마우리츠 오라녜 공.

위기의식이 깨뜨린 쇄국

16세기부터 19세기까지 중국과 일본은 비슷한 상황에 놓여 있었습니다. 중국이 받은 대항해시대 유럽발 충격이 일본보다 더 컸지만 중국은 큰 나라였기에 유럽의 충격을 심각하게 여기지 않았습니다. 무엇보다 그들로부터 배우려는 입장을 취하지 않았습니다. 반면 일본은 중국에 비해 유럽의 충격이 크지 않았지만 국내 문제와 더불어 위기에 처할 가능성이 좀 더 컸습니다. 결국 여러 행운이 따른 덕에 일본은 유럽의 식민지가 되지 않고 독립 국가로 남을 수 있었습니다.

일본인들은 유럽 세력이 자기 나라에 위협이 될 것이라는 위기의식과 함께 "유럽에서 무언가 선진적인 움직임이 일어나고 있으니 먼저 배워야 한다"는 자세로 유럽 배우기 운동인 '난학'을 시작합니다. 19세기 중기에 이르러 유럽 세력이 다시 한 번 동중국해에 군사적 위협을 가해왔을 때, 다행히 일본보다 청나라에 더욱 관심을 가지고 있었다는 것이 행운으로 작용했습니다. 대항해시대에 유럽이 일본에 가한 군사적 위협과 위기의식, 그리고 난학이라는 준비작업을 통해 일본은 식민지가 되지 않고 거꾸로 제국주의 국가가 되었습니다.

행운의 덕을 얻으려면 행운을 잡을 준비가 되어 있어야 하고, 그러려면 강렬한 의지를 갖고 끊임없이 준비해놓는 자세가 필요합니다. 세상은 정해진 법칙대로 흘러가는 것이 아닙니다. 인간은 물론 물질적인 조건에 크게 제약받지만, 때로는 강렬한 의지를 갖고 주어진 조건을 뛰어넘어야 합니다. 《전쟁의 세계사》(이산, 2005년)를 쓴 윌리엄 맥닐William McNeill은 그러한 강렬한 의지를 가진 집단이 스스로를 역사의 주인공으로 만든 대표적 사례가 이슬람교라고 주장합니다.

이슬람의 발흥과 초기 칼리프 왕조의 수립은 세계사의 수많은 대사건 가운데 어느 것보다도 뚜렷하게 다음과 같은 사실을 증명해준다. 즉 인간의 일에서는 관념도 중요하며, 때에 따라서는 관념이, 장기간 지속되는 기본적인 인간 유형을 규정하는 여러 힘의 균형에 결정적으로 작용할 수 있다는 것이다.

저는 이와 같은 의지의 중요성을 메이지유신 직전의 일본에서 확인했습니다. 1853년 일본을 개국시키기 위해 미국에서 파견한 매튜 페리 제독이 일본에 도착하고 한 달 뒤에 이번에는 러시아의 푸차친 제독이 일본에 도착합니다. 도쿠가와 막부는 푸차친을 맞이하기 위해 무사이자 관료인 가와지 도시아키라(川路聖謨, 1801~1868)를 나가사키로 파견합니다. 에도시대 일본에는 과거제도가 없었을 뿐만 아니라 글쟁이보다 칼 찬 무사의 사회적 지위가 높았기 때문에 무사가 관료로서 활동하는 경우가 많았습니다. 그러한 무사 겸 관료들 가운데 가와지 도시아키라는 유능한 관료로서 높은 평가를 받았습니다.

당시 나가사키 항구의 관리를 명 받은 것은 나베시마 가문이 지배하던 사가번佐賀藩이었습니다. 가와지 도시아키라는 사가번을 방문한 소감을 이렇게 적고 있습니다. "나베시마 영내에 들어온 지 벌써 사흘이 되었지만 비단 옷을 입은 사람은 한 명도 없고, 적동赤銅 같은 금속제 화로는 좀처럼 볼 수 없으며, 9할이 도자기이다. 영주가 외국 배의 침략에 대비해 대포를 많이 주조하고 있어서 민간에서는 동 제품 사용이 금지되어 있다고 한다." 이 증언에서도 확인할 수 있듯이, 잇따른 외국 군대의 출현에 맞서 나가사키의 방어를 담당하는 사가번이 영주부터 평민에 이르기까지 총동원 체제하에 있었음을 알 수 있습니다.

사가번이 전력을 기울여서 외국 세력의 접근에 대비한 이유는, 1808년에 영국 해군이 나가사키를 공격했을 때 이를 막지 못한 '페이튼호 사건'의 교훈 때문이었습니다. 프랑스혁명이 발발한 뒤 프랑스군이 네덜란드를 점령하자, 네덜란드를 지배하고 있던 빌럼 5세 오라녜 공은 영국으로 망명합니다. 그리고 전 세계의 네덜란드 식민지를 접수해달라고 영국 측에 요청합니다. 이 요청에 따라 영국 해군의 페이튼호가 당시 네덜란드의 상관商館이 있던 나가사키를 공격한 것입니다. 나가사키 항구를 방어하고 있던 사가번은 자신들의 병력만으로는 힘에 부치자 주변의 여러 번들에 군대를 보내달라고 요청했습니다. 이후 페이튼호는 자발적으로 물러났으나, 나라의 체면을 떨어뜨린 데 대한 책임을 지고 사가번의 고위 관리 여러 명이 할복자살했습니다. 사가번의 제9대 번주 나베시마 나리나오(鍋島斉直, 1780~1839)도 근신 처분을 받았습니다.

중세와 근세 일본에서 무사가 지배할 권리를 갖는다는 것은, 외적으로부터 백성을 지킬 책임이 있다는 뜻이기도 합니다. 그런데 도쿠가와 가문의 지배하에서 평화가 길어지자 군사적 긴장감이 느슨해지기 시작했습니다. 외부와 통하는 문을 걸어 잠그는 것은 국내 질서를 장악하는 데는 편리하지만, 외부에서 벌어지는 변화에는 능동적으로 대처하기가 어렵기 때문에 군사 분야를 비롯한 국정 시스템의 개량이 불가능해집니다. 하지만 유럽은 달랐습니다. 당시 유럽 국가들은 유럽 내부에서의 이권과 해외 식민지 확장을 둘러싸고 무한 전쟁을 벌이고 있었습니다. "유럽의 왕이나 사령관들은 아무리 개량을 하더라도 여전히 개량할 것이 있다는 생각을 분명히 받아들이고 있었다"라는 역사학자 윌리엄 맥닐의 지적은 이 시기 유럽 상황을 잘 보여줍니다. 대항해시대 5백년 동안 그리고 지금까지 서구가 세계를 지배하거나 앞서게 된 동력은 바로 이런 끝없는 개량·개선의 결과라는 게 저의 생각입니다.

1618~1648년 사이에 벌어진 30년전쟁에서 활약한 보헤미아 왕국의 군사 지도자 알브레히트 폰 발렌슈타인(Albrecht von Wallenstein, 1583~1634)의 경우, "종교·출신 등 그 어떤 조건도 따지지 않고 오직 유능한 병사만을 선발한다"는 근대적 기준에 따라 군대를 편성해 한때 두각을 드러내기도 했습니다.

> 발렌슈타인은 예로부터 내려온 도덕성이나 타당성의 기준을 노골적으로 무시하고 사적인 이익을 추구했다. 그들에게는 오로지 일의 결과만이 중요했다. 협력자나 부하를 선택함에 있어 그들은 태생도 종교도 어떤 전통적 덕목도 상관하지 않았다. (중략) 그 결과 보기 드물게 효율적인 군대가 탄생했다. (중략) 사기업과 군사조직이 이토록 완벽하고 대대적으로 결합된 예는 이전에도 이후에도 없었다.[3]

'군신(軍神) 마르스'로 묘사된 알브레히트 폰 발렌슈타인.

일본에서는 도요토미 히데요시 같은 하층민이 일본 최고 지도자로 오를 수 있는 전국시대가 끝나고, 개개인이 모두 특정한 계급과 지역과 직업으로 고정되는 에도시대를 맞이했습니다. 이에 따라 신분과 관계없이 부대를 편성해야 위력을 발휘하는 조총 제조·운영 기술이 쇠퇴하고, 칼과 창을 든 고위 무사 개개인의 출신과 위엄을 강조하는 중세적인 전략·전술이 되살아났습니다. 이러한 군사학적 쇠퇴는 지배집단의 이익을 안정적으로 확보하기 위한 것이었지만, 19세기 중기에 유럽 세력이 한층 발달된 군사력으로 일본에 접근하자 그 쓸모없음이 금방 드러납니다.

무사 집단의 지배를 받는 백성들은 이러한 상황 변화에 예민하게 반응했습니다. 네덜란드어 통역관(조선시대로 치면 중인 계급) 집안에서 태어난 시즈키 다다오(志筑忠雄, 1760~1806)는 독일인 엥겔베르트 캠퍼Engelbert Kaempfer가 쓴《일본 역사 및 일본에 대한 묘사Geschichte und Beschreibung von Japan》를 1801년에《쇄국론鎖國論》이라는 제목의 책으로 번역·출간했습니다. 시즈키 다다오가 책의 원래 제목과 동떨어진 '쇄국'이라는 단어를 번역서 제목에 붙인 것은, 일본이 네덜란드 이외의 다른 유럽 국가들과 관계 맺지 않는 것을 심각한 문제라고 인식했기 때문입니다. 즉 국가가 외부 세계에 열려 있어야 무한 경쟁 속에서 일본 시스템이 개량 가능하고, 타고난 신분에 관계없이 개개인의 능력에 따른 보상을 받는 시스템이 갖춰질 수 있다는 것입니다. 에도시대 일본의 피지배민들은 이러한 법칙에 따르지 않는 나라에 불만과 위기감을 품고 있었습니다.

이러한 위기감은 금방 현실이 되었습니다. 시즈키 다다오가 사망한 1806년부터 1807년에 걸친 2년간, 일본군은 북쪽의 사할린과 쿠릴열도에서 러시아군에 일방적으로 패했습니다. 그리고 이듬해 1808년에는 남쪽의 나가사키에서 영국군의 기습 공격을 막아내지 못했습니다. 백성을 지켜주는 대가로 백성들로부터 세금을 받는다는 무사 계급의 지배 논리가 도전을 받은 것입니다. 외부적으로는 강력한 군사력과 국가 시스템을 갖춘 유럽 세력의 도전을 받고, 내부적으로는 지배의 정당성을 의심받게 된 일본 무사 집단은 비로소 세상의 변화에 반응하기 시작했습니다. 페이튼호 사건 이듬해인 1809년에 막부는 네덜란드어 통역관에게 러시아어와 영어를 배우라고 명했고, 그 결과 1811년과 1814년에 영어사전《앙겔리아 홍학소전諳厄利亞興學小筌》과《앙겔리아 어림대성諳厄利亞語林大成》이 출판됩니다.

사가번 제10대 번주 나베시마 나오마사.

페이튼호 사건 때 나가사키 방어에 실패한 사가번은 특히 위기감을 갖고 사태에 임했습니다. 사가번 제10대 번주인 나베시마 나오마사(鍋島直正, 1815~1871)는 서양식 대포를 만들어야 한다는 생각으로 네덜란드어로 된 군사 서적들을 수집·번역해서 자체적으로 대포를 만들기 시작했습니다. 그리하여 사가번은 책만 보고 1850년에 일본 최초로 반사로反射爐를 자체 제작했고, 1852년에 일본 최초로 대포를 만드는 데 성공합니다. 현대식 고로나 용광로보다 수준이 낮지만, 책자만 보고 철강 제련 설비를 만들었다는 것은 정말 대단한 일입니다.

사가번의 이러한 활동을 본 사쓰마번 제11대 번주 시마즈 나리아키라(島津斉彬, 1809~1858)는, "서양인도 사람이고, 사가번 사람도 사람이고, 사쓰마번 사람도 사람이다. 저들이 대포를 만드는데 우리라고 못 만들 리가 없다"고 선언하며 반사로 제작에 나섭니다. 메이지유신 탄생에 큰 영향을 주었다고 평가받는 시마즈 나리아키라 같은 사람도, 사실상 나베시마 나오마사가 진두지휘하는 사가번의 혁신에서 큰 영향을 받았습니다. "적동 같은 금속제 화로는 좀처럼 볼 수 없으며, 9할이 도자기이다. 영주가 외국 배의 침략에 대비해서 대포를 많이 주조하고 있어서 민간에서는 동 제품 사용이 금지되어 있다고 한다"라고 말한 가와지 도시아키라의 증언은, 사가번이 유럽의 군사기술과 시스템에 얼마나 큰 충격을 받았는지를 방증하는 생생한 사례입니다.

외국인 기술자의 도움 없이 책만 연구해서 만든 사가번의 대포는, 실제 전투에서는 쓸모가 없었다고 합니다. 하지만 목숨 걸고 네덜란드어를 배워 군사학 서적을 읽고, 자력으로 반사로를 만들어내고, 번내의 금속을 닥닥 긁어모아 총력을 기울여 대포를 만들려 한 개인과 집단이 19세기 전기의 일본에는 숱하게 존재했습니다. 메이지 일본과 제국주의 국가의 탄생은 이러한 노력의 필연적인 결과일까요, 아니면 당시 국제 정세에 따른 우연적인 결과일까요. 앞으로 이 책 시리즈에서 살펴볼 가장 중요한 문제가 이것입니다.

사가번이 제작한 반사로 모형(중앙)과 대포(오른쪽). 사가현 사가시에 축소 복원되어 있다.

02

바다와 일본

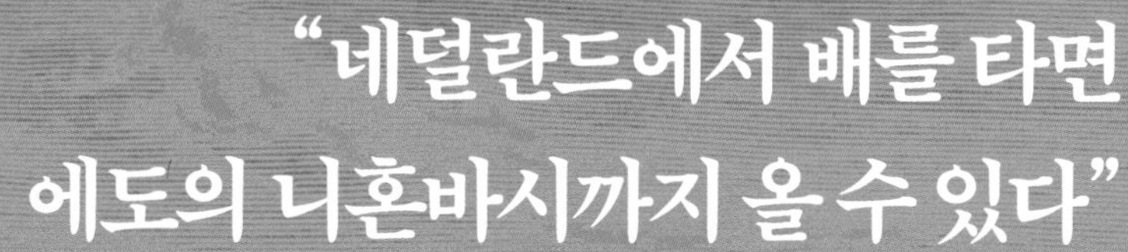

"네덜란드에서 배를 타면
에도의 니혼바시까지 올 수 있다"

1274 몽골·한인·고려의 첫 번째 일본 침략

1281 몽골·한인·고려의 두 번째 일본 침략

1300

1336~92 일본에 두 명의 덴노가 존재하는 남북조시대가 이어짐

1392 조선 건국

1400

1404 제3대 무로마치 쇼군인 아시카가 요시미쓰가 명나라에 대한 조공무역 시작

1419 이종무가 이끄는 조선군이 일본 쓰시마 공격

1429 류큐의 삼산시대가 끝나고 통일왕조인 제1차 상씨 왕통 시작

1458 류큐의 제1차 상씨 왕통이 〈만국진량의 종〉 제작

1500

1523 닝보의 난

1550 알탄 칸이 이끄는 몽골군이 만리장성을 넘어 베이징 포위

1588 도요토미 히데요시가 〈가이조쿠초지레이〉를 발령하여 왜구 등 활동 금지

1592~98 임진왜란 정유재란

1600

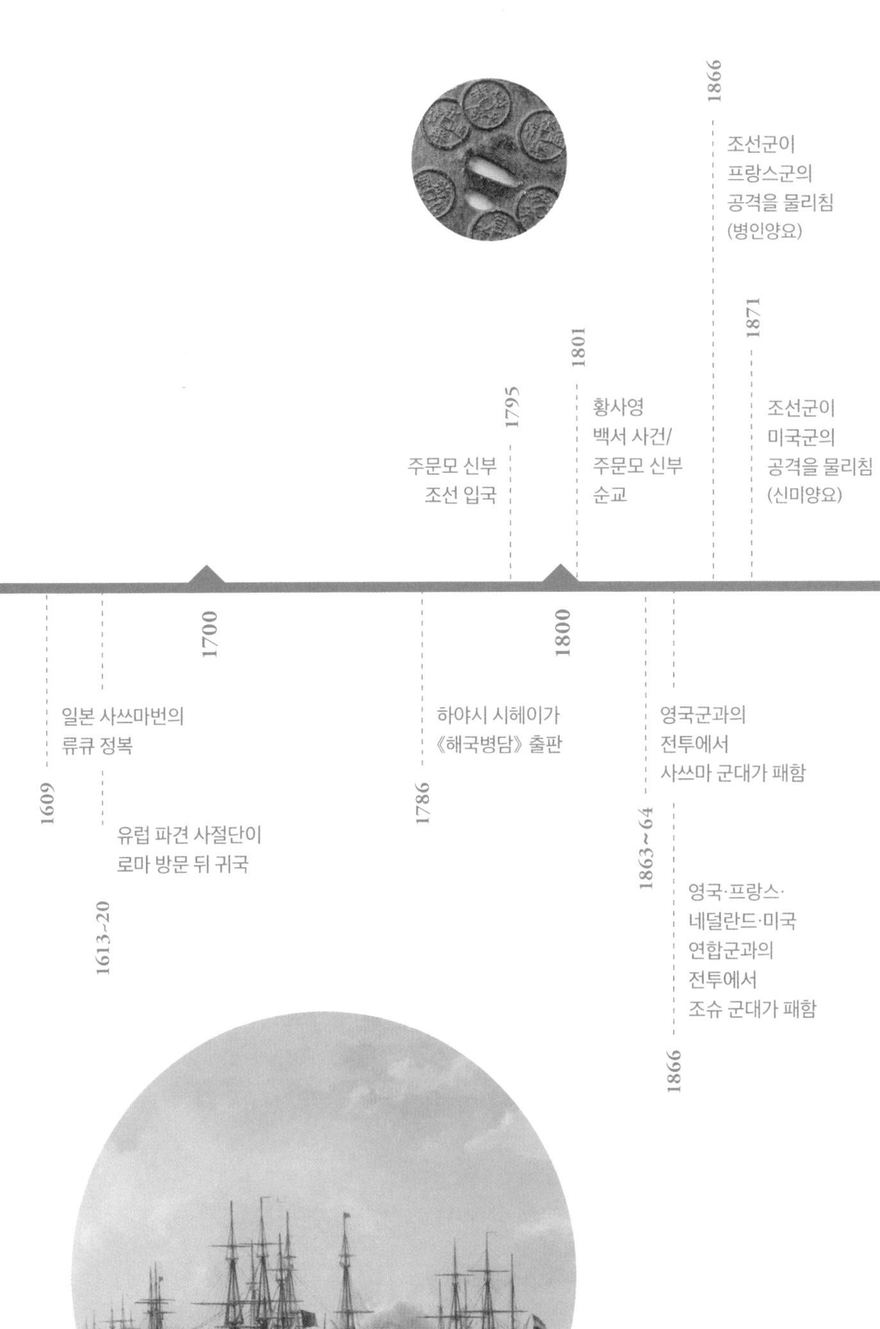
1609
일본 사쓰마번의
류큐 정복
1613~20
유럽 파견 사절단이
로마 방문 뒤 귀국
1700
1786
하야시 시헤이가
《해국병담》 출판
1795
주문모 신부
조선 입국
1800
1801
황사영
백서 사건/
주문모 신부
순교
1863~64
영국군과의
전투에서
사쓰마 군대가 패함
1866
조선군이
프랑스군의
공격을 물리침
(병인양요)
1866
영국·프랑스·
네덜란드·미국
연합군과의
전투에서
조슈 군대가 패함
1871
조선군이
미국군의
공격을 물리침
(신미양요)

중화 문명 변방의 일본

대항해시대가 시작되기 전까지 2천 년 넘게 일본이 알고 있는 문명은 한인漢人의 중화 문명과 불교의 인도 문명뿐이었습니다. 인도 문명은 불교라는 종교를 통해 불확실하고 추상적으로만 접했을 뿐이니, 일본인이 알고 있는 세계란 중화 문명뿐이었습니다. 일본이 중화 문명으로부터 율령격식律令格式이라는 법령을 받아들이고, 대왕大王 또는 천황天皇이라는 호칭을 쓰면서 자기네 나라가 중국과 마찬가지로 황제국이라고 생각하기 시작한 것은 7세기부터였습니다. 그러나 그 뒤로도 때때로 중화 문명의 여러 왕조에 조공하는 등 황제국으로서 일본의 위상은 불확실했습니다.

흉노의 군주가 '하늘의 아들'이라는 뜻의 탱리고도선우撐犁孤塗單于라는 호칭을 기원전부터 썼고, 고구려의 광개토대왕이 국강상광개토경평안호태왕國岡上廣開土境平安好太王이라고 칭했으며, 거란의 야율아보기는 907년에 천황天皇이라고 칭합니다. 이런 예들로부터 알 수 있듯이 중국의 주변 지역에서는 스스로를 제국으로 칭하곤 했습니다. 하지만 이는 어디까지나 중화 문명의 황제 제도, 제국 제도를 따라하면서 자신들도 중화 문명만큼이나 위대하다는 것을 나타내려고 했을 뿐입니다. 한반도의 여러 국가들이 대내외적으로 황제를 칭하거나 중화 문명과는 다른 연호年號를 세운 것도 결국은 중화 문명 따라하기였습니다.

그러던 중에 등장한 세력이 대항해시대를 맞이하여 전 세계 바다를 휩쓸던 유럽인들이었습니다. 중화 문명이나 인도 문명과는 전혀 다른 성격을 띤 유럽 문명을 정면으로 상대하면서, 일본인들은 중화 문명 이외에 또 하나의 거대하고 독립적인 세계관이 존재한다는 사실을 배우게 됩니다. 일본이 선택할 수 있는 모델이 중화 문명 단 하나뿐인 시대에서, 중화 문명과 유럽 문명 두 가지 가운데 자신들에게 필요한 것을 적절히 선택할 수 있는 상대주의 시대로 바뀐 것입니다.

이전까지 일본인들에게 바다는 두 가지를 의미했습니다. 일본은 수·당·신라·발해 등에 사신을 보낼 때마다 여러 차례 난파 사고를 겪어야 했습니다. 일본 사절단이 신라·발해 등과 교류하거나 한반도 서해안에서 수·당까지 연안 항해할 때는 특별한 문제가 없었지만, 동중국해를 지나 곧장 중국 대륙으로 갈 때는 좌초·난파 사고가 여러 차례 일어났습니다. 일본 사절단이 한반도 국가로 향하거나 한반도 서해안을 거쳐 중국 대륙으로 가던 시기를 초기라고 하고, 동중국해를 거쳐 당·송·명으로 견당사·견송사·견명사를 파견하던 시기를 중기라고 한다면, 조선·류큐왕국 및 청나라 상인들을 통해 중국 왕조와 간접적으로 교류한 임진왜란 직전부터 19세기 중기까지 시기를 후기라고 할 수 있습니다. 큰 흐름에서 봤을 때 일본은 동중국해를 통해 중화 문명과 교류하는 데 어려움을 겪었기에 간접적으로만 교류하는 데 만족해야 했습니다. 결국 동중국해 바다는 일본인이 중화 문명을 배우는 것을 방해하고 제한하는 존재였습니다.

다른 한편으로, 1274년과 1281년 두 차례에 걸쳐 몽골인·한인·고려인 연합군이 일본을 침략했을 때는 동중국해 바다가 이를 막아주

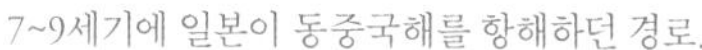
7~9세기에 일본이 동중국해를 항해하던 경로.

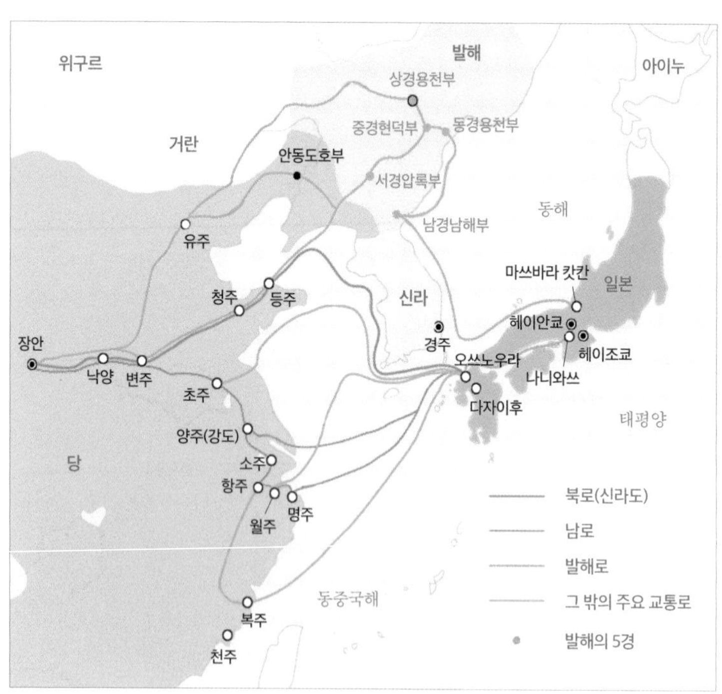

었습니다. 중국의 여러 왕조들과 육지로 국경을 접하고 있는 국가들은 중화 문명으로부터 무언가를 배우는 것이 일본보다 손쉬웠지만, 한족이나 비한족의 중국 왕조가 직접 침략하거나 중국 대륙에서 홍건적이나 황건적과 같은 반란군이 일어나면 그 침략을 받을 가능성이 일본보다 더 높았습니다. 일본이 천황이라는 호칭과 자체적인 연호를 계속 쓴 반면, 한반도 국가들이 황제라는 호칭과 연호를 띄엄띄엄 쓴 이유도 바로 이것입니다.

또한 전국시대 일본의 장군들이 외부 간섭 없이 자기들끼리 끝까지 싸워서 도쿠가와 이에야스라는 최후의 승리자를 탄생시킨 것과 달리, 삼국시대의 한반도에서는 당나라라는 한족 세력의 개입으로 백제와 고구려가 무너지면서 신라가 살아남았고, 거란인이라는 비한족 세력의 개입으로 발해가 무너지면서 고려가 남게 되었습니다. 여진인 역시 한인과 몽골인, 조선인의 간섭으로 통일을 이루지 못하다가 임진왜란이 일어나면서 외부 세력의 개입이 약해지자 누르하치에 의해 비로소 아마가 아이신 구룬(Amaga Aisin gurun, 후금)으로 통일됩니다. 이처럼 중화 문명 국가들과 직접 국경이 맞닿아 있지 않은 일본은, 중화 문명의 군사적·문화적 영향을 상대적으로 덜 받으면서 자기 나름의 문명을 만들어나갈 수 있었습니다.

하지만 어느 정도 독자성을 확보하고 있던 일본에게도, 중화 문명이 절대 기준으로서 존재한다는 것은 명확한 사실이었습니다. 대항해시대 유럽인이 일본에 온 것은 이 절대 기준을 상대화시킨 사건이었습니다. 말하자면 어머니와 아버지를 세상에서 가장 위대한 존재라고 생각하면서 부모의 말을 따르기도 하고 반항하기도 하던 어린 오르텔리우스(Ortelius)의 세계 지도(1570).
유럽인 선교사가 오다 노부나가에게 지구의를 선물한 무렵에 제작되었다.

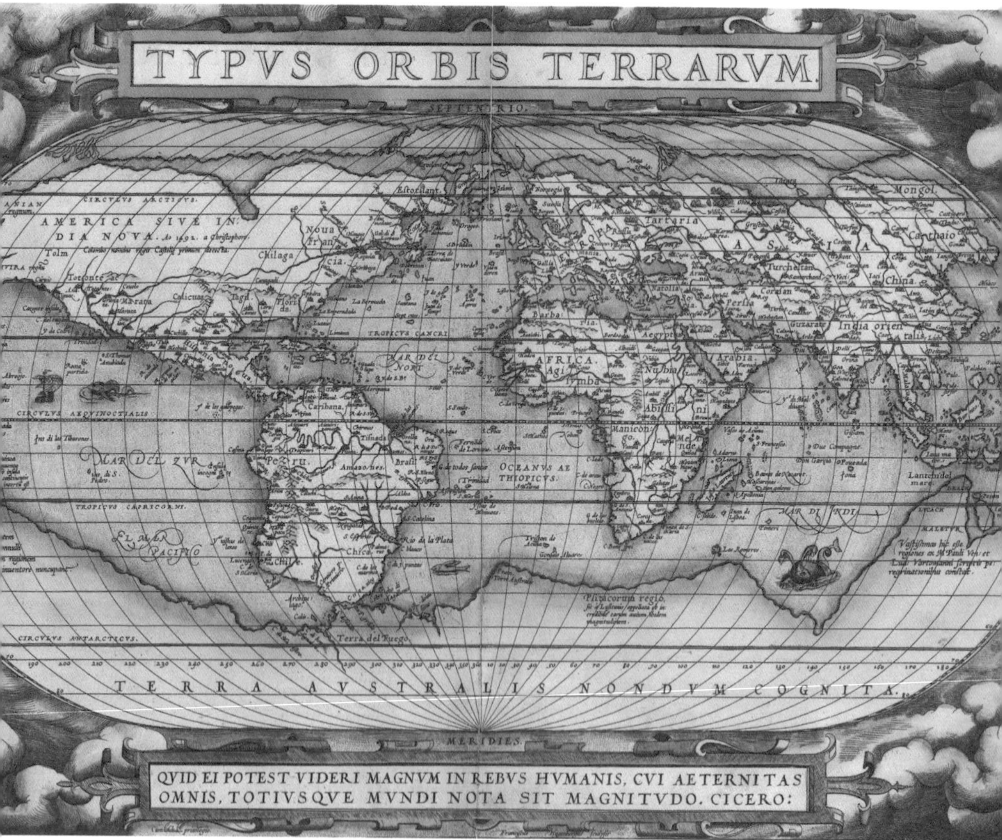

아이가, 부모의 보호 없이 세상 밖으로 나가 선생님이나 친구를 만나면서 부모의 존재를 절대적인 것에서 상대적인 것으로 인식하게 된 것과 마찬가지입니다.

오다 노부나가는 유럽인 선교사가 선물한 지구의를 돌려보면서 세계 정복을 꿈꾸었습니다. 그 꿈을 이어받아 명나라와 인도까지 정복하려 한 것이 도요토미 히데요시였고, 그 꿈을 포기하고 일본 국내의 안정을 꾀한 것이 도쿠가와 이에야스였습니다. 도쿠가와 이에야스는 가톨릭 신부와 일본인 가톨릭 신자들을 해외로 추방하고, 동남아시아 곳곳에 살고 있던 수십만 명의 일본인이 귀국하는 것을 금지했습니다.[4] 1549년에 프란치스코 하비에르가 일본에 도착한 이래, 일본인 수십만 명이 가톨릭 신자가 되거나 상인 또는 노예가 되어 동남아시아·아메리카·유럽 등으로 갔습니다. 이러한 인적 네트워크를 통해서 일본은 도쿠가와 막부 초기까지 동남아시아 여러 나라들과 국교를 맺거나 무역을 했습니다.

이들 일본인이 동남아시아 각지에 정착하기 전에는 '왜구'라 불리는 해적 집단이 동중국해 연안 지역을 휩쓸고 있었습니다. 왜구는 13세기 후반에 몽골인·한족·고려인 연합군이 일본을 침략한 이후 활동을 시작한 것으로 알려져 있습니다. 한국 일각에서는 이를 '여몽 연합군의 일본 정벌' 또는 '일본원정日本遠征'이라고도 표현합니다. 당시 몽골은 자신들의 주군이 '하늘의 아들'이므로 세계의 모든 나라가 자신들에게 복종해야 한다고 생각했고, 이 명령에 따르지 않는 것은 정당한 전쟁을 일으킬 이유가 된다고 간주했을 터입니다. 하지만 오늘날 관점에서 보았을 때, 일본이 몽골을 자극한 것이 아니라 몽골이 일방적으로 일본을 공격한 것이므로 정벌이 아닌 침략으로 표현해야 한다고 저는 생각합니다.

한국 학계에서는 '식민사관'이라고 하여 부정되지만, 중국 학계를 포함한 여러 지역에서는 활동 시기에 따라 왜구를 전기 왜구와 후기 왜구, 두 부류로 나누어서 생각하는 것이 일반적입니다. 예를 들어 윌리엄 맥닐은《전쟁의 세계사》에서, 후기 왜구의 주요 세력은 중국인이고 일본인은 소수였다고 말합니다. "소수의 일본인이 해적 떼에 가담한 것은 분명하지만, 15~16세기에 중국 근해에서 불법적 해상 활동에 종사하던 뱃사람들은 대부분 중국인이었다." 맥닐의 이런 주장은《명사明史》〈일본전日本傳〉의 "진짜 왜인은 10명 중 3명 정도였고, 왜인을 따르는 중국인은 10명 중 7명이었다(大抵真倭十之三, 從倭者十之七)"와 같은 중국 측 기록에 기인합니다.

13세기부터 활동한 왜구는, 일본 내부의 정치적인 혼란으로 생존 및 생계에 위협을 느낀 서일본 일부 세력으로, 한반도를 주된 대상으로 약탈 행위를 벌인 이들이었습니다. 반면 16세기 왜구는 일본인과 중국인, 포르투갈인 등이 섞인 혼성 부대였습니다. 류성룡은《징비록》에 사을배동沙乙背同이라는 조선인이 후기 왜구에 포함되어 활동했다고 기록했습니다. 일본에 조총을 전해준 포르투갈인은 후기 왜구에 속하는 사람이었고, 중국인 왜구 우두머리 왕직王直은 규슈 서북쪽 고토열도五島列島에 근거지를 두었습니다. 훗날 후금·청에 맞서 명나라 부흥운동을 벌이다가 타이완으로 건너가 독자 세력화한 정성공의 아버지 정지룡도 '니콜라스 이콴 가스파르드Nicholas Iquan Gaspard'라는 유럽식 이름을 가진 후기 왜구로 간주됩니다.

18~19세기 중국에서 제작된《마조의 기적》에 수록되어 있는 왜구와 중국군의 전투(네덜란드 왕립박물관 소장).

16~17세기에 이 지역에서 활동한 포르투갈인 가운데에는 개종한 유대인이 많았습니다. 이들은 스페인인과 달리 포르투갈의 국익을 위해 활동했다기보다 자신들 개인의 이익을 위해 활동하는 경향이 강했습니다.[5] 포르투갈인뿐 아니라 이 시기 동부 유라시아 동해안 지역에서 활동한 많은 사람은, 민족의식이나 국가의식을 크게 의식하는 일 없이 상인과 뱃사람, 해적을 오가며 각자의 삶을 영위했습니다. 그리고 상인과 해적 사이를 자신의 이익에 따라 오간 포르투갈인 가운데 한 사람이 바로 일본에 조총을 가져다주었습니다.

16세기 중기인 명나라 가정제嘉靖帝 연간에는 특히 왜구가 중국 대륙 동남해안에서 활개를 쳤으며, 몽골인들 사이에서 세력을 떨친 알탄 칸(Altan Khan, 1507~1582)이 1550년 명나라 도성 베이징을 포위·공격한 경술의 변庚戌之變과 함께 남북에서 명나라를 괴롭혔는데, 이를 북로남왜北虜南倭라고 합니다.

한국에서는 조선시대부터 도요토미 히데요시의 조선 침략을 임진왜란이라고 칭해, 왜구와 비슷한 성격의 해적 집단이 히데요시를 두목으로 삼아서 조선을 침략했다는 인식이 '왜란'의 이미지로 퍼져 있습니다. 물론 왜구 세력 가운데 일부가 히데요시의 수군水軍에 포함되어 있던 것은 분명하지만, 히데요시는 왜구 수장이 아닙니다. 오히려 그는 왜구의 무역 및 약탈 행위를 본인이 금지했다고 강조했습니다. 심지어 명나라와 조선을 괴롭히던 왜구를 본인이 처리했으니, 이에 대한 감사 표시를 하라고 두 나라에 요구했습니다. 이것은 일본이 정치적으로 분열되어 있을 때 개인이나 사적 집단이 대륙과의 교류에서 얻었던 이익을, 일본을 통일한 히데요시의 중앙정부가 독점하겠다는 의지로도 해석할 수 있습니다.

당시 일본에서는 다양한 그룹이 대륙과의 교류를 꾀하고 있었습니다. 동남아시아 등지로 이주해 정착한 일본인과 왜구 활동을 벌인 일본인에 더하여, 일본 국내의 여러 장군들과 불교 세력도 명나라 및 동남아시아 등과 공적·사적 관계를 맺었습니다. 오늘날 일본에서는 자기 나라가 조선이나 베트남과 달리 대외적으로 중국 왕조와 대등하게 천황이라는 이름의 황제를 두었으며, 중국 왕조와 마찬가지로 독자적으로 연호를 제정해왔다고 주장하는 사람들이 적지 않습니다. 게다가 이런 사실을 바탕으로 일본이 조선이나 베트남보다 우월하고, 조선이나 베트남은 중국 왕조에 조공하는 비굴한 나라였다고 비하하기도 합니다. 그러나 아이러니하게도 일본의 중·고등학교 일본사 교과서를 잘 읽어보면, 일본에서도 여러 차례 중국 왕조에 조공했다는 사실을 금세 알 수 있습니다.

우선, 5세기 중국의 남북조시대 때 남조 송나라에 조공한 왜국의 다섯 왕이 유명합니다. 중국 역사서에는 이들의 이름이 찬讚, 진珍, 제濟, 흥興, 무武라고 적혀 있습니다. 하지만 고대 일본 역사서인 《고사기古事記》와 《일본서기日本書紀》에는 이들 이름이 보이지 않고, 또 중국 왕조에 조공했다는 사실도 적혀 있지 않다 보니 다섯 명의 왜왕이 누구인지 정확히 알 수가 없습니다. 왜의 다섯 왕이 문제가 되는 까닭은, 흥의 동생인 무가 남조 측을 향해 스스로를 "사지절 도독 왜·백제·신라·임나·가라·진한·모한 칠국제군사 안동대장군 왜국왕使持節 都督 倭·百濟·新羅·任那·加羅·秦韓·慕韓 七國諸軍事 安東大將軍 倭國王"이라 칭하고, 이를 인정해달라고 거듭 요청했다고 하는 부분때문입니다. 즉 왜왕이 왜국은 물론이고 백제와 신라, 임나, 가라, 진한, 모한까지 모두 지배하고 있다고 주장하면서, 이를 남조가 인정해주기를 바란 것입니다. 남조 측은 거듭해서 이 요구를 거부하다가, 마지막에는 '백제'만 빼고 나머지 나라 이름이 모두 포함된 작위를 왜왕에게 내립니다. 왜왕 스스로 백제까지 지배하고 있다는 주장을 했다는 데서 이 호칭이 과장되어 있음을 알 수 있고, 백제만 뺀 호칭을 남조 측이 인정해주었다는 데서 당시 백제가 남조 측에 무시할 수 없는 존재였음을 짐작하게 합니다.

다음으로, 교토의 북조北朝와 요시노의 남조南朝에 각각 한 명의 덴노가 존재하던 14세기 남북조시대에도 여러 차례 조공 사절이 명나라로 파견되었습니다. 남북조시대의 내란이 한창이던 14세기 후반에 명나라 태조 주원장이 규슈의 실권자 가네요시 신노(懷良親王, 1329~1383)를 일본 국왕으로 책봉하고 왜구 진압을 명하는 국서를 보냈습니다. 가네요시는 남조의 수장인 고다이고 덴노(後醍醐天皇, 1288~1339)의 아들이자, 규슈 지역 남조 세력의 핵심이었습니다. 남북조 내란의 영향으로 정치가 혼란스러워진 상황에서 일본 서쪽의 변방민들이 왜구가 되어 먹고살 길을 찾아 중국까지 약탈하는 상황이 벌어지고 있었던 것입니다. 이를 우려해, 명나라는 규슈 각지에 살던 중국인으로부터 정보를 수집해서 가네요시 신노를 일본 국왕으로 책봉하고 일본 국내를 통일시키면 왜구가 사라질 것이라고 판단한 것입니다.

가네요시는 명나라 사신 일부를 처형시키면서 이 책봉을 거부하지만, 명나라 측에서는 가네요시가 일본 국왕으로 책봉되었다고 간주했습니다. 그래서 일본 여러 세력은 이후 가네요시의 이름을 빌려서 남북조를 통일한 무로마치 막부의 제3대 쇼군 아시카가 요시미쓰.

명나라에 조공무역을 시도했습니다. 남북조를 통일한 무로마치 막부의 제3대 쇼군인 아시카가 요시미쓰(足利義滿, 1358~1408)는 일본 국왕으로 책봉되기까지 난관을 겪어야 했습니다. 아시카가 요시미쓰가 가네요시의 부하인데, 강제로 일본 국왕의 지위를 찬탈한 것이 아니냐는 이유에서였습니다.

임진왜란 발발 전에 조선에서는 도요토미 히데요시를 둘러싸고, 아시카가 요시미쓰 이래로 대대로 일본 국왕이던 무로마치 막부의 쇼군을 물리치고 스스로 국왕이 된 것이 아니냐는 소문이 돌았다고 《징비록》은 전합니다. 이 소문은 아마도 정치적 적대 세력들이 무로마치 막부의 제13대 쇼군 아시카가 요시테루(足利義輝, 1536~1565)를 암살한 사건인 에이로쿠의 변(1565) 때문에 생긴 것으로 생각됩니다.

고려 왕조를 멸망시키고 조선을 건국한 이성계 역시 초기에는 명나라 홍무제(주원장)로부터 새로운 왕조의 국왕으로 인정받지 못하고, 고려 국왕의 자리를 임시로 대신한다는 '권지고려국사權知高麗國事'에 봉해진 바 있습니다. 참고로 가네요시 신노를 무너뜨린 북조 측 장군이자 유명한 시인 이마가와 사다요(今川貞世, 1326~1420?)는 고려의 정몽주와 교섭하여 왜구에게 납치된 고려인을 돌려보내고, 조선에《대장경》을 요청해서 받는 등 한반도 국가들과 우호적인 관계를 맺은 것으로 잘 알려져 있습니다.

명나라로부터 일본 국왕으로 임명받은 무로마치 막부의 제3대 쇼군인 아시카가 요시미쓰는 조공무역을 통해 이익을 얻는 정책을 취했습니다. 명나라는 자신들이 일본 국왕으로 책봉한 쇼군이 보낸 사절단을 왜구와 구분하기 위해서 감합勘合이라는 공문서를 일본에 발급했습니다. 일종의 외교적 신임장인 감합을 매개로 명나라와 무로마치 막부는 조공무역을 하게 됐습니다. 제3대 쇼군 요시미쓰가 사망한 뒤에는 잠시 조공이 중단되었다가, 제6대 쇼군 아시카가 요시노리(足利義教, 1394~1441) 때 조공무역이 재개되었습니다. 말하자면 '일본 국왕'이 잠깐 존재하지 않았다가 다시 나타난 것입니다.

이후 제8대 쇼군 아시카가 요시마사(足利義政, 1436~1490)의 후계 문제를 둘러싸고 당대의 양대 세력인 호소카와 가문과 오우치 가문이 일본을 둘로 가른 11년간의 내전을 벌이면서 명나라와의 감합무역은, '일본 국왕'인 아시카가 쇼군 가문의 무로마치 막부가 아니라, 오우치 가문이나 호소카와 가문 같은 실력 있는 집안이 대신 행하게 됩니다. 이들은 서로 경쟁적으로 조공무역에 뛰어들면서 상대편 가문에 대한 무력행사도 불사했습니다. 또한 이러한 충돌을 저지하거나 어느 한쪽 가문의 편을 드는 명나라에 대해서도 거리낌 없이 실력 행사를 했습니다. 그 대표적인 사건이 명나라 강남 지역 닝보(寧波, 영파)에서 일어난 '닝보의 난(1523)'입니다.

닝보의 난은 일본에서 파견한 사절단조차 우호적인 상황에서는 외교사절로서 활동하지만, 비우호적인 상황에서는 밀무역을 불사하는 해적 집단이 된다는 사실을 잘 보여주는 사건이었습니다. 특히 닝보는 중국과 일본 간의 조공무역 및 사무역私貿易의 거점이었기 때문에, 도요토미 히데요시는 임진왜란 초기에 일본 덴노를 베이징으로 옮기고 자신은 닝보로 가서 그곳을 거점으로 스페인령 필리핀 루손섬과 포르투갈령 인도 고아 등지까지 지배하는 해상 제국을 만들려는 구상을 하기도 했습니다.

이처럼 일본이 중국 왕조와 무역하기 위해 험한 동중국해를 건넌 것은 그만큼 무역에서 얻는 이익이 컸기 때문입니다. 한반도와 달리 일본에서는 중국 왕조들과 마찬가지로 고대부터 동전을 만들어왔지만, 자국 동전보다는 명나라에서 제작한 영락통보永樂通寶를 더욱 크게 신뢰하고 사용해왔습니다. 영락통보와 같이 바다 건너 온 '도래전渡來錢'이라 불리는 중국 동전을 많이 가지고 있는 장군이 경제적 우위를 차지할 수 있다 보니, 오다 노부나가는 자신의 문장紋章에 영락통보를 그려넣기도 했습니다. 현재 270곳이 넘는 일본 유적에서 도래전 무더기가 발굴되기도 했습니다. 전쟁에 대비해 비축해둔 것으로 생각되는데, 2018년 사이타마현 아라이 호리노우치新井堀の内 유적에서 영락통보 등 26만 개의 도래전이 담긴 거대한 항아리가 발굴되어 화제

명나라에서 일본으로 건너간 영락통보(왼쪽),
영락통보 문양을 넣은 칼 받침(오른쪽).

가 되기도 했습니다.

그리하여 일본에서 동銅을 수출하면 중국 왕조에서는 완성품인 동전을 수출하는 무역 구조가 만들어지면서 두 지역의 경제가 연동되었습니다. 한마디로 육지를 접하고 있는 한반도보다, 동중국해라는 큰 바다를 끼고 있는 일본이 중국 왕조와 더욱 밀접하고 대규모로 교류하고 있었다고 할 수 있습니다. 이런 구도는 에도시대에도 계속되었습니다. 이를테면 임진왜란 당시 조선에서 약탈해간 책으로 일본 지식인들이 공부하는 게 아니냐고 일본에 파견된 조선통신사가 비판하면, 일본 측은 이를 맞받아 청나라와 네덜란드에서 수입한 책의 제목을 거론하면서 조선측이 이런 책들도 모르면서 주자학만 되뇐다고 비꼬는 장면을 연출한 것과 비슷합니다.

중화 문명과 유럽 문명의 경계에 놓인 일본

앞서 네덜란드 동인도회사의 정신을 "전투 없이 거래 없다"라고 표현했습니다만, 고대부터 중세에 걸쳐 중국 왕조와 관계한 일본인들의 정신은 "거래하거나 전투하거나"라고 표현할 수 있겠습니다. 당시 동중국해 연안의 여러 나라들에 비하면 확실히 거칠긴 하지만, 네덜란드 동인도회사로 상징되는 유럽 세력에 비하면 온건하다고 할 수 있습니다.

포르투갈과 스페인은 인도양에 처음 나타났을 무렵 다짜고짜 다른 나라 배와 항구를 포격해서 기선을 제압하고 요새를 건설한 뒤에 그 지역의 무역을 독점하는 방식을 취했습니다. 유럽에서는 중세의 십자군 전쟁 때 슬라브인과 남부 프랑스인, 그리스인이 서유럽 군인들에게 학살되었습니다. 30년전쟁(1618~1648) 때는 8백만 명이 살해되었습니다. 특히 독일은 인구가 대략 25~40퍼센트 감소하는 등 중대한 타격을 입었습니다. 이 전쟁은 독일을 무대로 삼아 역사상 최대 규모로 전개된 종교 전쟁으로 일컬어집니다.

유럽인들은 전 세계를 상대로 "전투 없이 거래 없다"라는 전쟁의 상거래를 펼치기에 앞서, 이미 유럽 내부에서 똑같은 일을 행해 왔던 것입니다. 자기들끼리도 거리낌 없이 서로를 죽이는 유럽 세력들이, 그리스도교 신자도 아닌 바깥 세계 이민족들을 죽이는 데 대해 양심의 가책을 느꼈으리라고는 상상할 수 없습니다.

30년전쟁 당시의 참상을 보여주는 그림.

이에 비하면 일본은(심지어 왜구까지도) 웬만하면 평화롭게 무역하되 어쩔 수 없으면 전쟁을 불사한다는 정도에 그쳤습니다. 또 명나라 때 정화鄭和의 원정대가 아프리카에 간 것 말고는 중국 왕조가 장기간에 걸쳐 대규모 해상 활동을 전개하지 않은 반면, 중세 일본은 활발히 해상 활동을 펼쳤다고 평가할 수 있습니다. 물론 바이킹이나 포르투갈 이후 유럽 세력들의 해상 활동에 비하면 소규모였습니다. 이렇게 보면 중세 일본은 중세 유럽과 동중국해 국가들의 중간 정도 되는 전투력과 해상무역 능력을 지니고 있었다고 할 수 있겠습니다. 이 점이 16~17세기의 전환기에 오다 노부나가와 도요토미 히데요시가 세계 정복과 해상 제국을 건설할 야망을 품어볼 근거가 된 것이고, 그 한계를 냉철하게 파악한 도쿠가와 이에야스가 일본인의 해상 활동을 중단한 이유였는지도 모르겠습니다.

지금은 일본의 일부이지만 원래는 독립국이던 오키나와열도의 류큐琉球왕국은 1429년에 통일되기 전까지 한반도처럼 삼국시대를 거쳤습니다. 12~13세기에는 순천(舜天, 재위 1187~1237)과 영조(英祖, 재위 1260~1299) 왕통王統이 있었습니다. 이후 산북山北·중산中山·산남山南으로 갈라졌고 세 왕통은 각자 중국에 조공했습니다. 삼산시대를 통일한 제1차 상씨尙氏 왕통, 그리고 임진왜란 당시 명나라와 일본 사이에 끼어 고초를 겪은 제2차 상씨 왕통도 변함없이 명·청에 조공했습니다.

14세기 삼산시대의 류큐국.

류큐가 특히 번성한 것은 제1차 상씨 왕통 시절이었습니다. 당시 명나라가 국가 간의 조공무역 이외의 모든 사무역을 금지하는 해금령海禁令을 발령한 탓에, 명나라 해안에서는 중국인 해상무역 집단이 사라졌습니다. 한때는 정화가 지휘하는 대규모 함대가 아프리카까지 갈 정도로 활발한 해양 활동을 펼치던 명나라의 존재가 갑자기 사라지자 류큐와 왜구, 스페인과 포르투갈을 비롯한 유럽 각국의 해양 집단이 동중국해 일대의 공백을 메운 것입니다. 그 가운데 가장 활발하게 해상무역 활동을 펼친 것이 류큐왕국이었습니다.

제1차 상씨 왕통의 상태구尙泰久 왕 시절인 1458년에 일본 규슈의 주물공을 초빙해서 제작한 '만국진량의 종'을 보면 이들의 활약과 자부심을 읽을 수 있습니다. 종에 새겨진 글의 첫머리는 이렇게 시작합니다.

> 류큐국은 남해의 핵심 지역에 자리하고 있다. 삼한의 빼어난 것을 모으고 대명국 및 일본과 떼려야 뗄 수 없는 관계를 가진다.
>
> 대명국과 일본 사이에 솟아 있는 봉래도이니, 전 세계 사람들이 배를 타고 몰려드는 항구이다.
>
> 琉球國者, 南海勝地, 而鍾三韓之秀, 以大明爲輔車, 以日域爲唇齒在.
>
> 此二中間湧出之蓬萊島也, 以舟楫爲萬國之津梁.

'만국진량의 종' 첫머리는 읽으면 읽을수록 참 묘합니다. 삼한, 즉 한반도를 가장 앞에 두면서도 류큐와 가장 밀접한 관계에 있는 나라는 중국 왕조와 일본이라고 밝힙니다. 한반도와 문화적으로 교류하

제1차 상씨 왕통 때 제작한 만국진량의 종. 진품은 오키나와현립박물관·미술관에 보존되어 있다. 사진은 류큐의 수도였던 오키나와현 나하시 슈리성 공원에 걸려 있는 복제품을 촬영한 것이다.

지만, 류큐의 대외 정치에서 중요하다고 생각되는 지역들 가운데 한반도는 들어가지 않는다는 뜻인 듯합니다.

실제로 고려시대 후기 삼별초 세력이나 조선시대 전기 홍길동이 류큐로 넘어가 나라를 세웠다는 낭설이 있는데, 그 정도까지는 아니더라도 한반도와 류큐 사이에는 여러 문화적 연관성이 확인됩니다.

그 가운데 가장 흥미로운 것이 국왕 초상화 뒤에 세워놓은 병풍 그림입니다. 조선 국왕 뒤에는 일월오봉도日月五峰圖라는 병풍이 세워져 있습니다. 해와 달과 다섯 개의 산과 물이 그려진 병풍입니다. 흔히 보는 일월오봉도에서는 다섯 개의 산이 가장 눈에 띄지만, 전주 경기

전주 경기전에 있는 조선 태조의 일월오봉도.

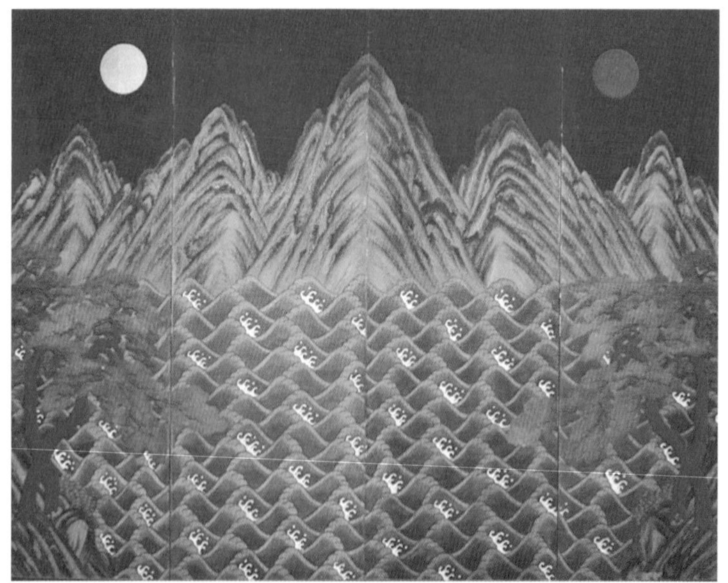

제2차 상씨 왕통 상녕왕의 오고에.

전에 있는 태조 이성계와 관련된 일월오봉도에는 산보다 물이 더욱 강조되어 있어서 마치 바다 위에 다섯 개의 섬들이 떠 있는 것처럼 보입니다.

한편 류큐 국왕이 사망한 뒤에 그린 오고에御後繪·초상화에는, 다섯 개의 산 대신 바다 물결이 산처럼 위로 솟구쳐 올라 있고 그 위에 해와 달이 떠 있습니다. 조선의 일월오봉도를 언제 만들었는지 알 수 없고, 또 조선의 일월오봉도가 중화 문명의 여러 관념을 차용한 것임을 생각하면 아마도 조선과 류큐가 공통적으로 근거한 중화 문명의 관념이나 회화 작품이 있었으리라고 추측하는 것이 타당해 보입니다. 하지만 류큐의 오고에가 조선의 일월오봉도에서 영향을 받았다는 일각의 추측에도 수긍되는 면이 없지 않습니다.

두 나라 사이에는 직접적인 관련성은 없지만 먼 훗날 역사적으로 비슷한 경험을 한 사례가 몇 가지 있습니다. 조선과 류큐 두 나라 국왕의 초상화, 즉 어진御眞 대부분이 소실되었다는 점입니다. 조선 국왕의 어진은 한국전쟁 당시 부산 용두산 일대의 부산국악원 창고에 임시로 보관되어 있었는데, 휴전 이듬해인 1954년 12월 10일 새벽에 그 일대 피란민 판자촌에 난 불이 창고로 옮겨 붙어서 어진이 모두 타 버렸습니다. 당시까지 남아 있던 48점의 어진 가운데 태조·영조·철종·순조·익종·원종의 어진 전체 또는 일부를 합쳐 7점만 남았습니다. 여기에 더하여 일부 어진을 흑백사진으로 찍은 것이 지금까지 전해지고 있습니다.

한편 류큐 국왕들의 어진은 류큐왕국의 수도 나하那覇의 엔카쿠지圓覺寺 절에 보관해오다가 1945년 오키나와 전투 때 전부 불타버립니다. 다행히 가마쿠라 요시타로鎌倉芳太郎라는 예술가가 그 가운데 10점을 촬영한 것이 남아 있습니다. 이처럼 두 나라 국왕의 어진은 각각 태평양전쟁과 한국전쟁 때문에 피해를 입었다는 점에서 비슷합니다.

또한 두 나라의 역사서들은 일본의 침략으로 큰 피해를 입었습니다. 조선의 경우에는 1592~1598년 임진왜란 이전에 네 부를 만들어 둔《조선왕조실록》가운데 춘추관·충주·성주에 있던 것이 사라지고 전주에 있는 것만 살아남았습니다. 이때 한양에 있던《고려실록》은 모두 사라진 것으로 알려져 있습니다.

《고려실록》과 마찬가지의 운명을 겪은 것이 1609년 시마즈 가문의 류큐 침공 이전에 류큐왕국에 존재하던 역사서들입니다. 이 침공으로 류큐왕국의 문헌들이 거의 모두 사라진 탓에 그 뒤에 편찬된 류큐왕국의 역사서《중산세감中山世鑑》,《중산세보中山世譜》 등에도 16세기 이전의 역사는 대단히 불투명하게 기록되어 있습니다. 현재도 오키나와현 곳곳에서 유물이 발굴되고 있지만 16세기 이전 것에 대해서는 그 실체를 잘 알지 못하는 경우가 많습니다. 예컨대 고려를 무너뜨리고 조선에서 만든《고려사》와《고려사절요》에 적혀 있지 않은 고려 왕조의 실상에 대해 오늘날 한국인들이 막연한 이미지만을 품고 있는 것과 비슷합니다.

1609년 이후에 류큐왕국이 동중국해·남중국해 연안 국가들과 주고받은 외교 문서를 기록한 270권의 방대한 문헌《역대보안歷代寶案》의 경우도, 메이지유신 이후 도쿄에 옮겨놓은 원본이 1923년 간토 대지진 때 사라졌습니다. 오키나와현립박물관에 남아 있던 다른 원본 역시 태평양전쟁 중에 사라졌습니다. 다행히 현재 오키나와현, 일본 본토, 타이완 등에 흩어져 있는 필사본·사진 촬영본 등을 애써 모아서 교합·교정한 결과 250권을 재현해내는 데 성공했습니다. 일본에 약탈되거나 매매되어 건너간 조선의 문헌들 가운데 일부도 간토 대지진과 태평양전쟁 와중에 사라졌으니, 두 나라의 문헌이 맞이한 운명은 참으로 처연하다고 하지 않을 수 없습니다.

마지막으로, 1609년에 류큐왕국을 정복한 시마즈 가문은 당시 국왕인 상녕尙寧을 일본으로 끌고 가서 제2대 쇼군 도쿠가와 히데타다(德川秀忠, 1579~1632)에게 알현시켰습니다. 그로부터 약 30년 뒤인

1637년에 조선 국왕 인조는 남한산성에서 나와 삼전도에서 후금의 홍타이지를 대면하고 항복했습니다(삼전도의 굴욕). 본인이 후금으로 끌려간 것은 아니지만 소현세자가 심양으로 끌려갔으니, 인조와 소현세자의 처지를 합하면 류큐 국왕 상녕과 크게 다르지 않을 것입니다.

류큐왕국에 대한 이야기가 길어졌습니다만, 여기서 드리고 싶은 메시지는 일본 역시 한반도나 류큐, 나아가 베트남 왕조들과 마찬가지로 중국 왕조에 의해 국왕으로 책봉을 받고 조공을 하면서 무역에서 생기는 이익을 챙겼다는 사실입니다. 네 지역의 차이를 보자면, 오키나와의 류큐 국왕은 줄곧 중국 왕조의 책봉을 받으면서 자체적인 연호는 세우지 않은 데 반해, 한반도에서는 삼국시대부터 조선시대에 이르기까지 대부분 국왕들이 중국 왕조의 책봉을 받고 때때로 연호를 세웠으며 때때로 황제라 칭했습니다. 베트남 국왕은 대체로 중국 왕조의 책봉을 받으면서도 대내적으로 황제라 칭하고 줄곧 자체적인 연호를 세웠습니다. 일본은 때때로 중국 왕조의 책봉을 받은 쇼군과 대내외적으로 줄곧 황제라 칭한 덴노가 공존했고, 줄곧 자체적인 연호를 세웠습니다. 무로마치 막부의 경우, 앞서 언급한 아시카가 요시미쓰 이후 쇼군은 국외적으로는 '일본 국왕'이라 칭하고 국내적으로는 '무로마치 가문의 저택'이라는 뜻의 '무로마치도노室町殿'라 칭하는 이중 정권의 성격을 띠었습니다. 베트남은 대외적으로는 국왕, 대내적으로는 황제라 칭하는 모습을 보인 데 비해, 일본에선 종종 '일본 국왕'으로 책봉 받은 쇼군들이 허울뿐인 덴노 대신 실권을 차지하고 있었습니다.

결과적으로 베트남과 일본 모두 최고 실권자가 중국 왕조의 책봉을 받은 것이니, 네 지역 모두 궁극적으로는 중국 왕조와 완전히 구분되는 황제 제도를 수립하는 데 실패한 것이나 다름없습니다. 한마디로 중국 왕조의 실력과 중국 왕조가 만들어낸 관념 세계가 얼마나 강력하게 동중국해·남중국해 연안 지역을 압도하고 있었는지를 알 수 있습니다.

16~17세기에 오다 노부나가, 도요토미 히데요시, 도쿠가와 이에야스 가운데 앞의 두 사람은 유럽으로부터 새로운 세계관과 군사기술을 배워 중화 문명을 뛰어넘고 나아가 아시아를 정복하려 했습니다. 반면 도쿠가와 이에야스는 거대한 배와 조총, 대포를 가지고 전 세계를 식민지로 만들고 있는 유럽과 교류하지 않고 중화 세계의 질서에 좀 더 가까이 다가가서 정권의 안정을 보장받는 쪽을 택했다고 할 수 있습니다. 이에야스는 시마즈 가문이 류큐왕국을 정복하는 것은 허가했지만, 조선과는 다시 국교를 맺고, 임진왜란 이후 명나라와도 국교를 맺으려고 시도했습니다. 그런 시도가 실패한 뒤에도 무역 관계를 이어갔다는 점이 독특합니다.

도쿠가와 이에야스가 쇼군으로서 일본을 통치하던 시절에는, 일본 안의 덴노나 쇼군보다 바다 바깥 로마에 살고 있는 교황에게 충성하는 주민이 수십만 명이나 존재하고 있었습니다. 게다가 통제 바깥에 놓여 있는 동남아시아 일본인 마을에도 일본인 수십만 명이 살고 있었습니다. 당시만 해도 일본 국내 상황에 불만을 품은 피지배층이 유럽의 침략에 호응해서 내부로부터 봉기하거나, 동남아시아 등지에 나가 있는 일본인들이 유럽 세력을 안내해 일본을 침략할 수도 있는 상황이었습니다. 마침 일본에는 유럽인들이 아프리카에서 노예로 잡은 흑인들도 와 있었고, 오늘날 멕시코에 해당하는 누에바에스파냐를 스페인이 식민지로 삼았다는 정보도 널리 퍼져 있었습니다.

전국시대 일본의 동북 지방에 거점을 둔 다테 마사무네(伊達政宗, 1567~1636)의 신하인 하세쿠라 쓰네나가(支倉常長, 1571~1622)가 주군의 유럽 파견 사절단(180명으로 구성)을 이끌고 로마로 향했을 때 누에바에스파냐를 지나갔는데, 그곳에도 일본인 노예가 있었습니다. 스페인 세력이 대서양을 건너 거대한 식민지를 건설하고 일본인 노예들까지 그곳에 팔려와 있는 모습을 본 하세쿠라 사절단이 받았을 충격이 짐작됩니다. 이런 스페인과 포르투갈 세력이 도쿠가와 이에야스 시대에 인도양과 태평양을 건너 일본에서 활동하고 있었던 것입니다.

하세쿠라 사절단과 다테 마사무네뿐 아니라 당시 일본 지배층 전체는 충격과 위기의식을 공유하고 있었습니다. 그래서 도쿠가와 막부는 앞서 말씀드린 바와 같이 외국에 나가 있는 일본인의 귀국을 금지하고 국내의 가톨릭 신자들을 추방했습니다. 또한 태평양과 대서양을 건너 로마까지 항해할 수 있는 유럽식 배 만드는 조선술을 폐기하는 등, 기술적 퇴보를 감수하면서까지 일본과 가톨릭 유럽 세력의 접촉을 막으려 했습니다. 하세쿠라 사절단이 1613년 일본을 출발해 7년간 4만 1100km를 여행하고 돌아올 만큼 당시 일본은 조선·항해술을 갖추고 있었습니다. 일본은 모처럼 중화 문명으로부터 정신적·물질적으로 완전히 독립할 수 있는 기회를 바다를 통해 제안받았으나, "일본은 신의 나라고 부처의 나라"라는 도요토미 히데요시와 도쿠가와 이에야스의 선언과 함께 이 기회를 거부했습니다.

일본은 유럽과 통하는 문을 닫는 과정에서 대양 항해가 가능한 조

1 동북 지방 센다이번의 초대 번주인 다테 마사무네. 애꾸눈으로 유명하다.

2 다테 마사무네가 로마 교황에게 보낸 황금 서한.

1 2

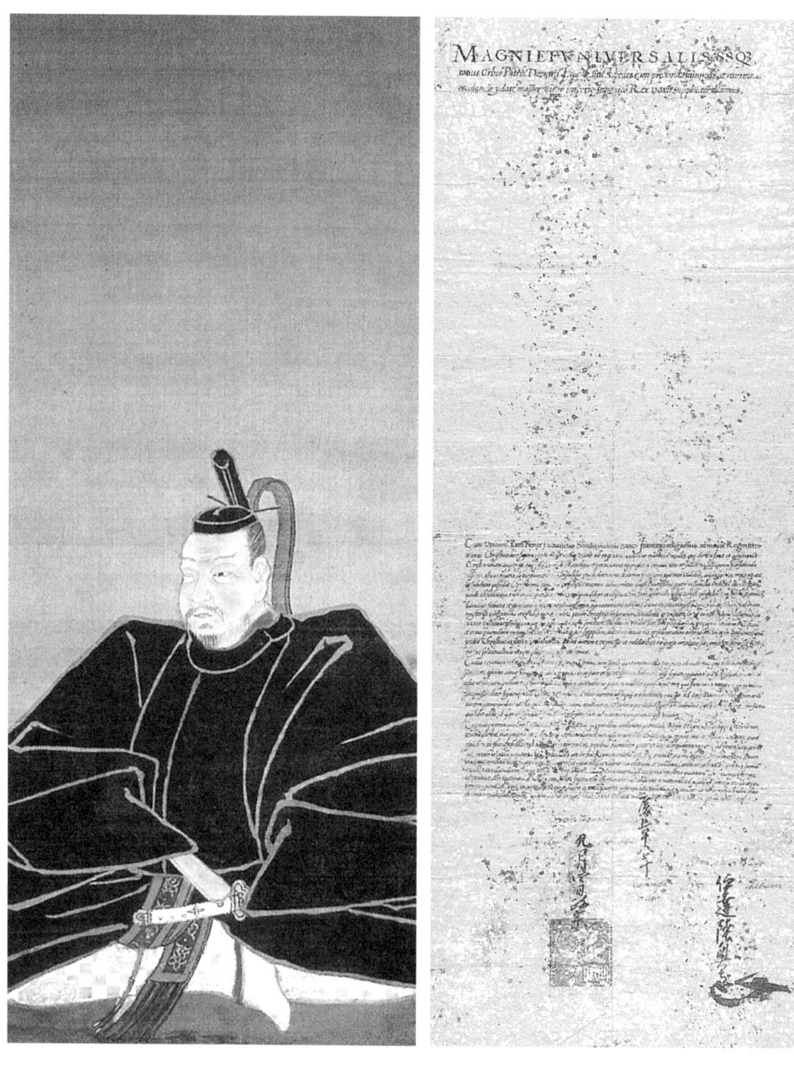

선술을 포기했고, 지배층과 피지배층을 영원히 고착시켜서 사회를 안정화하기 위해 조총 전투 전술을 포기했습니다. 조총의 위력을 최대한으로 끌어올리기 위해서는 귀족과 평민을 구분하지 않고 군부대를 편성해야 하기 때문입니다. 과학 기술과 시스템이 언제나 진보하지는 않으며, 정치적 상황에 의해 크게 좌우될 수 있다는 사실을 알려주는 좋은 사례입니다.

유럽 세력의 침략을 미리 봉쇄하기 위해 일부러 기술을 퇴화시킨 일본을 스페인·포르투갈 등이 작심하고 공격하지 않은 것은 일본의 행운이었습니다. 유럽이 에도시대 일본을 공격할 생각을 하지 않은 이유는 사실 앞선 전국시대 일본의 군사력에 대한 평판 때문이었으니, 이는 곧 일본의 능력이기도 합니다. 그리고 일찍이 중화 문명의 성과를 흡수하는 데는 걸림돌이 됐으나 군사적으로 보면 일본을 지켜준 바다는, 이번에도 유럽 문명의 성과를 흡수하는 데는 지장이 된 반면 군사적으로는 일본을 지켜준 셈이었습니다.

유럽 파견 사절단을 이끌고 로마를 방문한 하세쿠라 쓰네나가.

바다, 더 이상 일본을 보호해주지 못하다

1786년이 되자 "더 이상 바다는 일본에 평안을 주지 못한다"는 선언이 나왔습니다. 앞서 하세쿠라 쓰네나가를 로마로 파견한 바 있는 다테 가문의 센다이번에서 하급 관료 집안의 아들로 태어난 하야시 시헤이(林子平, 1738~1793)라는 사람이 이 선언의 주인공입니다. 그는 1786년에 집필해서 1787~1791년 사이에 출판한《해국병담海國兵談》서문에서 다음과 같은 유명한 선언을 합니다.

> 오늘날 나가사키는 대포로 엄중하게 방비하고 있으나, 오히려 아와·사가미의 항구에는 그러한 방비가 없다. 이는 참으로 이해되지 않는다. 청나라, 네덜란드에서 배를 타면 거칠 것 없이 곧장 에도의 니혼바시까지 올 수 있다. 그런데 이들 지역을 방비하지 않고 나가사키만 방비한다는 것이 말이 되는가?

그동안 몽골과 같은 외국 세력으로부터 일본을 지켜준 바다였지만, 항해술과 해상 전투 기술을 발전시킨 유럽 세력은 이제 바다를 통해 일본 어디라도 쉽게 공격할 수 있게 되었습니다. 이런 상황이 되었는데도 여전히 나가사키에서만 유럽 세력과 교섭을 가지려는 것은 시대에 뒤떨어진 사고방식이라는 뜻입니다.

나아가 그는, 비非한인 세력인 만주인이 한인을 정복하여 세운 청나라는 한인의 왕조들과는 비교가 되지 않는 뛰어난 군사력을 가지고 있으므로, 이제까지처럼 바다가 중국 왕조로부터 일본을 지켜줄 것이라고 생각하면 안 된다고도 주장합니다. 심지어 청나라와 유럽이 연합해서 일본을 공격할 수 있다는 우려까지 합니다.

하야시 시헤이의 세계관은, 1801년 조선 정부가 가톨릭을 탄압한 신유박해 때 충청북도 제천군 봉양면 배론에 숨은 황사영의 생각과도 상통합니다. 정약현(정약용의 맏형)의 사위인 황사영은 배론의 토굴에 숨어 지내면서, 중국 천주교회 베이징 교구에 편지를 보내려다가 발각되어 처형당했습니다. 내용인즉, 청나라와 서양 국가들이 조선을 공격해서 조선의 가톨릭 신자들을 해방시켜달라는 것이었습니다. 물론 하야시 시헤이는 유럽 세력이 일본을 침략할 것으로 예상하기는 했지만 일본의 패배가 아닌 승리를 바랐다는 점에서 황사영과는 정반대의 입장이었습니다. 그는 황사영처럼 처형당하지는 않았지만, 하급 무사가 감히 국가 정책을 논하는 책을 출판했다는 이유로 글을 새긴 목판을 압수당하고 칩거를 명 받아 화병으로 생을 마감했습니다. 그러나 황사영과 하야시 시헤이 모두 머지않아 동중국해에 서양이라는 폭풍이 몰아칠 것을 예감한 사람들이었습니다.

청나라와 서양 가톨릭 세력이 조선을 공격하기를 바란다는 황사영의 바람은 병인양요(1866)와 신미양요(1871)로 실현되지만, 그의 바람과 달리 프랑스와 미국은 조선의 가톨릭 신자들을 해방시키지 못했습니다. 이 두 차례의 전쟁에서 이긴 흥선대원군 정권이 지배의 정당성을 인정받아 가톨릭 탄압과 쇄국정책을 이어 갔기 때문입니다.

마찬가지로 유럽 군대가 가까운 시일 내에 일본을 침공할 것이라

1

2

1 황사영 백서(로마 바티칸 소장).

2 황사영이 백서를 쓴 토굴. 충청북도 제천시 배론성지에 재현되어 있다.

는 1786년 하야시 시헤이의 예측 역시 러시아와 일본 사이에 일어난 군사적 충돌인 흐보스토프 사건(1806~1807)과 영국 군함이 나가사키를 공격한 페이튼호 사건(1808)으로 실현되지만, 그의 바람과 달리 도쿠가와 막부와 일본의 무사 계급은 러시아와 영국의 공격을 막아내지 못했습니다. 일본을 지배할 정당성을 의심받은 일본 무사 계급은 그제서야 서양의 군사기술을 배우려는 마음을 조금이나마 갖기 시작했고 해안 방위 방식에 대해서도 진지하게 관심을 보이기 시작했습니다. 하지만 여전히 쇄국정책을 폐기하지는 않았습니다. 그러다가 1863년과 1864년에 잇따라 유럽 군대와의 전쟁에 패하면서 긴급하게 쇄국정책을 폐기하고 개국과 동시에 메이지 정부 수립을 이루어냈습니다. 한편 조선은 여러 차례의 기회를 살리지 못하고 서서히 망국의 길로 들어섰습니다.

03 조총과 십자가

중화 문명권에서 글로벌 세계로의 도약

1488
바르톨로메우 디아스, 아프리카 남쪽 끝 희망봉에 도착

1492
크리스토퍼 콜럼버스, 아메리카 대륙에 도착

1494
토르데시야스 조약

1498
바스코 다 가마, 인도 캘리컷 도착

1500

1501
아메리고 베스푸치, 남아메리카 조사 시작

1511
포르투갈이 말라카 왕국 점령

1517
루터의 종교개혁 / 포르투갈이 명나라에 최초로 사절단 파견

1519~22
마젤란 함대의 세계 일주

1529
사라고사 조약

1533
곤살로 피사로가 잉카제국 정복

1534
오다 노부나가 출생 / 프랑스 파리에서 예수회 결성

1537
도요토미 히데요시 이즈음 출생

1542
도쿠가와 이에야스 출생

1545
포토시 지역에서 은광 발견

1550

1551
노부나가가 일족의 수장이 됨

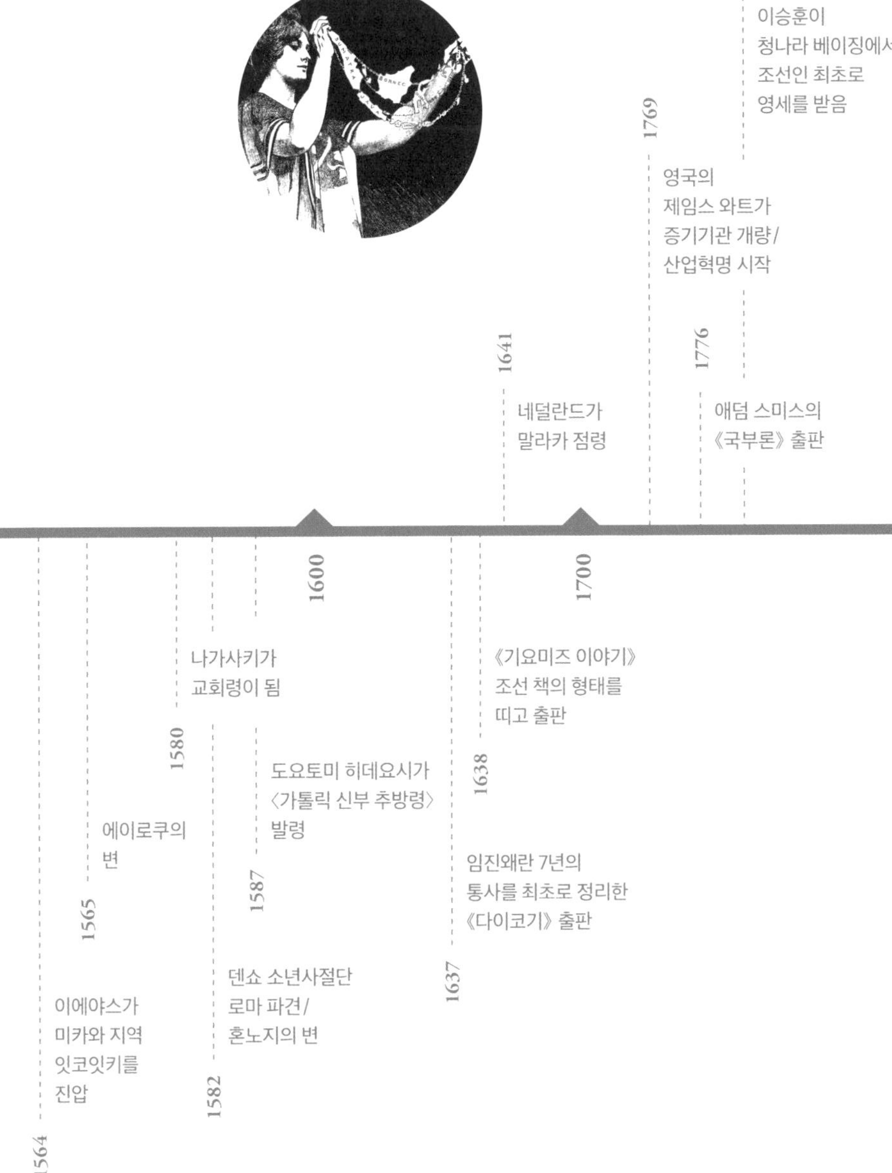
1564
이에야스가
미카와 지역
잇코잇키를
진압
1565
에이로쿠의
변
1580
나가사키가
교회령이 됨
1582
덴쇼 소년사절단
로마 파견/
혼노지의 변
1587
도요토미 히데요시가
〈가톨릭 신부 추방령〉
발령
1600
1637
임진왜란 7년의
통사를 최초로 정리한
《다이코기》 출판
1638
《기요미즈 이야기》
조선 책의 형태를
띠고 출판
1641
네덜란드가
말라카 점령
1700
1769
영국의
제임스 와트가
증기기관 개량/
산업혁명 시작
1776
애덤 스미스의
《국부론》 출판
1784
이승훈이
청나라 베이징에서
조선인 최초로
영세를 받음

16~17세기
일본과 가톨릭

저는 16세기 이후의 동중국해 연안 지역을 살펴볼 때, 이들 지역이 유럽 세력과 어떻게 교류·교섭·갈등했는지를 중요하게 봐야 한다고 생각합니다. 특히 유럽 세력이 동중국해 지역에 가져온 조총과 십자가, 즉 신무기와 새로운 종교를 이들 지역의 여러 집단이 어떻게 받아들였는지(또는 거부했는지) 살피는 것이 중요하다고 봅니다(오해를 피하기 위해서 말씀드리면 저는 특정 종교를 갖고 있지 않습니다. 그렇기 때문에 저의 개인적인 신앙심 때문에 유럽 세력과 가톨릭·프로테스탄트의 영향에 주목하는 것은 전혀 아니라는 점을 알려드립니다).

우선, 저는 동중국해 연안 지역에서 역사를 논할 때 그동안 종교의 영향이 다소 과소평가되어 왔다고 생각합니다. 인간의 행위를 이성적인 차원에서만 파악하려 하기 때문입니다. 이는 고대 중국의 지리서《산해경山海經》이후로 변변한 신화가 기록되지 않거나(중국),《고사기》와 《일본서기》에서 신화를 정치적으로 재해석하거나(일본), 《삼국사기》에서 신화를 폐기해버린(한국) 동아시아의 전통일 터입니다. 여기에 더하여, 동중국해 연안 지역의 어떤 연구자들은 침략자 서양의 종교라고 여기는 가톨릭과 프로테스탄트에 대해 반감을 드러내고 그 영향력을 무시하기도 합니다.

저는 16~17세기 이후에 제작된 일본 문헌, 그리고 오늘날에도 전국시대와 에도시대를 이야기하는 수많은 문헌과 연구에서 가톨릭 문제가 거의 감춰지다시피 해온 것을 알게 되었습니다. 이것은 일본 역사를 단순히 일본 내부의 문제로만 보려는 시각입니다. 뿐만 아니라, 동중국해 연안 지역을 연구할 때 그리스도교라고 하는 실제로 존재했던 플레이어를 없던 것으로 치부하고 싶어 하는 사람들이 있었기 때문이라고 의심하게 되었습니다. 저는 18~19세기 조선에 관한 기존의 연구에 대해서도 이런 의심을 하고 있습니다.

이런 생각을 하게 된 것은 전국시대 일본과 임진왜란에 대한 연구를 진행하면서입니다. 특히 오다 노부나가의 장손인 오다 히데노부(織田秀信, 1580~1605, 세례명 페드로), 임진왜란 당시 외교 교섭에 관여한 나이토 다다토시(内藤忠俊, 1550?~1626?, 세례명 조안), 명문 유학자 집안의 기요하라 에다카타(清原枝賢, 1520~1590), 임진왜란 때 약탈된 조선 책을 대량으로 소장한 마나세 요안인(曲直瀨養安院, 1565~1611)의 스승인 저명한 의학자 마나세 도산(曲直瀨道三, 1507~1594, 세례명 벨키오르 또는 멜키오르), 이 네 사람은 평생 또는 한때 가톨릭 신자였습니다. 여기에 전통시대 일본을 대표하는 화가 집단인 가노파狩野派 가운데 일본 가톨릭의 대표 격까지 오른 가노 겐스케 페트로狩野源助平渡路라는 인물도

마나세 도산.

있었습니다. 이런 사실을 알고 저는 큰 충격을 받았습니다.

이들은 모두 일본 역사에서도 유명한 인물이자 나라의 중요한 역할을 수행한 가문에 속하는 이들입니다. 이들에 대해서는 에도시대에 수많은 문헌이 만들어졌고, 현대 일본에서도 수많은 연구 성과가 나오고 있습니다. 그런데 이들이 모두 가톨릭으로 개종했고, 특히 나이토 조안(본명은 나이토 다다토시)은 가톨릭 신앙을 버릴 것을 거부했다가 마닐라로 추방되어 그곳에서 죽었는데, 그런 사실 역시 에도시대 문헌 어디에서도 확인되지 않으며, 현대 일본의 연구에서도 언급되지 않거나 단편적으로 스쳐 지나갈 뿐입니다.

기존의 1차 문헌과 중세에서 근세로의 전환기 일본에 관한 연구들은 이처럼 유명한 가톨릭 신자를 포함하여 이 시기 유럽 가톨릭 세력과 일본의 관계에 대해 언급을 거의 하지 않은 채 전국시대, 임진왜란, 세키가하라, 막부 성립을 이야기하고 있습니다. 고작 가톨릭 다이묘·농민들이 일으킨 시마바라 봉기, 네덜란드 동인도회사와 일본 간의 교역지인 나가사키 데지마 등에 대해서만 간헐적으로 이야기할 뿐입니다.

저 역시 임진왜란에 관한 일본 쪽 고문헌을 읽어오면서 그러한 관점에 익숙해진 탓에, 이 시기 일본에 머물렀던 유럽 가톨릭 신자들이 남긴 자료에 대해서는 그다지 활용 가치가 없다는 편견을 갖고 있었습니다. 루이스 프로이스(Luís Fróis, 1532~1597)가 쓴 《일본사historia de japam》 같은 책에서 흥미로운 에피소드를 맥락 없이 끌어다가 쓸 뿐, 이들 문헌을 연구함으로써 이 시기 일본을 포함한 동중국해의 상황을 좀 더 다층적으로 살필 수 있다는 생각은 좀처럼 하지 못했습니다.

그러다가 이 책에서 동중국해 연안 지역에 미친 유럽의 영향에 대해 각 지역이 반응한 양상을 다루기로 마음먹게 되었습니다. 오다 히데노부와 나이토 조안, 마나세 도산 등 당시 유명 인사가 가톨릭 신자였다는 사실은 단순히 한때의 에피소드로 그치는 것이 아니라 이들이 활동했던 16~17세기 일본의 상황을 이해하는 데 중요한 키워드라는 생각을 하게 되었기 때문입니다. 일본의 임진왜란 문헌을 연구하기로 결심한 1999년 이후 거의 20년이 흐른 뒤에야 비로소 이런 생각을 하게 된 것입니다.

예를 들어, 중세 일본의 가톨릭 다이묘 연구의 대표자 가운데 한 명인 고노이 다카시五野井隆史와 무라이 사나에村井早苗 등이 함께 쓴《가톨릭 다이묘キリシタン大名》(宮帯出版社, 2017)에는 전국시대 당시의 가톨릭 다이묘가 40여 명이나 포함되어 있습니다.《가톨릭 다이묘》를 비롯하여 최근 일본과 서구권에서 발표되고 있는 논문과 책을 읽은 뒤, 저는 더 이상 이 문제를 외면하거나 경시하면서 16~17세기 일본과 동중국해 그리고 임진왜란을 다루는 것은 불가능하다는 결론에 도달했습니다.

이런 관점에서 16~17세기 일본의 유명한 의사이자 훗날 일본 의학계의 기틀을 마련한 마나세 도산을 먼저 살펴보겠습니다. 그는 위로는 덴노부터 아래로는 한자도 못 읽는 서민에 이르기까지 널리 의학 지식을 전파하기 위해 노력한 사람입니다. 전국시대부터 에도시대에 걸친 의학사 및 한·중 의학 관계를 연구하는 마치 센주로町泉寿郎는 마나세 도산에 대해 "광범위한 영역에 정통한 당대 최고의 의학자로서, 이전 일본 역사에서 도산과 같은 존재는 찾아볼 수 없다"고 평가합니다.[6] 이러한 평가는 현재 일본 의학을 연구하는 전 세계 학자들로부터 공인된 것입니다.

이처럼 국보급 한의학자인 마나세 도산은 유럽인 가톨릭 신부를 치료해준 것이 계기가 되어 1584년에 오르간티노 그네키-솔도(Organtino Gnecchi-Soldo, 1530?~1609) 신부에게서 세례를 받습니다. 1570년 일본에 입국한 오르간티노는 교토에 일본 최초의 가톨릭교회인 난반데라南蛮寺, 혹은 난반지를 세우고, 오다 노부나가가 새로 세운 아즈치성에도 신학교와 교회를 세우는 등, 교토와 주변 지역에서 30여 년에 걸쳐 가톨릭 난반데라를 그린 병풍(리스본 국립 고대 미술관 소장).

을 전파한 인물입니다. 그는 가톨릭을 무조건 강요만 할 것이 아니라 일본 문화를 존중하며 가톨릭을 현지에 적응시킬 것을 주장해, 정치 중심지인 교토에서 가톨릭 세력을 확대하는 데 크게 기여했습니다.

교토를 중심으로 활동해온 마나세 도산은, 당시 이 지역에서 점차 그 수가 늘어나던 가톨릭 신자들을 치료하거나 지인으로 두면서 오르간티노라는 종교인에 대해 접할 기회를 얻었을 터입니다. 마나세 도산이 세례를 받은 것은 77세 되던 해의 일입니다. 그가 가톨릭으로 개종한 것은 젊은 시절 한때의 치기가 아니라 인생의 깨달음에 따른 것이었음을 짐작할 수 있습니다. 다만, 마나세 도산이 세례를 받았다는 기록은 1585년 8월 27일 루이스 프로이스가 나가사키에서 예수회 총회장에게 보낸 편지와 그가 쓴 《일본사》에서만 확인될 뿐이고, 그 밖의 선교 역사 및 일본 내 문헌에는 아무런 언급이 없습니다.[7]

프로이스에 따르면, 마나세 도산이 세례를 받았다는 소식을 듣고 오기마치 덴노(正親町天皇, 재위 1557~1586)가 다음과 같은 편지를 보내어 만류했다고 합니다. "그리스도교의 가르침은 도산이 따르기에는 어울리지 않는다. 그리스도교는 일본 여러 신들의 적이며, 그 가르침은 신들을 악마라 부르게 해 신들의 분노를 초래한다."

1587년 6월 19일에 도요토미 히데요시가 발표한 〈가톨릭 신부 추방령バテレン追放令〉의 첫 구절에서도 "일본은 신의 나라이므로 가톨릭 나라에서 와서 사교를 가르치는 일이 있어선 안 된다"라고 하며 그리스도교 세력에 대한 거부감을 드러냅니다.

여기서 '신의 나라'라는 개념은 고대 일본이 외국, 특히 신라와 정치적·군사적으로 충돌하면서 생겨난 것으로 알려져 있습니다. 진구

오기마치 덴노.

코고神功皇后라는 전설 속 인물이 한반도 남부를 정복했다는 전승傳承에서, 진구코고의 군대가 신라의 수도 서라벌에 나타나자 신라 왕이 "동쪽에 신국神國이 있다고 들었는데, 이를 일본이라고 한다"라고 말합니다. 이것이 일본 문헌에 '신국'이라는 단어가 보이는 최초의 사례로 알려져 있습니다. 또 869년에 신라의 해적이 일본 규슈 하카타를 습격하자, 조정에서 여러 신사神社에 외적을 물리쳐달라는 기원을 했는데, 그 기원문 가운데 "우리 일본은 이른바 신명神明의 나라이니 신명께서 도우시면 어찌 외적이 다가올 수 있겠습니까"라는 구절이 있습니다. 일본은 신국이므로 외적이 쳐들어올 수 없다는 믿음이 이즈음에 생겨났음을 짐작케 합니다. 또한 당시 한반도에서 장보고를 중심으로 한 신라의 해상세력이 크게 활약했고 일본이 이를 두려워했음을 알 수 있습니다.

몽골·고려·한인漢人의 군대가 13세기에 두 차례 일본을 침략했을 때 신의 바람, 즉 가미카제神風가 불어와서 외적의 배를 침몰시켰고, 조선 세종이 파견한 이종무의 군대가 1419년에 쓰시마를 공격했을 때에도 일본 각지의 신들이 서쪽으로 향해서 대한해협에 있던 조선군의 배를 침몰시켰다는 이야기가 일본 여러 문헌에 나와 있습니다. 이처럼 일본 지배층에게는 자기 나라가 신의 보호를 받는 신국이라는 믿음이 강했고, 바다 저 멀리서 건너온 가톨릭이라는 종교 세력이 점차 세력을 얻는 모습이야말로 그들에게 우려스러운 것이었습니다. 이런 상황에서 일본 지배층의 일원이라고 할 수 있는 마나세 도산이 가톨릭 신자가 되었다는 것은 충격적인 일이었고, 어떻게 해서라도 이를 막아야 했으며, 이러한 사안을 언급하는 것조차 불쾌하고 불경한 일이었을 터입니다.

어쩌면 마나세 도산이 가톨릭에 관심을 갖게 된 이유는 유럽 선교사들이 종교와 함께 가져온 유럽 의학 때문인지도 모릅니다. 중국과 한반도의 한의학 문헌을 폭넓게 읽고 활용했을 뿐만 아니라, 서민들이 읽을 수 있도록 한자 대신 히라가나로 쓴 의학 서적을 출판하는 등, 언제나 새로운 지식에 열려 있던 마나세 도산이, 새로이 일본에 소개된 유럽 의학에 관심을 가졌으리라는 것은 충분히 짐작할 수 있습니다.

신문물을 긍정적으로 받아들인 마나세 도산에게 의학을 배운

'진구코고의 삼한 정벌' 전설에서, 신라를 정복한 진구코고가 서라벌 뒤의 절벽에
'삼한의 왕은 일본의 개'라고 썼다는 내용을 묘사한 목판화.

마나세 요안인은 임진왜란에 참전한 우키타 히데이에(宇喜多秀家, 1573~1655)의 아내를 치료한 대가로, 일본군이 조선에서 약탈해 온 여러 권의 책을 선물로 받았습니다. 지금도 이 조선 서적 컬렉션은 〈요안인장서養安院藏書〉라 불리며 많은 학자 사이에서 연구 대상이 되고 있습니다. 중국 문학 연구자인 최용철 선생은 김시습의 한문 소설《금오신화》가 〈요안인장서〉에 포함되어 있다가 메이지 시대에 여러 차례 컬렉터들에게 팔린 끝에 현재 중국 다롄도서관에 있음을 밝혀낸 바 있습니다.[8]《금오신화》는 조선 전기에 출판된 뒤 임진왜란 때 약탈되는 바람에 조선 후기에는 존재조차 잊힌 상태였다가 최남선이 1927년 일본에서 이 책을 발견하고 소개하면서 한반도에 그 이름이 다시 알려졌습니다.

사람의 운명 이상으로 책도 기구한 운명의 경로를 겪곤 합니다. 뒤에서 다시 소개하겠지만, 17세기 초에 나가사키에서 인쇄된 《포르투갈어 설명을 붙인 일본어 사전Vocabvlario da Lingoa de Iapam com a declaracao em Portugues》도 포르투갈로 건너갔다가, 나폴레옹전쟁 때 브라질로 건너가 2018년에야 발견되었습니다.

김시습의 《금오신화》가 조선 후기에는 잊히었지만 일본에서는 에도시대 여러 소설에 인용되었고, 〈요안인장서〉에 포함된 의학 서적처럼 에도시대 의학계에서 널리 이용된 조선 서적도 많았습니다. 그러나 무로마치·전국시대·에도시대를 연구하는 일본 및 서구 학자들은, 이 시기 조선인과 조선 문화가 일본에 미친 영향에 대해서는 완전히 무시하거나 간단히 언급하는 데 그치는 경향이 있습니다. 하지만 센주로 선생이 〈요안인장서〉에 포함된 조선 의학 서적이 지니는 중요성을 강조하고 있듯이,[9] 임진왜란을 전후한 시기에 조선의 의학과 문화, 특히 조선 책이 일본에 준 영향은 이제껏 언급되어온 것 이상으로 컸습니다.

이처럼 가톨릭과 조선이라는 두 개의 키워드를 가지고 보면, 16~17세기 전환기의 일본을 지금까지보다 더욱 풍부하게 이해할 수 있습니다.

도구가 바뀌면 생각이 바뀐다

제가 연구하는 문헌학에서도 조선 책이 일본에 미친 영향은 뚜렷이 나타납니다. 예를 들어 게이오대학 사도문고斯道文庫의 문고장 사사키 다카히로 선생과 저는 17세기의 몇몇 일본 책에 나타나는 두 가지 특징이 임진왜란 때 약탈된 조선 책의 영향이라고 추정하고 있습니다. 이 두 가지 특징이란 ①책의 본문에 씌우는 겉표지 문양이 조선 책의 겉표지에서 흔히 보이는 문양과 비슷하고, ②겉표지를 꿰맬 때 다른 일본 책들처럼 구멍을 4개 뚫은 것이 아니라 조선 책처럼 5개를 뚫었다는 점입니다. 이 두 가지 특징이 내용상 조선과 아무런 관련이 없는 여러 책에서 확인된다는 점에서, 사사키 선생과 저는 임진왜란 당시 일본에 건너간 책들이 일본 문화에 얼마나 큰 영향을 미쳤는지를 추정하고 있습니다.

이런 특징을 지니는 책 가운데 가장 흥미로운 사례는 1638년에 간행된 《기요미즈 이야기清水物語》로, 교토의 사원인 기요미즈데라清水寺에서 불교 승려와 주자학자가 논쟁을 벌여서 주자학이 승리한다는 내용을 담고 있습니다(이 책 내용을 반박하기 위해 불교계에서 출간한 책이 《기온 이야기祇園物語》입니다). 당시 《기요미즈 이야기》는 2천~3천 부가 팔렸다고 하니, 일본 역사상 최초의 베스트셀러인 셈입니다. 불교와 주자학의 논쟁이 담긴 책이 이렇게나 많이 팔린 것만 봐도 주자학이 17세기 초 일본에서 얼마나 획기적인 사상이었는지를 짐작할 수 있습니다.

아사야마 이린안(朝山意林庵, 1589~1664)은, 《기요미즈 이야기》의 저자이면서, 일본에서 최초로 집필된 도요토미 히데요시의 일대기이자 임진왜란 7년의 통사인 《다이코기》에 발문을 붙인 학자입니다. 그는 임진왜란 당시 납치되었다가 일본에 정착한 조선인 학자 이문장李文長으로부터 주자학을 배웠습니다. 《기요미즈 이야기》의 불교 비판도 어쩌면 조선 초기의 주자학자 정도전이 1398년에 쓴 불교 비판 서적 《불씨잡변佛氏雜辨》으로부터 면면히 이어진 것으로 볼 수 있을지 모르겠습니다. 다만 조선에서는 주자학이 정치적으로 유리한 입장에서 불교를 일방적으로 공격할 수 있었다면, 일본의 경우 불교도 주자학과 대등한 입장에서 서로 논쟁을 할 수 있었던 상황이라는 점이 다릅니다. 아무튼 일본 역사상 최초의 베스트셀러인 《기요미즈 이야기》는 조선인으로부터 주자학을 배운 일본인이 조선 책의 형태로 출판한 주자학 이론서였습니다.

사사키 선생이 소장한 《기요미즈 이야기》 상·하권을 보면, 하권은 조선 책처럼 구멍을 5개 뚫어서 겉표지를 묶었고 상권은 일반적인 일본 책처럼 구멍을 4개 뚫었습니다. 서지학적으로 보았을 때에는 조선 책처럼 만들어진 하권이 일본 책처럼 만들어진 상권보다 먼저 출판됐기 때문으로 추정됩니다. 이 책은 베스트셀러가 되면서 오랜 기간에 걸쳐 여러 차례 출판되는데, 임진왜란으로부터 시간적으로 멀어질수록 조선 책의 영향력도 약해져서, 서서히 하권도 상권처럼 다른 일본 책들과 똑같은 방식으로 제본되기에 이릅니다. 《기요미즈 이야기》 하권에서 상권으로의 변화는, 임진왜란이라는 국제 전쟁이 일본

《기요미즈 이야기》 상권(좌)과 하권(우) 앞표지. 하권이 상권보다 오래됐다(사사키 다카히로 소장).

에 중대한 문화적 충격을 주었고, 그 영향이 어떤 식으로 완화되었는지를 잘 보여줍니다.

그렇다고 17세기 일본의 출판 융성이 조선 책과 인쇄술에 의해서만 촉발된 것은 아닙니다. 앞서 잠깐 소개한《포르투갈어 설명을 붙인 일본어 사전》과 같이 17세기 초에 가톨릭 신자들이 유럽식 인쇄술로 출판한 가톨릭 서적, 일명 '기리시탄판キリシタン版'도 큰 자극이 되었습니다. 이처럼 17세기 일본의 출판이 흥성하게 된 것은 조선과 유럽의 기술에 힘입은 바가 크고, 그 결과가《기요미즈 이야기》같은 베스트셀러의 탄생입니다.

이러한 출판업계의 흥성이 일본 경제의 활력에 의한 것임은 물론이지만, 그 기폭제가 된 외국의 인쇄·출판 기술이 전해지지 않았다면 불가능했을 것입니다. 상업이 융성한다고 해서 반드시 새로운 기술이 생겨나는 것은 아닙니다. 상업 융성과 기술 발전은 인과적인 관계가 아닙니다. 이것은 18~19세기에 산업혁명을 일으킨 영국과 그렇지 못한 일본의 근본적인 차이이기도 합니다.

일본에서 역사인구학 분야를 개척한 하야미 아키라速水融는, 상업 출판의 성행으로 대표되는 에도시대 일본의 상업 경제가 자연스럽게 메이지유신 이후의 공업화로 이어졌다는 일본 학계의 통설을 비판합니다. 에도시대 일본의 상공업 구조는 산업혁명의 발상지인 영국의 상공업 구조와 정반대 방향으로 가고 있었으므로, 유럽의 자극이 없었더라면 에도시대의 사회·경제적 기반으로부터 메이지 시대의 공업화 또는 산업화가 자연스럽게 발생할 수 없었다는 것입니다.

> (근세 일본에서) 공업화의 주체 형성이 거의 이루어지지 않은 것은 다음 몇 가지 이유를 통해 생각해볼 수 있다. 우선, 서유럽의 경우와 비교하여 '시민'층, '시민사회', '시민정신'이 형성되지 않았던 점을 들 수 있다. 16세기에 주로 기나이畿內에서 발달한 새로운 유형의 도시는 영주의 지배로부터 독립한 일종의 자치도시였으며 '시민'으로도 발전할 수 있는 존재였지만, 오다, 도요토미, 도쿠가와의 전국통일 과정에서 결국 권력자들의 지배 아래 편입되고 말았다. (중략) 둘째, 생산기술의 발전 방향이 자본절약과 노동집약적으로 이루어져, 공업화의 일반적 성질과는 정반대였다는 사실이다. (중략) 셋째, 인구와 다른 자원과의 균형이 일본에서는

공업화에 불리했다는 점이다. (중략) 마지막으로 시장이 거의 국내로 제한되어 있었다는 사실을 고려해야만 한다. (중략) 이상의 네 가지 요인이 겹쳐 있었기 때문에, 내부적으로 공업화의 주체는 형성되기 매우 힘들었다. 따라서 일본의 공업화에는 외부로부터의 충격이 어떻게든 필요했다고 할 수 있다. 19세기 중엽에 이미 공업화를 경험하고 생산력이나 군사력에서 월등한 우위를 점하고 있던 서유럽·미국과의 접촉, 그에 이어 정치 지도자에 의한 근대화 노선의 선택은 일본의 공업화 과정에 꼭 필요하였다.[10]

저는 여기서 한 가지 문제 제기를 하고 싶습니다. 하야미 아키라가 일본 학계의 통설적인 근대화론에 대해 비판한 내용이, 한국의 일각에서 여전히 끈질기게 주장되고 있는 '내재적 발전론', 즉 "일본의 식민지가 되기 이전에도 이미 한반도에는 근대화를 위한 바탕이 마련되어 있었으므로 언젠가는 공업화를 이루었으리라"는 주장을 반박하는 데에도 그대로 이용될 수 있다고 생각합니다. 이런 주장에 대해 저자인 하야미 아키라가 일본인이므로 한반도의 '식민지 근대화론'을 옹호하는 게 아니냐고 생각하는 사람이 독자분 가운데는 계시지 않으리라 믿습니다.

한국경제사 연구자인 김재호 교수 역시 하야미 아키라와 마찬가지의 관점에서 조선시대 후기를 바라봅니다. "역사는 필연적인 법칙에 따라서 진행되는 것이 아니라 불확실성으로 가득한 문제 해결 과정이다. 시장경제가 발전하면 자본주의가 발전하고 기계와 증기기관을 이용한 산업혁명으로 이어지리라는 보장은 어디에도 없다"는 것입니다. 그래서 이제 "조선 후기에 자본주의의 싹이 트고 있었는가?"라는 질문은 더 이상 의미가 없으며, "조선 후기 경제가 맞닥뜨린 문제는 무엇이었는가?", "산업화에 뒤늦었지만 선진 기술을 학습하여 산업화를 시작할 수 있는 역량을 갖추고 있었는가?", "조선 후기가 도달한 역사적 성과는 장차 산업화 과정에서 어떻게 활용되었는가?"라는 질문을 던질 때라고 말합니다.[11] 즉 내재적 발전론과 식민지 근대화론이라는 이분법으로 한반도 역사를 바라보고, 민족주의자와 친일파를 나누는 흑백논리를 버릴 때라는 이야기입니다.

생각이 바뀌면 도구가 바뀌는 게 아니라, 도구가 바뀌면 생각이 바뀝니다. 인간은 도구를 만들고 도구는 인간을 만듭니다. 쓰기와 인쇄가 인간의 의식을 근본적으로 바꾸었음을, 미국의 언어학자 월터 J. 옹은《구술문화와 문자문화》(문예출판사, 2018)에서 주장합니다. 인간 개개인과 마찬가지로 인간 집단으로서의 사회 역시 내부의 자발적인 깨달음에 의해 바뀌기보다 강한 외부 충격에 의해 바뀌는 경우가 많습니다. 그 변화는 반드시 긍정적이거나 미래 지향적인 것이 아닐 수도 있습니다. 이는 16~17세기 조선의 상황이기도 했습니다. 정여립 역모 사건과 기축옥사(1589), 임진왜란(1592~1598), 이몽학 봉기(1596), 능양군 봉기, 즉 인조반정(1623), 이괄 봉기(1624), 정묘호란(1627)과 병자호란(1636~1637) 등 이 모든 일을 겪고 난 뒤의 조선이, 그 이전의 조선과 같았으리라고 간주하는 것은 순진한 생각입니다. 외부 충격에 의해 조선이 망한 뒤, 그리고 미국과 프로테스탄트 세력을 등에 업고 이승만 정권이 탄생한 뒤의 한반도는 더 이상 그 이전의 한반도가 아닙니다.

일본에서 중세와 근세 사회를 나누는 한 가지 기준은, 중세에는 기근이 일상적이었던 데 반해 근세에는 일상적이지 않았다는 점입니다. 이 부분이 두 사회의 사생관死生觀에 차이를 가져왔습니다.[12] 조선시대의 피지배층 사이에서는 기근이 일상적으로 일어났는데, 이는 정약용의 한시漢詩를 비롯해 조선시대 후기 각종 기록에서 지속적으로 고발과 탄식의 대상이 되었습니다. 조선왕조 치하에서 아무런 가능성도 발견하지 못하고 시달리던 피지배층은, 일본이라는 외부 세력에 의해 조선왕조가 무너지고 근대라는 새로운 세계 질서 속에 놓이자, 기업가 정신과 민주주의 정신을 바탕으로 빠르게 근대화를 이루었습니다. 그랬기에 한국전쟁으로 물질적 기반이 거의 다 파괴되었음에도 해외 원조를 이용하여 자신의 힘을 회복하고 고도성장을 이룬 것입니다.

한반도 주민의 의지와 능력은 조선시대나 식민지시대나 같았으나, 외부 충격이 오기 전까지 발휘할 길을 찾지 못한 채 소모되고 있었습니다. 이사벨라 버드 비숍Isabella Bird Bishop이 《조선과 그 이웃나라들》에서 증언하듯이, 19세기 청나라가 만주 이주를 금지하는 봉금령封禁令을 해제하고, 러시아와 조선의 국경이 맞닿게 되자 조선인들은 새롭게 열린 만주와 러시아로 건너가 악착같이 일하며 정착했습니다. 비숍은 한반도의 피지배민들이 가난했던 것은 그들의 민족성이 게을러서가 아니라 국가 시스템이 잘못되어 있었기 때문이라고 말합니다. 조선인들이 만주와 러시아에서 열심히 사는 모습을 보고 나서야 조선인은 기질적으로 게으르다는 생각을 버리게 되었다고 하면서, 조선인은 자신이 음식과 옷을 필요 이상으로 소유한다면 부패 관리에게 노출된다는 것을 잘 알고 있었다고 설명합니다. 경제학자 대런 애쓰모글루와 정치학자 제임스 A. 로빈슨이 함께 쓴《국가는 왜 실패하는가》(시공사, 2012)에서는 소수의 지배집단이 국가의 부를 독점했는데, 피지배층이 잘 살게 되면 자신들의 지배 질서가 흔들릴 것을 두려워해 문자, 바퀴, 쟁기와 같은 외부 선진 기술을 일절 거부한 아프리카 콩고 왕국의 사례를 소개합니다. 콩고 왕국에 대한 묘사는 이사벨라 버드 비숍이 조선의 피지배민을 묘사한 내용과 놀라울 정도로 일치합니다.

조선의 피지배민을 괴롭히던 지배집단의 혈연적·정신적 후계자들은 이 시기 지배집단의 미덕을 칭송하며 조선왕조와 양반에 대한 향수를 드러내고, 왕족과 양반이 일제로부터의 독립운동을 주도했다는 말을 하고 싶어 합니다. 그러나 조선이라는 나라가 멸망한 이유가 어디에 있었든지, 피지배층을 억누름으로써 그들이 가능성을 찾기 위해 조선 바깥으로 나갈 수밖에 없는 절박한 상황을 만든 지배집단의 후계자들이 그런 얘기를 해서는 안 된다고 생각합니다.

한반도와 한반도 주민들이 전근대에서 근대로 넘어와서 오늘날에 이르기까지 성장한 과정은 결코 무능하다고 평가할 수 없는 것이었습니다. 저는 동중국해 연안 지역을 생각할 때 대체로 중국과 일본이 비슷한 경로를 밟고 조선이 예외적인 길을 갔다고 생각하는 편이지만, 근대화 과정에 대해서만은 중국과 한국이 비슷한 길을 걸었고 일본이 예외적이었다고 생각합니다. 중국 경제사 연구자 로이드 이스트만은《중국사회의 지속과 변화》(돌베개, 1999)에서 다음과 같이 주장합니다. 중국은 (그리고 한반도 역시) 유럽 국가들과 마찬가지 상황에서 상대적으로 빠르게 산업 근대화에 진입했지만, (하필이면) 예외적인 국가인 일본이 가까이 있다 보니 그 과정이 과소평가되어왔다는 지적입니다.

> 유럽 대륙이 영국의 산업혁명의 교훈을 받아들이는 데 역작용을 했던 이상과 같은 요인들—넓은 국토, 미발달된 교통, 생존 수준에 있는 서민들, 상업에 대한 경시 등—은 모두 중국에도 있었다. 따라서 이들 유럽의 경험에 비추어볼 때, 1880년대부터 1949년 사이 중국의 산업 근대화의 성과는 보통 생각하는 것만큼 그렇게 비참한 것은 아니었다. 그렇지만 1868년의 명치유신 이래의 일본과 비교할 때 중국의 산업 진보가 크게 뒤떨어졌다는 사실은 여전히 남아 있다. 왜 그랬을까? (중략) 일본이 급속하게 경제적 근대화를 이루고 반세기도 채 못 되어 강국의 지위를 얻어낼 수 있었던 것은 그 자체가 특별한 사례였다. 소위 더딘 근대화라고 하는 중국 쪽이 오히려 근대적 기술이 전통사회에 도입될 때에 당연히 예상되는 과정을 걸었던 것이다.

몇 년 전에 영국과 중국 연구자가 협력해서 세계 주요국의 역사상 GDP를 비교한 결과를 발표했습니다.[13] 이 연구에 따르면 중국이 다른 나라보다 부유했던 때는 11세기였고, 그 뒤로 중국의 농민들은 점점 더 가난해졌다고 합니다. 물론 이 시기 한반도 국가의 농민들은 중국의 농민들과 비슷한 정도였거나 더 어렵게 살았을 터입니다. 덧붙여 이탈리아는 13세기, 잉글랜드와 홀란드(오늘날 네덜란드)는 14세기, 일본은 18세기에 중국을 추월했다고 합니다. 18세기까지는 중국과 유럽의 경제력이 비등했다고 이야기하는, UCLA(캘리포니아 대학 LA 캠퍼스)의 중국경제사 연구자 케네스 포메란츠가 《대분기Great Divergence》(에코리브르, 2016)에서 주장하는 내용과는 충돌하는 결과입니다. 만약 이 주장이 맞다면, 유럽과 일본이 근대에 중국을 압도한 것은 경제력 · 군사력 격차에 따른 자연스러운 결과이고, 중국이 비참한 백 년을 거치면서 오늘날의 경제성장을 이룩한 것을 오히려 높게 평가할 여지가 생깁니다. 중국보다 더 가난했던 한국의 경제성장은 훨씬 더 놀라운 것이고요.

외부로부터의 충격과 새로운 기술의 탄생은 이렇게 인간 사회에 근본적인 영향을 미칩니다. 17세기 일본의 경우, 전 세계의 기축통화가 된 일본 은을 대량으로 생산하게 된 것은 조선의 발달된 은 제련 기술이 일본으로 전래된 덕분이고, 상업 출판이 융성하게 된 것 역시 조선과 유럽의 인쇄술이 일본에 전래된 덕분이었습니다. 즉 기술이 들어오면서 사회 시스템이 바뀌고, 그에 따라 사람들의 정신과 물질적 조건이 바뀌게 된 것입니다.

그러나 17세기 전기 일본의 상공업 발전과 상업 출판의 탄생이 워낙 강렬하고, 또 일본도 한국만큼이나 일본인의 우수성과 독자성을 강조하고 싶어 하는 풍토가 있다 보니, 일본 학계에서는 조선과 유럽의 인쇄술 유입에 대해 그 영향이 제한적이었다거나 초창기에 쓰이다 말았다는 식으로 주장하는 경우가 종종 있었습니다. 또는 유럽 인쇄술의 선파가 조선 인쇄술의 전파보다 더욱 중요하다는 식의 주장도 있습니다. 거꾸로 한국 학계에서는, 조선 인쇄술이 일본에 전래된 것이 17세기 일본에서 출판이 융성한 유일한 원인인 것처럼 주장하는 경우도 있습니다. 마치 백제에서 왕인 박사가 건너갔기 때문에 고대 일본에서 유학이 흥성하게 되었고, 조선에서 통신사가 파견되었기 때문에 근세 일본에서 주자학이 융성했다는 식의 단순하고 일방적인 주장과 비슷합니다.

저는 조선과 유럽의 영향을 무시하고 근세 일본의 출판 융성을 논하거나, 유럽 인쇄술 또는 조선 인쇄술의 어느 한쪽 영향만을 강조하는 주장은 모두 극단적이라고 생각합니다. 마찬가지로 임진왜란을 통해 조선 인쇄술이 일본에 건너간 사건이나 가톨릭과 함께 유럽 인쇄술이 일본에 소개된 사건을 모두 중요하게 다루어야 한다는 입장을 갖고 있습니다. 그런 의미에서 마나세 도산이란 인물은 전국시대와 에도시대에 적지 않은 영향을 미쳤으나 이후 저평가된 가톨릭과 조선이라는 두 가지 문제를 분명하게 보여줍니다.

마나세 도산의 삶이 보여주듯이, 일본은 한국과 매우 다른 역사적 경험을 지녔습니다. 그 경험의 차이가 가장 크게 두드러지는 부분이 16~17세기 남중국해 연안에서 전개된 일본인의 활동, 그로부터 촉발된 유럽과의 접촉입니다. 이런 차이를 못 본 척하고 한자 문화권이니, 유교 문화권이니, 왕인 박사니 하며 한국과 비슷한 것만 찾아서는 결코 일본의 참모습을 이해할 수 없습니다.

당시 일본의 길은 명·청나라의 길과 어느 정도 비슷합니다. 한족 화교들도 유럽 및 일본 세력과 함께 외부 세력의 한 축으로서 남중국해에서 활발한 활동을 전개했고, 중국 남부에서도 유럽 세력과 때로는 평화적이고 때로는 무력에 의한 교섭을 가진 사실이 이를 뒷받침해줍니다.

대항해시대가 시작되다

일본이 한국과 다르고 중국과 비슷한 길을 걷기 시작한 것은 뜻밖에도 포르투갈의 제13대 국왕 주앙 2세(재위 1481~1495)가 인도 항로를 개척하면서부터였습니다. 1488년에 바르톨로메우 디아스Bartolomeu Dias가 희망봉에 도착하고, 1498년에 바스코 다 가마Vasco da Gama가 인도 캘리컷에 도착함으로써 유럽에서 인도로 가는 항로가 열렸습니다. 그때부터 포르투갈 세력이 인도양 세계의 무역에 참여하기 시작합니다. 말이 좋아서 '참여'지, 포르투갈 세력은 당시 인도양 연안 지역에 확립되어 있던 상업 질서를 폭력적으로 파괴하면서 자신의 거점을 만들어갔습니다.

포르투갈 세력의 인도양 진출과 거의 동시에, 스페인의 크리스토퍼 콜럼버스가 1492년 아메리카 대륙의 산살바도르섬에 도착합니다. 포르투갈과 스페인의 식민지 쟁탈전이 시작되고 두 나라 사이에 영역권을 확립하려는 움직임이 일어납니다. 1493년에는 교황 알렉산더 6세가 식민지 분계선을 그었고, 1494년 6월에는 이베리아반도의 포르투갈·아라곤·카스티야 세 왕국이 세력 확장 범위를 정하기 위해 토르데시야스Tordesillas 조약을 맺었습니다. 1529년에는 사라고사Zaragoza 조약을 통해 스페인과 포르투갈의 아시아 영토 분계선이 확정됩니다. 그 사이에도 유럽 가톨릭 국가들의 지리상 발견이 잇따릅니다. 1500년에 포르투갈인 페드루 알바르스 카브랄Pedro Álvares

포르투갈 시네스에 있는 바스코 다 가마의 동상.

Cabral이 브라질에 표착했고, 1501년에는 이탈리아인 아메리고 베스푸치Amerigo Vespucci가 남아메리카를 조사하기 시작합니다. 잘 알려져 있다시피 아메리카 대륙이라는 단어는 아메리고 베스푸치의 이름에서 나온 것입니다.

1509년 인도 디우에서 포르투갈 세력이 구자라트 술탄 해군과의 전투에서 승리하고, 1510년 인도 고아를 점령합니다. 그리고 1511년이라는 결정적인 해가 찾아왔습니다. 그해 포르투갈이 동남아시아 해상 항로의 핵심 지역이자 이슬람 국가인 말라카Malacca 왕국을 점령합니다. 이로부터 동남아시아 역사에 인도, 중국, 이슬람에 이어 유럽

토르데시야스 조약과 사라고사 조약에 따른 영토 분계선.
이에 따라 동중국해·남중국해 연안 지역에 대한 접근 우선권은 포르투갈 측에 주어졌다.

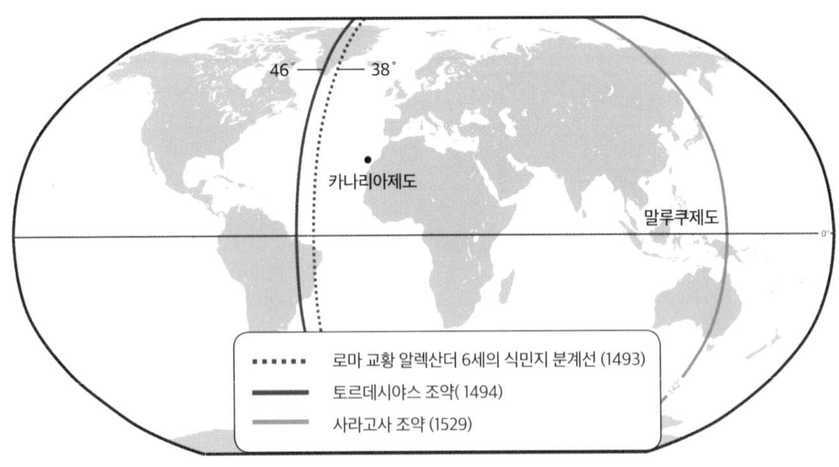

이라는 또 하나의 플레이어가 등장하게 됩니다.

당시 포르투갈이 동남아시아에서 찾던 것은 3G, 즉 왕실의 영광Glory, 복음God, 재물Gold이었습니다. 여기서 말하는 재물이란 특히 정향, 육두구, 메이스, 이 세 가지 향신료를 가리키는데, 이 향신료들이 많이 나는 곳은 인도네시아와 필리핀 사이의 말루쿠제도였습니다. 포르투갈 세력은 향신료를 안정적으로 확보하기 위해 15세기 초부터 이 지역에서 번영하고 있던 말라카 왕국을 꺾을 필요가 있다고 생각했습니다. 말라카는 태국·버마·명나라에서 수입한 대포와 자체 제작한 대포로 두 달간 버텼지만, 포르투갈이 말라카 왕국 내부의 비이

토르데시야스 조약(1494)을 맺은 뒤인 1502년에 제작된 세계지도.
당시 이베리아인들이 가본 세계의 범위를 알 수 있다.

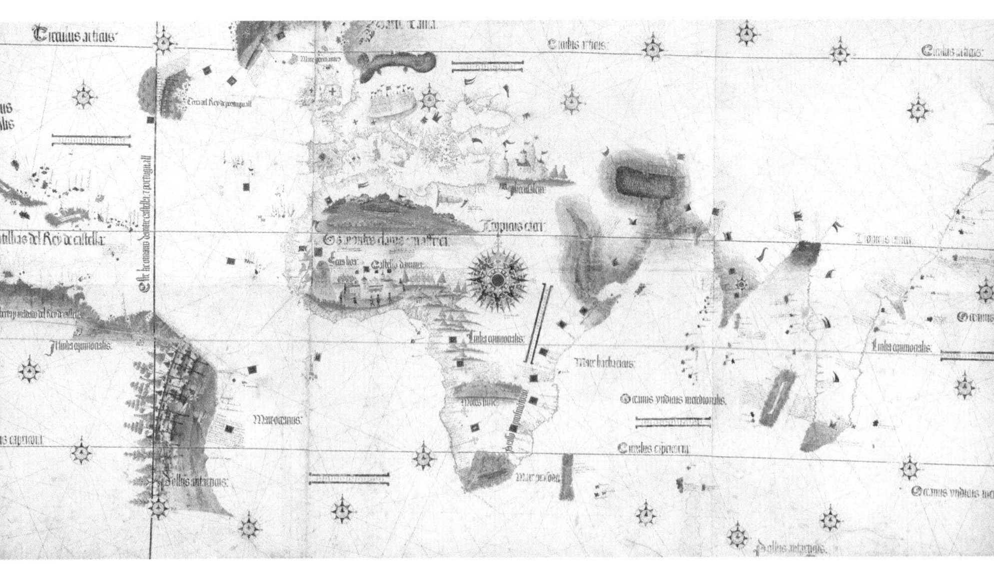

오다 노부나가가
'천하포무' 구절로 만든 문진(文鎭).

슬람 세력과 내통한 끝에 승리를 거두었습니다.

뒤에서 다시 소개하겠지만, 그로부터 56년 뒤인 1567년에 오다 노부나가가 이나바야마성 전투에서 사이토 다쓰오키(斎藤龍興, 1548~1573)를 이긴 것도, 1600년에 세키가하라 전투에서 도쿠가와 이에야스의 동군東軍이 이시다 미쓰나리(石田三成, 1560~1600)와 고니시 유키나가(小西行長, 1558?~1600)의 서군西軍에 승리한 것도 모두 패한 측의 내부 분열과 내통자 때문이었습니다. 오다 노부나가는 이나바야마성 전투에서 승리한 뒤 일본을 통일하겠다는 뜻을 공공연히 드러내는 '천하포무(天下布武, 무력으로 천하를 제패한다는 뜻)'를 선언했는데, 이는 포르투갈과 다른 유럽 국가들이 세계를 정복해나가면서 보여준 정신과도 상통합니다.

말라카를 정복한 포르투갈인은 배타적 태도, 자의적인 세금 부과, 부정부패 등으로 같은 유럽인들에게도 비난을 샀습니다. 훗날 일본에 최초로 가톨릭을 포교하게 되는 프란치스코 하비에르는, 말라카 네덜란드 주간지《더 흐루너 암스테르다머르De Groene Amsterdammer》에 실린 〈네덜란드의 가장 소중한 보석〉 삽화. 보르네오, 수마트라, 자바 등을 꿰고 있다.

를 떠날 때 옷에서 먼지를 털어내면서 "다시는 이곳을 밟지 않겠다"고 다짐했다고 합니다.[14] 그만큼 포르투갈의 약탈 행위가 잔인무도했다는 이야기일 것입니다.

이슬람 왕국 말라카가 멸망하자 이슬람 상인들은 말라카 대신 오늘날 인도네시아의 아체Aceh를 새로운 무역 파트너로 선택했으며, 16세기 내내 아체 해군은 말라카 지역을 공격합니다. 17세기에는 네덜란드와 협력 관계를 구축한 조호르Johor가 말레이반도의 교역 중심지가 되었으며, 네덜란드는 1641년에 조호르의 도움을 받아 말라카를 점령합니다. 이후로 인도네시아를 중심으로 한 동남아시아 일대는 네덜란드가 전 세계에 가진 식민지들의 핵심 지역으로서, '네덜란드의 가장 소중한 보석Nederland's kostbaarst sieraad'으로 불리게 됩니다.

말라카 왕국이 포르투갈에 정복당한 1511년으로부터 6년 뒤인 1517년에는 루터의 종교개혁이 시작되는 한편, 포르투갈의 공식 사절단이 명나라 남부의 광저우에 도착합니다. 포르투갈은 처음에 명나라의 군사력을 과소평가하고 이제까지 해오던 방식으로 명나라의 일부 영토를 무력 점령하려 했으나, 1521년 명나라 해군과 툰먼(屯門, 둔문)에서 충돌하여 패하고 맙니다. 이후 군사적·비군사적 갈등이 이어지다가 1557년에야 포르투갈인들은 마카오에 거주할 수 있게 됩니다. 명나라가 뇌물을 받고 호의로 마카오를 열어주자 유럽 세력은 다시 명나라의 군사력을 만만하게 보기 시작합니다. 그리하여 1589년 예수회가 일본에게, 1622년 네덜란드 동인도회사가 중국에게 군사적으로 도전했다가 좌절하고 맙니다.

이를 통해 알 수 있는 것은, 전 세계 다른 지역에서는 전쟁과 무역을 병행하던 유럽 국가들이 동중국해 연안에서만 예외적으로 무역 일변도 정책을 취한 게 아니라는 사실입니다. 처음에 이들은 동중국해 연안 지역에서도 군사력으로 자신들의 뜻을 관철시키려 했지만, 명나라와 일본이 지닌 군사력에 눌려 무역에 치중하는 쪽으로 방향을 바꿀 수밖에 없었습니다. 아무튼 1557년에 개방된 마카오를 통해 16~17세기에 수많은 유럽인들이 일본으로 건너갔고, 또 수많은 일본인들이 마카오를 거쳐 전 세계로 나갔습니다. 그리고 19세기 초에는 문순득, 김대건 신부와 같은 조선인들도 이곳에 모습을 드러냅니다.

중국의 선전(深圳) 박물관에 재현되어 있는 툰먼 전투(1521) 당시의 모습.

1519년에는 포르투갈 항해사인 페르디난드 마젤란Ferdinand Magellan이 스페인 왕 카를 5세의 지원을 받아 세계 일주를 시작합니다. 포르투갈의 경쟁 상대인 스페인이 세계 정복을 본격화한 것입니다. 마젤란은 1521년에 필리핀에 도착했으나 막탄Mactan 섬에서 현지 주민과 스페인 선원 사이에 일어난 전투에 휘말려서 살해됩니다. 나머지 선원들이 1522년에 가까스로 세계 일주를 마칩니다. 마젤란이 죽은 1521년에는 에르난 코르테스Hernán Cortés가 중앙아메리카의 아스테카왕국을 정복하고, 1533년에는 곤살로 피사로Gonzalo Pizarro가 남아메리카의 잉카제국을 정복합니다. 뒤이어 1545년에는 오늘날의 볼리비아 포토시 지역에서 대규모 은광이 발견됩니다. 원주민을 강제 동원하여 채굴한 '인디오의 피와 땀의 결정체'인 포토시의 은은 당시 전 세계 은 생산량의 절반 이상을 차지했습니다. 포토시에서 생산된 은은 스페인 제국의 번영을 이루어냈을 뿐 아니라 명나라로까지 흘러 들어가 명나라와 주변 국가의 무역 거래 수단으로 이용되었습니다. 임진왜란 때 명나라 군대가 7년 이상 조선에 주둔하면서 조선에도 이 은이 대량으로 흘러 들어왔습니다. 명나라는 당시 도자기·비단·차를 수출하고 상대방에게서 은을 받았습니다.

그런데 기묘하게도 피사로가 잉카제국을 정복한 1533년, 조선의 은 제련 기술이 일본으로 건너가게 됩니다. 규슈 하카타의 상인인 가미야 주테이神屋寿禎가 조선에서 데려온 게이주慶寿·경수와 소탄宗丹·종단의 주도하에 이와미 은광에 회취법(灰吹法, 납과 은의 녹는 온도 차이를 이용해 순도 높은 은을 만들어내는 기술)을 도입하면서, 일본 은광의 산출량이 획기적으로 증가합니다. 포토시 은광이 고갈된 뒤 일본 은광에서 산

포토시 은광.

출된 은이 전 세계 생산량의 25~30퍼센트를 차지함에 따라 일본은 전 세계 은의 유통을 주도하고, 글로벌 경제 네트워크에 편입됩니다.[15]

저는 2017년 네덜란드 레이던에 있는 민족학박물관에 갔을 때, 1820년부터 1829년 사이에 나가사키 데지마에 머물며 일본의 특산품을 수집한 네덜란드인 피셔J. G. F. van Overmeer Fischer의 컬렉션 가운데 종이로 만든 사도섬의 동 광산 모형을 보았습니다. 이와미 은광의 모형은 아니었지만, 당시 데지마에 있던 유럽인들이 일본의 광물 생산에 주목하고 있었음을 짐작할 수 있었습니다.

영국 경제학자 애덤 스미스가 《국부론The Wealth of Nations》에서 "일본의 동은 유럽 시장에서 중요하게 다루어지고, 스페인의 철은 칠레와 페루에서 그러하고, 페루의 은은 유럽뿐 아니라 유럽을 거쳐 중국으로까지 흘러간다"라고 언급했을 만큼 일본의 동은 당시 세계적으로 주목받는 광물자원이었습니다. 일본의 은 또한 마찬가지였습니다.

이와미 은광.

가톨릭과 조총이 일본에 도착하다

1533년 스페인이 잉카제국을 정복하고, 조선의 회취법이 일본에 전해지고 난 이듬해에, 오다 노부나가가 중부 일본에 자리한 오와리 지역의 나고야에서 태어났습니다. 오와리 일대는 16~17세기의 유명한 장군 세 명이 태어난 곳으로도 유명합니다. 1534년에는 오다 노부나가가, 그리고 1537년(?)에는 도요토미 히데요시가 오와리에서 태어났고, 1542년에 도쿠가와 이에야스가 오와리와 인접한 미카와 지역에서 태어났습니다. 에도시대 사람들은 "오다가 찧고 하시바(도요토미)가 반죽한 천하 떡, 앉아서 먹은 건 도쿠가와 이에야스(織田が搗き, 羽柴がこねし, 天下餅, 坐って食うは, 徳川家康)"라는 교카狂歌를 즐겨 불렀습니다. 물론 16~17세기 일본이 통일되고 도쿠가와 시대로 진입하는 과정이 노래 가사처럼 순탄치만은 않았지만요.

참고로 교카란 5·7·5·7·7의 31자로 짓는 일본 전통 시가 형식인 와카和歌의 내용을 장난스럽게 바꿔서 부르는 것을 말합니다. 또 와카의 앞부분인 5·7·5와 뒷부분인 7·7을 서로 다른 사람이 이어서 짓는 걸 렌가連歌라고 합니다. 이 렌가를 짓는 모임인 렌가카이連歌会에 드나들던 사람들이 와카의 앞부분 5·7·5만 독립시킨 것이 하이카이俳諧 또는 하이쿠俳句라 불리는 시가 형식입니다. 하이카이는 태생적으로 장난스럽고 풍자적이었는데, 이걸 심각한 장르로 만든 이가 일본 하이쿠 문학의 대가 마쓰오 바쇼(松尾芭蕉, 1644~1694)입니다.

이렇게 일본 전통 문학 장르에 대해 길게 설명을 드린 건, 일부 서유럽 국가와 미국을 제외하고 자국의 고유한 문학 전통이 오늘날까지 영향을 강하게 미치고 있는 나라 가운데 하나가 일본이기 때문입니다. 2015년 6월 2일자《포린 폴리시》에는〈러시아 문학은 블라디미르 푸틴의 세계에 대해 우리에게 무엇을 알려주나What Russian Literature Tells Us About Vladimir Putin's World〉라는 기사가 실렸습니다. 현대 러시아를 이해하기 위해서는 CIA 보고서나 정치학 잡지에 실린 난해한 논문보다도 고골, 도스토옙스키, 투르게네프, 푸시킨, 레르몬토프, 톨스토이, 솔제니친, 불가코프와 같은 작가의 문학작품을 읽는 것이 핵심에 접근할 수 있는 길이라는 주장이었습니다. 저 역시 러시아와 러시아 문학이 맺고 있는 불가분의 관계가 일본과 일본 문학 사이에도 존재한다고 생각합니다.

오다 노부나가가 나고야에서 태어난 1534년에, 프랑스 파리에서는 프란치스코 하비에르와 가톨릭 군인인 이냐시오 데 로욜라(Ignacio de Loyola, 1491~1556) 등이 예수회를 결성했습니다. 1517년에 마르틴 루터의 종교개혁운동이 일어나자, 이에 맞서 가톨릭계에서 탄생된 수도회가 예수회입니다. 1534년에 태어난 오다 노부나가와 예수회는 그 후 일본 역사의 흐름에 큰 영향을 미치게 됩니다.

뒤이어 예수회 창설 멤버인 프란치스코 하비에르가 아시아 포교를 위해 인도의 포르투갈령 고아에 도착한 1542년에는 도쿠가와 이에야스가 태어납니다. 그로부터 7년 뒤인 1549년에 하비에르가 일본에 도착하면서 시작된 일본의 가톨릭은 반세기쯤 지나 이에야스에 의해 탄압받고 그 명맥이 거의 끊길 지경에 이릅니다. 하지만 규슈 서북

군인 복장을 한 예수회 신부 로욜라.

쪽 끄트머리의 우라카미浦上라는 마을에서는 가톨릭을 믿는 사람들이 3백 년간 살아남아 마침내 메이지유신 이후 신앙의 자유를 얻게 됩니다. 오늘날 일본의 가톨릭 신자는 결코 많은 수는 아니지만, 신념의 가치가 그 신념을 믿는 사람의 많고 적음에 좌우되는 것이 아님을 새삼 느낍니다.

1542년(또는 1543년)에는, 왜구의 일원으로 활동하던 포르투갈인 안토니오 다 모타António da Mota가 규슈 서남쪽 끝의 다네가시마에 표착해서 조총의 실물과 사용법을 일본인들에게 알려줍니다. 마침내 이 섬의 영주 다네가시마 도키타카(種子島時堯, 1528~1579)가 조총의 국산 제조에 성공하면서 일본에서도 유럽발 병기혁명이 시작됩니다. 1547년에 하비에르가 동남아시아 말라카에서 일본인 안지로Angero를 만나 일본 포교를 결심하고 일본에 도착한 것은 이로부터 6~7년 뒤의 일입니다. 센다이의 번주 다테 마사무네가 500톤급 갈레온 군함인 산 후안 바우티스타San Juan Bautista호를 제작하여 하세쿠라 쓰네나가의 유럽 파견 사절단에게 태평양을 건너게 한 해가 1613년이었습니다. 조총을 시작으로 유럽의 문물이 전해진 뒤, 이를 받아들여 자체적으로 개량·응용에 성공하기까지 대략 70년의 시간이 걸린 셈입니다.

이와 비슷한 경험을 조선은 대략 2백 년 뒤에 하게 됩니다. 1779년에 경기도 광주군의 천진암에서 권철신·권일신·정약전·정약종·정약용·이승훈 등이 천주교 서적을 접하고, 1784년에는 이승훈이 베이징에서 영세를 받습니다. 1802년에 표류한 문순득이 류큐왕국·필리핀을 거쳐 마카오에 도착한 해가 1803년, 정약용의 제자인 이강회가 문순득으로부터 대양 항해가 가능한 서양 함선의 제조법을 듣고 〈운곡선설雲谷船說〉이라는 글로 기록한 시기가 1818~1819년이었습니다. 문순득·정약용·이강회의 뜻은 좋았으나, 국가적으로 너무 늦은 시점이었습니다. 일본·중국은 이미 2백~3백 년 전에 가톨릭과 유럽의 과학기술 문명을 접하면서 어떤 부분은 받아들이고 어떤 부분에 대해서는 반발하기도 했습니다. 굳이 이 두 나라와 비교하지 않더라도 증기기관이 발명된 해가 1712년이고, 제임스 와트가 이를 개량한 해는 1769년입니다. 조선에서는 이로부터 50년 뒤에야 처음으로 서양 함선에 대한 소개 글이 집필된 것입니다.

예전에 조선 과학사 연구자인 전북대학교 김태호 교수와 함께 조선 과학기술을 소개하는 전시회에 간 적이 있습니다. 그때 김태호 교수는 조선 후기에 청나라에서 수입되거나 조선에서 집필된 과학 서적에 실린 기계 그림을 가리키면서 이런 이야기를 했습니다. "기계 제작은 외국에서 건너온 책을 본다고 되는 게 아니라, 실제로 외국에서 그 기계를 만들 줄 아는 사람이 건너와서 지도해주어야 한다"고 말입니다. 즉, 기계를 만들기 위한 핵심적인 부분들은 책에 적혀 있지 않을 뿐더러, 글자로만 기록하거나 전달하는 게 불가능하다는 뜻입니다. 포르투갈인 왜구가 조총을 직접 가지고 와서 일본인들에게 사용법을 가르쳐준 것은 그런 의미에서 결정적인 사건이었습니다.《징비록》에도 나와 있듯이, 임진왜란 직전에 쓰시마 측에서 조총을 선물로 주었으나 조선이 이를 중요하게 여기지 않았다는 류성룡의 언급은 시사하는 바가 큽니다.

앞서 언급한 것처럼 1547년에 하비에르는 동남아시아의 말라카에서 일본인 상인(해적) 안지로와 만난 뒤 일본으로 갈 것을 결심합니다. 규슈 서남부 가고시마에서 태어난 안지로는 일본에서 살인죄를 저지르고 말라카로 도망갔다가 그곳에서 하비에르를 만나 파울로 데 산타 페Paulo de Santa Fé라는 세례명을 받습니다. 일본 최초의 그리스도교 신자가 탄생한 순간입니다. 1549년에 하비에르와 함께 가고시마에 상륙한 안지로는 가톨릭을 포교하는 한편으로 하비에르를 위해 가톨릭 교리서를 일본어로 번역합니다. 소문에 따르면 그는 만년에 명나라의 닝보寧波에서 살해당했다고 합니다.[16]

한편 1547년은 여섯 살의 도쿠가와 이에야스가 오다 노부히데(織田信秀, 1511~1552, 오다 노부나가의 아버지)와 이마가와 요시모토(今川義元, 1519~1560) 사이의 인질 생활을 시작한 해이기도 합니다. 그가 인질 생활을 끝내게 되는 것은 이로부터 13년 뒤인 1560년의 일입니다. 즉 일본 서쪽에서는 해적(안지로)이 동남아시아로 도망가서 유럽 가톨릭 신부를 만나고, 동쪽에서는 미래의 지도자(이에야스)가 인질 생활을 시작한 것입니다. 서로 다른 신분의 두 일본인이 지향한 가톨릭과 일본 통일이라는 이념은 그 후 수십 년에 걸쳐 일본열도 안팎에서 격돌하게 됩니다.

일본인 안지로의 안내로 1549년 7월 22일(일본 음력) 가고시마에 상륙한 하비에르는 그곳 영주 시마즈 다카히사(島津貴久, 1514~1571)와 회견하고 포교의 자유를 허락받습니다. 그 후 포교 범위를 북쪽으로 넓혀나간 하비에르는 1550년 11월 10일 혼슈 야마구치의 영주 오우치 요시타카(大内義隆, 1507~1551)와 회견을 가진 뒤 교토로 떠납니다. 교토에 도착한 하비에르가 황폐한 도시에 실망하고 돌아오자 오우치 요시타카는 그에게 절을 포교 시설로 제공합니다.

같은 해인 1550년에는 포르투갈 배가 처음으로 히라도에 정기적으로 들어오기 시작했고, 스페인 배는 이로부터 34년 뒤인 1584년에 처음으로 도착합니다. 포르투갈에서 인도양을 거쳐 마카오, 나가사키로 이어지는 이 장대한 무역 항로를 통해 중국의 비단과 금, 일본의 은, 그리고 두 나라의 각종 특산품이 유럽 시장으로 퍼져나갔습니다.[17]

이 시기 일본의 가장 유력한 영주들 가운데 하나인 오우치大内 가문은, 가문의 명성에 비해 자기 집안의 내력을 잘 알 수 없다는 콤플렉

가고시마의 하비에르 공원에 건립된 하비에르(가운데)와 책을 들고 있는 안지로(왼쪽)의 동상.

IHS

1 하비에르에게 포교의 자유를 허락한 시마즈 다카히사. 시마즈 가문을 중흥시킨 인물로 추앙받는다.
2 오우치 가문의 제16대 당주 오우치 요시타카. 오우치 문화를 꽃피운 인물로 평가받는다.

1

2

스를 갖고 있었습니다. 이 콤플렉스를 극복하기 위해 자신들이 백제의 임성태자琳聖太子라는 인물로부터 유래했다는 족보를 장기간에 걸쳐 만들어낸 뒤 이를 구실 삼아 조선으로부터 《대장경》을 수입하고 전라도의 땅을 떼어 달라고 요구합니다. 1467년에 일어난 오닌應仁의 난 후에는 교토에서 흩어진 문화인들을 자기 영지로 초대하는 등 문무를 겸비한 다이묘 가문이 되기 위해 노력했습니다. 이러한 모습은 마찬가지로 비천한 출신에서 시작해서 벼락 출세했다는 콤플렉스를 갖고 있던 도요토미 히데요시에게서도 발견됩니다.

저는 개인적으로 근대 서구 문명이 다른 문명보다 우월한 점을 딱 하나만 들라고 한다면, 조상이 잘나고 못나고의 여부와 관계없이 자신이 성실하게 일해서 입신출세한 것에 자부심을 갖는 문화를 꼽겠습니다. 오우치 가문이나 도요토미 히데요시를 생각할 때마다, 그리고 수백 년에 걸쳐 혹시 위조됐을지 모르는 족보를 신주단지처럼 떠받들어온 한반도 주민들을 생각할 때마다 더더욱 그렇게 여깁니다.[18]

가톨릭의 수호자:
다이묘 오토모 소린과 쇼군 아시카가 요시테루

1550년 11월 교토에 도착한 하비에르는 덴노와 쇼군을 만나지 못하고 규슈로 돌아와서, 이듬해 1551년에 오이타 지역에서 영주 오토모 소린(大友宗麟, 1530~1587)과 만납니다. 오토모 가문은 대대로 견명선(遣明船, 명나라에 가는 사절이 타는 배) 파견 및 보호에 힘을 쏟았는데, 제21대 당주 오토모 소린은 여기에 더하여 1570년대부터 캄보디아 국왕과 외교 관계를 수립했습니다. 그리고 하비에르와 처음 만난 1551년으로부터 27년 뒤인 1578년에 세례를 받고 가톨릭 다이묘가 됩니다.

나고야대학의 가게 도시오鹿毛敏夫 교수는 오토모 소린이 스스로를 "일본 규슈 대방주日本九州大邦主"라고 소개하며 캄보디아 국왕과 교환한 서한을 검토했습니다. 그러면서 "실체는 없지만 마치 아홉 개 나라를 지배하는 대국의 군주 같은 이미지를 주는 '규슈 대방주'라는 호칭을 쓰며, 캄보디아 국왕과 관계를 가진 오토모 소린과 같은 전국시대 규슈의 다이묘들을 '아시안 다이묘'라고 부른다. 그리고 오토모 소린과 같은 아시안 다이묘가 신앙상의 이유와 무역상의 이익을 위해 가톨릭을 받아들이면서 '크리스천 다이묘'가 된 것이다"라고 주장했습니다.[19]

이와 같은 연구가 활발하게 진행되면서, 기존에 일본열도 내부의 문제로만 다루어지던, 또는 북동 유라시아 지역과의 관계에서만 서

1

2

1 불교도 복장(좌)과 가톨릭 복장(우)을 한 오토모 소린.

2 아시안 다이묘로서 오토모 소린의 면모를 보여주는 부조. 오이타현 우스키시 우스키 성터에 있다. 이 부조는 1937년에 제작되었다가 태평양전쟁 때 공출 대상이 되어 제거된 뒤 1982년에 다시 만들어졌다.

술되던 이 시기 일본의 역사와 문화가 전 세계적인 맥락에서 다시 해석되기 시작했습니다. 같은 시기에 한반도는 예외였지만, 명나라를 포함해서 전 유라시아 대륙이 '글로벌 히스토리'의 맥락 속에 휘말려 들어간 것입니다.

물론 한반도의 경우에도 이 시기 유럽과 접촉했을 가능성이 있고, 실제로 일본이 유럽 문명의 대리자이자 선봉으로서 조선을 침략했다고 해석할 수도 있습니다. 다만 1578년에 안토니노 프레네스티노 Antonino Prenestino 신부가 "코리아 땅에는 야만적이고 난폭한 사람들이 살고 있으므로 어떤 유럽 나라와도 교역을 갖기를 원하지 않는다"라고 보고한 내용으로 미루어 보아, 조선 측에서 유럽과의 교역을 원하지 않는다는 의사를 표명한 일이 있었음을 짐작할 수 있습니다.[20]

네덜란드의 한국학 연구자인 지명숙·왈라벤 두 선생이 쓴 《보물섬은 어디에: 네덜란드 공문서를 통해 본 한국과의 교류사》(연세대학교출판부, 2003)에 따르면, 네덜란드 또한 명·일본에 이어 조선과 교섭하기 위해 여러 차례 접촉을 시도했습니다. 하지만 1622년 조선 해안에 표착한 드 혼트De Hondt호가 조선 경비대로부터 강한 저항을 받는 등 조선 측의 거부와 동중국해 연안 지역의 정치·군사적 환경 변화로 성공하지 못했습니다.

조선으로 접근해온 외부 세력에 대한 조선 측의 적대적인 반응은 하멜, 류큐 표류민, 문순득 시절의 필리핀 표류민 등에 대한 처리 과정에서도 확인되는 바입니다. 따라서 1578년 프레네스티노 신부의 보고가 잘못된 정보원이나 일본 측의 농간에 의해서 작성된 것이라고만은 볼 수 없습니다. 말하자면, 중세 동중국해와 남중국해 연안 지역에서 유럽이 상업·군사적으로 접근했을 때 명과 일본은 군사적 도전에는 대처하면서도 상업적인 이익은 취하는 방향을 채택한 반면, 조선은 능동적·수동적 측면에서 일체의 교류를 거부했던 것입니다.

1551년 10월 23일 하비에르는 일본인 다섯 명을 데리고 분고에서 출항해 인도로 갔습니다. 바로 그해, 훗날 임진왜란 때 조선으로 건너오게 되는 그레고리오 데 세스페데스(Gregorio de Céspedes, 1551~1611) 신부가 스페인 마드리드에서 태어났습니다. 세스페데스는 1574년 알레산드로 발리냐노(Alessandro Valignano, 1539~1606) 신부를 따라 인도 고아로 가서 이듬해인 1575년에 그곳 신학교에서 사제 서품을 받았습니다. 2년 뒤인 1577년에는 나가사키에 도착해서 일본 포교를 하던 중 영주 호소카와 다다오키(細川忠興, 1563~1645)의 정실부인인 호소카와 가라샤(細川ガラシャ, 1563~1600)를 가톨릭에 입교시키는 성과를 올렸습니다. 그러다가 히데요시가 〈가톨릭 신부 추방령〉을 발표한 1587년에 히라도로 거점을 옮긴 뒤 1592년 임진왜란 때 진해 웅천으로 건너오지만, 1년 만에 다시 일본으로 돌아가 사망할 때까지 일본에서 포교 활동을 계속했습니다.[21]

한편 1552년에는 18세가 된 오다 노부나가가 아버지 노부히데의 사망으로 가문을 이어받게 됩니다. 이상의 상황을 보면, 1550년대부터 일본의 역사가 급박하게 움직이기 시작했다고 말할 수 있습니다.

1552년 8월 28일에는 혼슈 야마구치의 영주 오우치 요시타카의 뒤를 이은 오우치 요시나가(大内義長, 1540~1557)가 예수회 포교장 코스메 데 토레스(Cosme de Torres, 1510~1570)에게 가톨릭 포교를 허가하는 문서인 〈다이도지 재허장大道寺裁許状〉을 내줍니다. 1551년 하비에르에게 포교를 허가했던 오우치 요시타카가 군사보다 문예에만 탐닉하자, 가신이던 스에 하루카타(陶晴賢, 1521~1555)가 반란을 일으켜서 그를 할복시킨 뒤에 오토모 소린의 배다른 형제인 요시나가를 오우치 가문의 허수아비 영주로 세운 것입니다.

오우치 가문의 새로운 주인이 된 요시나가는 형인 오토모 소린의 영향으로 가톨릭에 대한 이해가 있었습니다. 그래서 하비에르와 함께 일본에 입국하여 그의 뒤를 이어 포교를 담당한 토레스에게 다이도지大道寺절을 포교 시설로 제공하고 야마구치에서의 안정적인 포교 활동을 약속했습니다. 그리하여 토레스는 일본에서 초기 포교의 발판을 마련하고 다이묘들을 포함해서 약 3만 명에게 세례를 준 뒤 구마모토 아마쿠사 지역의 시키志岐에서 죽음을 맞이합니다.《일본 왕국에 있는 예수회 신부와 수도사가 보낸 편지들》이라는 일본 주재 예수회 신부들의 서한집에 실려 있는 〈다이도지 재허장〉의 본문은 다음과 같습니다.

> 서역西域에서 일본에 내조한 승려가 불법佛法을 소개하고 융성케 하려 하므로, 바라는 바에 따라 이 절을 창건하는 것을 허가한다.[22]

이처럼 하비에르가 일본에 도착한 이후 가톨릭 세력이 확산된 초기 과정은 비교적 안정적이었습니다.

1556년에는 포르투갈인 예수회 신부 가스파르 빌렐라(Gaspar Vilela, ?~1572)가 오토모 소린의 영지인 분고 후나이에 상륙해서 포교를 시작했고, 예수회 인도 관구장 멜키오르 누네스(Melchior Nunes Barreto,

코스메 데 토레스를 비롯해 예수회 신부들을 그린 남만 병풍.
일본에 온 유럽인들의 이국적인 용모, 복장, 풍습을 소재로 그린 풍속화의 일종이다.

1520~1571)가 일본을 방문하기도 했습니다. 이런 상황이었으니 일본 포교 활동에 유럽인 선교사들이 얼마나 고무되었는지 충분히 짐작하고도 남습니다.

물론 일본에서도 불길한 조짐은 있었습니다. 1556년 4월 서일본 야마구치 지역의 교회가 불타서 포교장 토레스 등이 예수회의 거점을 규슈의 분고로 옮겨야 했습니다. 이런 상황에서 포르투갈 국왕은 1558년 2월 26일(서력으로는 3월 16일) 오토모 소린에게 서한을 보내 일본에 거주하는 선교사들의 보호를 청합니다. 그리고 이듬해 1559년에 일본의 가톨릭 세력은 최대의 정치적 후원자를 만납니다. 11월 중순에 가스파르 빌렐라 신부가 제13대 무로마치 쇼군 아시카가 요시테루(足利義輝, 1536~1565)를 만난 것입니다.

요시테루는 1560년 5월 가톨릭교회를 보호한다는 약속을 하고 신부들을 교토에 정주하게 합니다. 이른바 가톨릭교회의 보호자로서의 쇼군이 탄생한 것입니다. 같은 시기에 오다 노부나가가 오케하자마 전투에서 이마가와 요시모토에게 승리함에 따라 당시 인질 신세에 있던 도쿠가와 이에야스가 이마가와 가문으로부터 벗어나게 됩니다. 이런 의미에서 1560년은 주목할 만한 해였습니다. 가톨릭 보호를 약속한 쇼군 아시카가 요시테루가 1565년 암살된 뒤(에이로쿠의 변), 일본의 새로운 실권자가 된 오다 노부나가 역시 가톨릭 세력을 보호하다가 1582년에 자결합니다. 가톨릭을 보호하던 두 사람이 죽지 않았다면, 일본과 세계의 역사는 전혀 다른 형태로 전개되었을 터입니다.

1562년에는 루이스 데 알메이다(Luis de Almeida, 1525~1583) 신부가 오무라 가문의 영지인 요코세우라에 도착합니다. 이때 개항된 요코

일본 가톨릭의 최대 정치적 후원자였던 아시카가 요시테루.

세우라는 포르투갈인이 일본에 들어오는 거점이 되어 '도와주시는 성모의 항구porto de nosa senhora da ajuda'라는 호칭을 얻기도 했지만, 이듬해 1563년에 오무라 가문의 내분에 의해 파괴됩니다.[23]

리스본에서 의학을 공부한 알메이다 신부는, 이후 오토모 소린의 후원하에 자신의 재산을 털어 오늘날 히라도·후나이 등에 병원, 교회, 보육원, 학교, 고아원 등을 세우며 포교 활동을 하다가 아마쿠사에서 생을 마감합니다. 그가 탄생시킨 일본 내 유럽 의학의 전통은 포르투갈·스페인 세력이 일본에서 축출된 뒤에도 남만 의학南蛮医學, 특

오이타현 오이타시에 건립된 서양 의술 발상기념상(像).
가운데가 일본에 서양 의술을 처음 가르친 루이스 데 알메이다 신부.

히 남만류 외과南蛮流外科라는 이름으로 남았습니다. 에도시대에 네덜란드를 통해 유럽을 배우는 '난학'이 생겨났을 때 난학의 핵심이 의학이 된 이유도 이 때문으로 생각됩니다.

1563년은 가톨릭 포교 역사에서 명암이 크게 엇갈린 한 해였습니다. 알메이다 신부는 1563년 2월 말 처음으로 아리마 가문의 영지로 가서 가톨릭을 포교합니다. 비슷한 시기인 2월 27일에는 장군 오무라 스미타다(大村純忠, 1533~1587)가 요코세우라로 가서 며칠 동안 교리를 듣고는 6월 초에 토레스 신부로부터 바르톨로메오라는 세례명을 받아 일본 최초로 가톨릭 다이묘가 됩니다. 6월 16일에는 오다 노부나가와 도요토미 히데요시 치세의 일본을 극명하게 기록한 책《일본사》를 훗날 집필하게 될 루이스 프로이스 신부를 태운 포르투갈 배가 요코세우라에 도착합니다. 그러나 7월 29일 요코세우라가 오무라 가문의 내전 중에 습격을 당해 혼란에 빠지면서 오무라 스미타다는 간신히 그곳을 빠져나옵니다. 그리고 요코세우라는 11월 말에 마침내 파괴됩니다.

이후 오무라는 나가사키를 포르투갈 측에 개항하고 1580년에는 나가사키를 교회령으로 만들었습니다. 만약 이때 요코세우라 항구가 파괴되지 않고 포르투갈과의 교역 거점으로서 계속 기능했다면, 오늘날 사람들은 나가사키현의 데지마가 아니라 요코세우라를 일본과 유럽이 만난 지역으로 기억했을 터입니다. 광신적이라고 할 만큼 가톨릭을 숭상한 오무라 스미타다는 자기 영지 내의 주민들을 강제로 개종시켰을 뿐만 아니라 절과 신사까지 파괴했습니다. 1582년에는 규슈의 오무라·오토모·아리마, 이렇게 세 가톨릭 다이묘가 가톨릭 신자 소년들을 로마로 파견(덴쇼 소년사절단)하기도 했습니다.

요코세우라 항구가 파괴된 그해, 장군이자 학자로 유명한 유키 다다마사結城忠正와, 명문 유학자 가문 출신의 기요하라 에다카타가 일본인 수도사 로렌소(Lourenço, 1526/1527~1592)를 심문하러 중부 일본의 나라奈良로 갔습니다. 유키 다다마사는 마쓰나가 히사히데(松永久秀, 1510~1577)의 부하였고, 기요하라 에다카타는 마쓰나가의 학문적 스승이었던 인연에서 두 사람이 함께 간 것입니다.

1

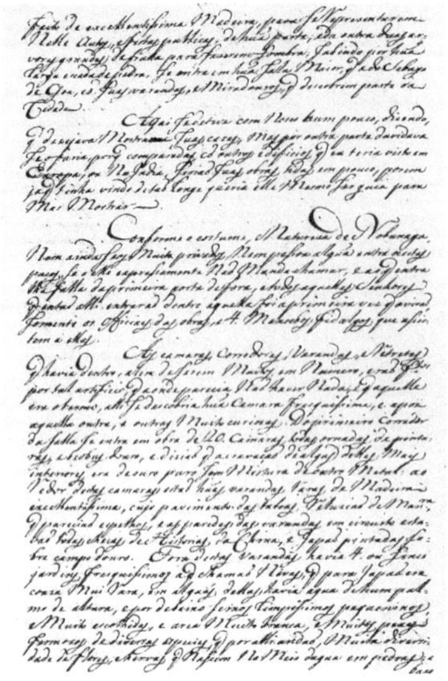

2

3

1 루이스 프로이스가 집필한《일본사》.

2 루이스 프로이스의 동상. 나가사키현 요코세우라 항구에 있다.

3 루이스 프로이스의《일본사》 집필 기념비. 일본 26성인 기념관 근처 나가사키시 니시자카공원에 있다.

로렌소는 불교적 색채가 짙은 고대 일본의 전쟁 서사시《헤이케 모노가타리平家物語》를 비파로 연주하며 읊는, 이른바 비와호시琵琶法師를 직업으로 삼고 있었는데, 야마구치에서 하비에르와 만나 일본인 가운데 최초로 예수회 수도사가 되었습니다. 애초에 그들은 불교와 신도神道의 가르침을 거부하는 것을 문제 삼아서 로렌소를 만난 것이지만, 로렌소를 심문하던 중에 가톨릭의 가르침에 감화되어 당시 사카이에 있던 가스파르 빌렐라 신부를 나라로 불러들여 세례를 받고 신자가 되었습니다. 비와호시 시절에 익힌 능란한 화술이 가톨릭 포교에서도 발휘된 것입니다.

유키 다다마사는 저명한 인물이었기 때문에 일본의 정치 중심지인 긴키 지역에서 가톨릭이 전파되는 데 큰 영향을 미쳤습니다. 이듬해인 1564년 4월 이후부터는 긴키 지역의 가와치와 야마토 일대에서 가톨릭으로 개종하는 사람이 잇따라 등장했습니다. 로렌소는 훗날 다카야마 우콘(高山右近, 1552~1615, 2017년 교황청으로부터 복자로 시성됨)을 비롯해 임진왜란 당시 일본군의 선봉장으로서 도요토미 히데요시가 아끼던 장수인 고니시 유키나가도 가톨릭으로 개종시켰습니다. 1569년에는 오다 노부나가 앞에서 승려 아사야마 니치조(朝山日乘, ?~1577)와 종교 논쟁을 벌여서 이기기도 했습니다. 오다 노부나가가 가톨릭 쪽에 힘을 실어준 덕도 있지만, 비와호시로서 불교 경전 내용을 어느 정도 알고 있었기에 논쟁에서 유리했을 터입니다. 이때 논쟁에서 밀린 니치조가 칼을 뽑아 로렌소를 죽이려 했다는 일화가 유명합니다. 로렌소는 임진왜란 발발 직전인 1592년 2월 3일에 나가사키의 교회에서 65세 나이로 사망합니다.

비와호시(비파법사).

저는 유명한 유학자인 기요하라 에다카타가 가톨릭으로 개종했다는 사실을 비교적 최근에 알고 충격을 받았습니다. 제가 받은 충격이 어떤 것이냐 하면, 조선 후기 학술 연구의 제일선에 서 있는 한문학자 정민 선생이 "정약용은 조선에서 자체적으로 발생한 가톨릭 교단의 신부였다"라는 사실을 밝혀냈을 때 받은 충격과 같은 정도였습니다.[24] 기요하라 가문은 고대 일본의 덴노 가문에 뿌리를 두고 있는데, 이 집안은 고대부터 이어지는 일본 학술의 종가라고 할 수 있습니다. 그런 집안에서 가톨릭 신자가 탄생한 것입니다.

기요하라는 훗날 가톨릭 신앙을 버리지만, 한때 아버지가 개종한

영향으로 그의 딸도 가톨릭에 입신하여 기요하라 마리아清原マリア라는 이름을 갖게 됩니다. 기요하라 마리아는 전국시대 일본의 유명한 영주인 호소카와 다다오키의 부인인 다마코玉子를 모시다가, 1587년 오사카의 교회에서 그레고리오 데 세스페데스에게 자신이 먼저 세례를 받고 주군인 다마코에게 직접 세례를 주었습니다. 다마코는 그 뒤로 호소카와 가라샤라 불렸습니다.

유키 다다마사와 기요하라 에다카타가 가톨릭 신자가 되고 2년 뒤인 1565년에는 스페인 탐험가 안드레스 데 우르다네타Andrés de Urdaneta가 태평양 서쪽에서 동쪽으로 향하는 항해에 성공하여 아카풀코에 입항합니다. 1571년에는 필리핀 초대 총독이 되는 미겔 로페스 데 레가스피Miguel López de Legazpi가 마닐라에 도착해서 그곳을 스페인 영토로 선언합니다. 그리하여 필리핀 마닐라와 멕시코 아카풀코 사이를 마닐라 갈레온Manila galleon 무역선이 오가는, 이른바 '갈레온 무역'이 시작됩니다. 오늘날 아메리카 대륙 상당수와 필리핀을 묶는 이 거대한 영토를 '누에바에스파냐 부왕령Virreinato de Nueva España'이라고 하는데, 이로써 일본에 거점을 둔 포르투갈과 필리핀에 거점을 둔 스페인이 북동 유라시아의 동부 해안 지역에서 경쟁 구도를 이루게 됩니다.

한편 스페인이 마닐라를 정복한 직후 임봉林鳳이라는 명나라 사람을 우두머리로 하는 왜구 집단이 마닐라를 습격하는 일이 일어납니다. 또 시오코シオコ가 이끄는 왜구 집단이 1580년 루손섬 북부 일부를 점령하기도 하지요. 이렇게 스페인령 마닐라는 북동 유라시아 동해안 지역의 뜨거운 정치·군사·경제적 중심지로 부상합니다.[25]

불교 반란 세력,
잇코잇키

가톨릭이라는 새로운 종교 집단이 서일본과 교토 주변 지역에서 서서히 세력을 키워가던 1564년, 도쿠가와 이에야스는 동부 일본 미카와 지역에서 불교 세력의 반란인 잇코잇키一向一揆를 평정하고 미카와 전체를 지배하게 됩니다. 잇코잇키란 일본 불교 종파인 정토진종浄土真宗 가운데 혼간지파本願寺派에 속하는 승려·무사·상공업자·농민 등이 주도하여 일으킨 무장봉기를 가리킵니다. 특히 경제적으로 성장한 교토 주변의 기나이 지역, 기나이와 가마쿠라 사이의 도카이 지역, 농업과 해상무역으로 번성한 호쿠리키 등지에서 잇코잇키가 많이 발생했습니다.

여러 지역에서 발생한 잇코잇키 가운데 대표적인 것은 1479년 무렵부터 1576년까지 이어진 엣추越中 지역의 잇코잇키, 1488년 무렵부터 1580년까지 이어진 가가加賀 지역의 잇코잇키입니다. 두 지역에서는 혼간지 세력이 현지 무사 집단을 몰아내고 마치 서유럽의 교황령처럼 거의 백 년 동안 자치를 실시했습니다. 그러다가 이들 잇코잇키는 도요토미 히데요시가 1580년에 이시야마 혼간지石山本願寺라는 사찰을 함락시키면서 종말을 고합니다.

기존에는 유력한 영주들 간의 세력 다툼으로 전국시대 일본이 분열에서 통일로 향하는 과정을 설명하는 경향이 있었지만, 최근 들어서는 이 시기에 경제적으로 성장한 피지배층이 중심이 되어 일어난

잇코잇키의 발생지와 점거지

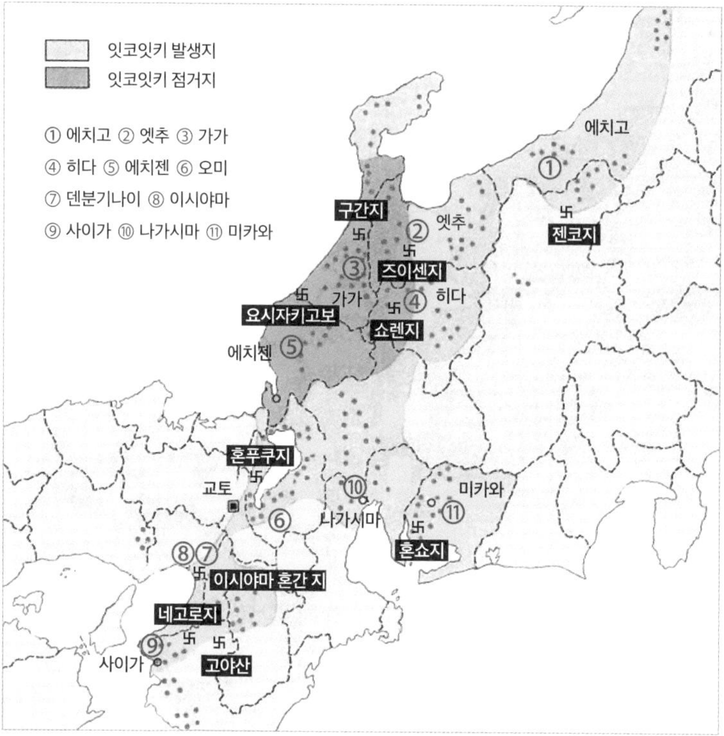

잇코잇키 같은 아래로부터의 봉기를 무사 계급이 진압하면서 쇼군 권력이 탄생했다고 설명하고 있습니다. 이처럼 전국시대의 전개 및 통일 정권의 성립을 잇코잇키 세력과 영주들 간의 충돌로 설명하려는 최근 경향은, 개별 영웅들 간의 경쟁을 강조하고 그들 개인사와 가족 관계, 인상적인 몇몇 전투로 전국시대를 설명해온 통속적인 접근 방식을 수정하는 시도라 하겠습니다.

일본 곳곳에서 잇코잇키가 빈번히 일어나는 가운데 엣추나 가가에서 잇코잇키 세력이 거의 백 년간 자치를 할 만큼 역량을 키울 수 있었던 것은, 이 시기 일본이 경제적으로 크게 성장했기 때문입니다. 고대로부터 이어져온 노예 집단이 해체되고 가족을 중심으로 한 소농경영小農經營이 일반화되면서, 노예를 쓰는 대신 온 가족이 동원되어 열심히 일해야 한다는 현실을 반영해 '근면한 일본인'이라는 미덕이 강조되기 시작합니다.[26]

경제적 역량을 키운 일본의 피지배집단이 정치적 권리를 요구하며 잇코잇키를 일으킨 것과 비슷한 상황이 한반도에서는 19~20세기 사이에 발생했다고 저는 생각합니다. 조선의 피지배집단이 지배집단을 최대치까지 위협한 것이 갑오농민전쟁(1894)이었고, 이에 조선의 지배층은 청나라라는 외부 세력을 끌어들여서 진압하려 했습니다. 그리고 이 틈을 타 일본군이 개입하면서 청일전쟁(1894~1895)이 일어났습니다. 그러므로 청일전쟁을 통해 조선의 피지배집단을 괴롭힌 것은 청나라와 일본이되, 청일전쟁의 직접적인 책임은 조선의 왕족과 지배집단에 있다고 할 수 있습니다.

이이화 선생은《민란의 시대》(한겨레출판, 2017)에서 양반 출신 의병장 유인석이 동학 출신 의병들을 골라내서 처형한 것을 지적하며 "이것은 초기 의병의 이율배반성을 단적으로 드러낸 사건"이라고 논평합니다. 또한 구한말 의병 전쟁 때도 유인석 같은 양반 출신 의병장은 동학교도 출신 의병들을 처형하고, 신돌석 같은 평민 출신 의병장을 차별했으며, 김백선 같은 의병장을 양반에게 항명했다는 죄목으로 처형했습니다. 이들 양반 출신 의병장들에게 의병 전쟁이란, 양반 집단이 지배하는 조선 왕조 질서의 존속을 위한 것이었지, 계급을 뛰어넘어 민족국가로서의 조선을 지킨다는 의식은 없었거나 약했던 것으로 보입니다.

저는 이 사건들이 단순한 이율배반적인 차원을 넘어 중대한 의미를 지니고 있다고 생각합니다. 조선의 지배집단이 5백 년간 이어진 왕족과 양반 중심의 국가 시스템을 지키려 했던 데 반해, 동학교도로 대표되는 피지배집단은 말하자면 평등주의적인 새로운 국가를 지향했습니다. 이런 가운데 발생한 이들 사건은 한반도 내부의 노선 투쟁이자 계급 갈등이었던 것입니다. 이런 계급 갈등은 16세기 일본의 잇코잇키를 비롯해서 전 세계 역사에서 보편적으로 나타나는 현상입니다.

앞에서도 언급한《국가는 왜 실패하는가》는, 콩고 내부를 극단적으로 착취한 모부투 대통령과 측근들이 1960년대 당시 지방에서 독립 움직임이 일어나자 외세의 힘을 빌려 진압한 사례를 소개하고 있습니다.

만약 갑오농민전쟁 때 외국군이 한반도에 들어오지 않았다면 한반도에서도 16세기 일본의 잇코잇키 같은 새로운 정치적 가능성이 발현되었으리라 생각합니다. 오늘날 한국에서는 이런 문제를 민족주의라는 관점에서, "우리는 단군 할아버지에게서 비롯된 하나의 민족"이라는 식으로 두루뭉술하게 덮고 넘어왔습니다. 그러나 이제는 19~20세기 한국사에서 보이는 이런 종류의 갈등과 대립을 좀 더 명확하게 드러낼 때가 왔다고 믿습니다.

04

일본·중국·유럽

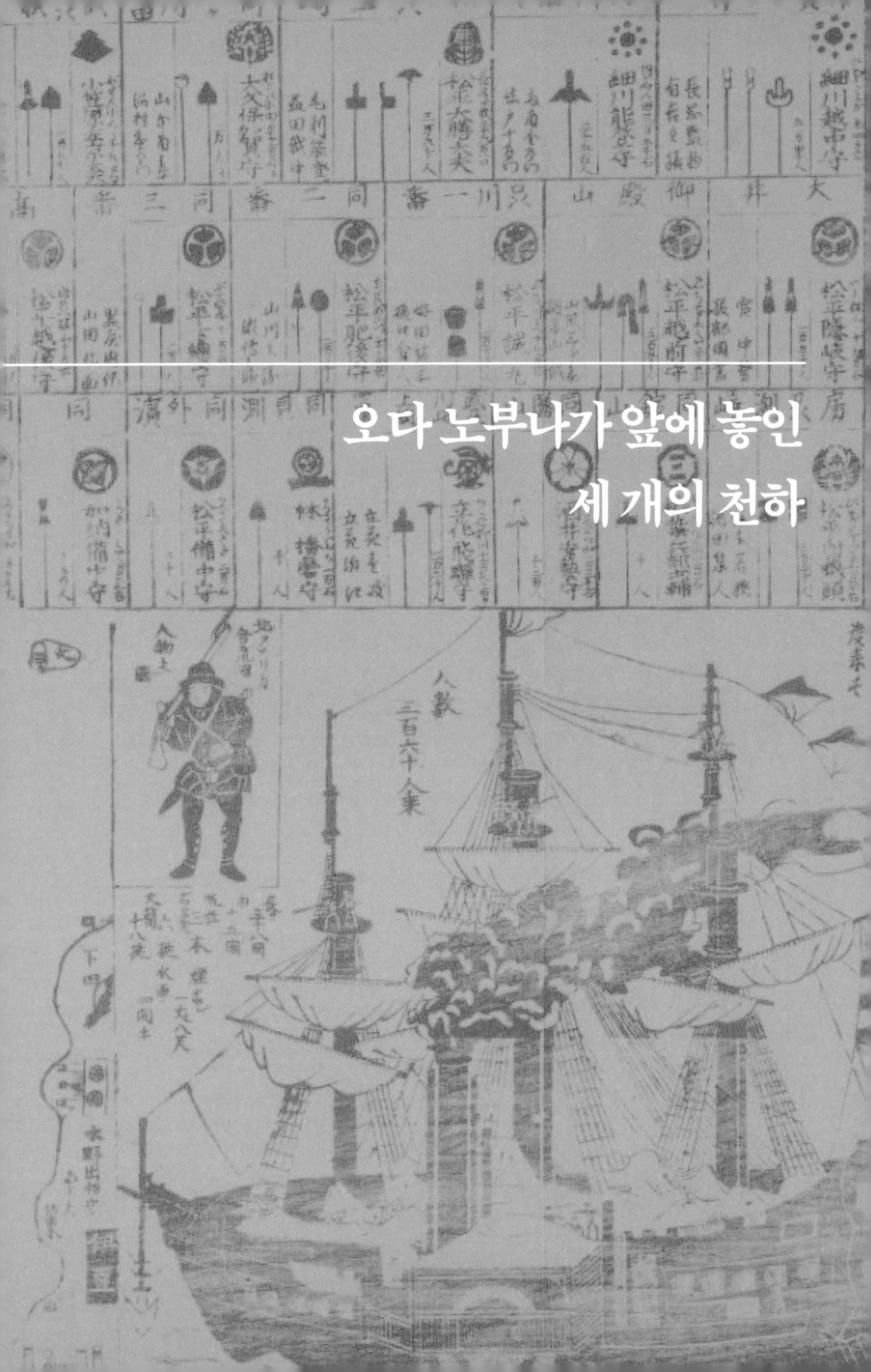

오다 노부나가 앞에 놓인 세 개의 천하

1565 에이로쿠의 변/
오기마치 덴노가
일본에서 처음으로
가톨릭 신부 추방을 명함

1567 이나바야마성
전투

1568 노부나가가 아시카가
요시아키(같은 해 쇼군에 취임)를
모시고 입경

1569 노부나가가
루이스 프로이스와 만나
교토 포교를 허가

1569~70 노부나가가
쇼군의 행동을 제약하는
문서를 발급하는 등
실제 지배자임을 과시

1570

1570~74 나가시마 잇코잇키

1571 노부나가가
히에이잔 엔랴쿠지를 불태움/
포르투갈인 예수회 신부
가스파르 빌렐라가
조선 포교를 시도했으나 실패

1573 다케다 신겐이
미카타가하라 전투에서
노부나가에 승리했으나
급사함

1574~75 에치젠 잇코잇키

1575 나가시노 전투

1576 가톨릭교회가 교토에 세워짐

1576~80 이시야마 전쟁

1578 우에스기 겐신 사망

1579 노부나가가 아즈치성에 입성/ 알레산드로 발리냐노 일본에 입국

1580 이시야마 전쟁·가가 잇코잇키 종결

1582 덴쇼 소년사절단 로마에 파견/ 혼노지의 변/ 히데요시가 노부나가의 후계자가 됨

1583 시즈가타케 전투

1584 히데요시가 오사카성에 입성/ 교황 그레고리오 13세가 예수회만이 일본 포교를 할 수 있다는 칙서 발표

1585 히데요시가 간파쿠에 취임

1586 히데요시와 이에야스가 인질 교환/ 히데요시가 다이조다이진(지금의 총리)으로 승진하고 도요토미 성(姓)을 하사받음

가톨릭 세력의 첫 번째 불운과 오다 노부나가

똑같은 20세기 후반을 산 한국 사람들 가운데 어떤 사람은 한국의 대기업에 들어가서 아파트 평수를 늘리며 살아가는 한편, 어떤 사람은 시위하다가 잡혀가거나 간첩 조작 사건에 휘말려 고문받고 죽기도 했습니다. 또 어떤 사람들은 일반 시민들의 눈에 띄지 않는 골목이나 펜스 뒤의 열악한 주택에서 살아가다가 철거민 신세가 되어 쫓겨나는 삶을 반복하기도 했습니다. 안산 선감학원이나 부산 형제복지원 사건이 보여주듯이, 일반 시민들의 눈에 띄지 않는 시설로 납치되어가서 구타당하며 강제 노동하다가 죽으면 암매장당한 사람들도 많았습니다.

현대 한국의 역사와 문화를 다룰 때 흔히 '일반 시민'을 중심으로 이야기할 경우 무대에서 탈락되는 숱한 사람들이 있습니다. 이처럼, 이제까지 제가 접해온 16~17세기 일본의 역사와 문화에 대한 숱한 자료와 연구 성과들, 특히 일본어와 한국어로 되어 있는 문헌들에서도 이 시기에 탄압받은 가톨릭 신자들을 너무나도 짧고 간단하게 다루고 있었습니다. 저는 최근에야 그 사실을 깨닫고 문제의식을 갖게 되었습니다. 그리고 마찬가지로 18~19세기 조선의 역사와 문화를 이야기하는 많은 한국인에겐 가톨릭과 프로테스탄트 신자들의 문제를 무시하거나 간단히 언급하고 지나가려는 경향이 있습니다. 저는 이러한 현상이 일본과 한국 두 나라 사람들의 머릿속에 뿌리 깊게 박혀 있는, 이른바 "그리스도교는 서구 제국주의의 앞잡이였고, 샤머니즘·불교·유교로 이루어진 전통문화를 파괴했다"라는 반감에서 비롯되었다고 생각합니다. 이러한 반감 때문에 역사상 실제로 일어난 일들까지 가급적 언급하지 않고 평가하지 않으려는 경향이 생겨났다고 봅니다. 하지만 반감은 반감이고, 있었던 일은 사실 그대로 말해야 합니다.

18~19세기 조선을 이해하기 위해 누군가는 조선 후기 정치의 중심인 노론 세력을 살피는 것이 가장 중요하다고 말하고, 누군가는 박지원과 정약용으로 대표되는 이른바 '실학자'들에 주목해야 한다고 말합니다. 어떤 사람들은 이 시기를 민란의 시기라고 말하며 민중의 움직임을 보아야 한다고도 말합니다. 한편 종교인들은 조선 정부와 순교자의 관계에 집중해서 이 시기를 바라봅니다.

저는 비록 종교는 없지만, 신념을 위해 죽음을 택한 수많은 개인, 천민부터 양반에 이르기까지 다양하게 섞여 있는 집단에 대해 18~19세기 조선의 지배층과 '일반 백성'은 어떻게 대응했고, 그러한 과정에서 조선 사회가 어떤 충격을 받고 무슨 변화를 겪었는지에 대해 관심이 있습니다. 16~17세기 일본에 대해서도 마찬가지입니다. 제가 바라볼 때 이 시기 일본 역사에서 '가톨릭'은, 장군들의 전국 통일, 상인의 대두와 소농小農 경제의 등장, 잇코잇키 등의 반란과 맞먹을 정도로 중대한 역할을 했다고 생각합니다. 그래서 이 책에서는 16~17세기 일본의 통일정권 성립 과정과 가톨릭의 동향을 평행하게 놓고 말씀드리고자 합니다.

1565년 5월 19일, '가톨릭 신부들의 보호자'였던[27] 무로마치 막부 제13대 쇼군 아시카가 요시테루가 미요시 삼인방(三好三人衆, 미요시 가문의 후계자인 미요시 요시쓰구를 보좌한 세 명의 후견인) 및 마쓰나가 히사히데 등 중부 지역 영주들의 하극상에 의해 살해되는데, 이를 '에이로쿠의 변'이라고 합니다.

이 사건은 여러 가지 의미에서 중요합니다. 우선, 이 사건 이후 오다 노부나가는 화압花押이라 불리는 자필 사인에 기린의 '린麟' 자를 넣어서 일본 전체를 시야에 넣고 있음을 드러내기 시작합니다. 고대 중국의 공자가 편찬했다고 전해지는 《춘추春秋》의 마지막 구절 "서쪽으로 사냥을 나갔다가 기린을 잡았다西狩獲麟"에서 보듯이, 기린은 난세를 통일하는 패자霸者를 뜻합니다.

오다 노부나가는 2년이 흐른 1567년에 사이토 가문의 땅인 이노쿠치를 점령한 뒤 그 이름을 '기후岐阜'로 바꾸어 또다시 패자의 야심을 드러냅니다. 이는 고대 중국의 주나라 문왕文王이 기산岐山에서 정벌을 시작했음을 의식한 것입니다. 1447년에 출판된 《용비어천가》 가운데 보이는 "주국 대왕이 빈곡에 사시어 제업을 여시고, 우리 시조가 경흥에 사시어 왕업을 여셨다. 주 문왕이 적인들 속에 가셨다가 적인

이 침범하니 기산으로 옮기신 것도 하늘 뜻이시고, 우리 시조가 야인들 속에 가셨다가 야인이 침범하니 덕원으로 옮기신 것도 하늘 뜻이시다"라는 대목과도 상통하는 뜻입니다.

에이로쿠의 변 이후 '후견인'이던 쇼군을 잃은 가톨릭 세력은, 새로이 패자로 대두되던 오다 노부나가에게 접근해 긴밀한 관계를 맺습니다. 가톨릭 세력의 보호자였던 쇼군 아시카가 요시테루가 암살당하고 두 달 뒤인 7월 5일, 오기마치 덴노가 일본에서 처음으로 가톨릭 신부를 추방하는 금교령을 내렸습니다. 이러한 상황에서 가톨릭 신부들은 새로운 정치적 후견자를 필요로 했고, 그 대상으로 오다 노부나가를 선택한 것입니다.

유럽에서 온 가톨릭 신부들에게 호감을 느낀 오다 노부나가는, 신부들을 추방하라는 덴노의 명령을 사실상 무산시킵니다. 오다 노부나가로서도 이것은 유익한 관계였습니다. 오다 노부나가에게 과연 쇼군과 덴노를 모두 없애고 자신이 일본의 유일한 지배자가 될 의사가 있었는지는 불확실하지만, 그가 유럽 가톨릭 세력과의 접촉을 통해 기존의 중화 문명 중심적인 세계관을 폐기할 수 있는 새로운 가치관과 신식 무기를 얻는 데 성공한 것은 부정할 수 없는 사실입니다.

쇼군 아시카가 요시테루가 암살되고 1565년 6월에는 포르투갈 배가 오무라 가문의 영지인 후쿠다에 입항했고, 2년 뒤에는 최초로 아리마 가문의 영지인 오늘날의 나가사키현 구치노쓰에 입항합니다. 그리하여 구치노쓰는 요코세우라에 이어 상당 기간 동안 일본 가톨릭 포교의 중심지이자 일본-유럽 간 무역의 거점이 되었다가, 나중에 그 역할을 나가사키에 넘깁니다. 요코세우라, 후쿠다, 구치노쓰, 나가사키로 이어지는 이 항구들은 당시 일본인에게, 중화 문명을 절대적이고 유일한 존재에서 상대적인 존재로 바꾼 창구 역할을 했습니다.

앞서 말씀드린 것처럼 오다 노부나가는 1567년 9월 이나바야마성 전투에서 사이토 가문에 승리한 뒤 이 성으로 거점을 옮기고 지명을 기후로 바꿉니다. 이는 오다 노부나가가 일본 통일을 지향하고 있음을 공식적으로 드러낸 것입니다. 사실 이나바야마성 전투에서 노부나가가 승리할 수 있었던 것은 전국시대의 유력한 장군이자 훗날 노부나가의 장인이 되는 사이토 도산의 노신들이 노부나가와 내통한 덕분입니다. 이나바야마성 전투에 대해선 "7년이나 걸린 노부나가의 미노美濃 공격의 결말로서는 맥 빠지는 것이었지만, 여기서부터 '천하포무'를 내건 노부나가의 전쟁이 개시되었다"라는 평가가 있습니다.[28] 말하자면, 노부나가가 전국 통일의 첫발을 내딛고 천하포무를 내세울 수 있었던 것은 적군의 내부 분열과 배신 덕택이라 하겠습니다.

두 명의 덴노가 존재하던 남북조시대 때, 힘이 약한 고다이고 덴노의 남조 측에 서서 주군과 왕조를 살리기 위해 온갖 술수와 책략을 쓴 구스노키 마사시게(楠木正成, 1294?~1336)의 인생도 이런 것이었습니다. 도쿠가와 이에야스가 세키가하라 전투에서 승리한 요인 가운데 하나도 고바야카와 히데아키(小早川秀秋, 1582~1602)가 서군 측을 배신한 것이었습니다. 우연이 찾아오기를 끈질기게 기다렸다가 책략을 부려서 이를 행운으로 바꾸는 것에 주저함이 없는 것. 제가 16~17세기 일본 역사에서 가장 인상적으로 느끼는 것이 이러한 모습들입니다. 오다 노부나가는 자신의 뜻을 실현하던 중에 부하의 배신을 겪고 자결했고, 구스노키 마사시게는 뜻을 이루지 못한 채 할복으로 생을 마쳤으며, 도쿠가와 이에야스는 자신의 뜻을 이룬 뒤에 편안하게 죽었지만, 세 사람 모두 정치가 무엇이고 세상이 어떤 곳인지 꿰뚫어보았다는 점에서 공통됩니다.

정치는 도덕이 아닙니다. 20세기 중기에 이탈리아에서 활동한 자유주의 철학자 베네데토 크로체(Benedetto Croce, 1866~1952)는《정치의 원리Elementi di politica》에서 "도덕적인 옳고 그름이라는 기준을 초월한 정치의 필요성과 자율성을 마키아벨리가 발견했음은 잘 알려진 사실이다"라고 말합니다. 즉, 정치는 도덕을 초월한 지점에 존재한다는 것입니다. 일반인이 흔히 정치에 대해 왈가왈부할 때 그러하듯이 도덕관념으로 정치가의 행동을 판단하는 것은 무의미하며, 정치가는 일반인의 도덕관념에 얽매일 필요가 없고 또 얽매여서도 안 된다는 뜻입니다. 크로체를 이탈리아 파시즘과 관련지어 거명하는 경우도 있습니다만, 그의 철학은 마르크스주의자 안토니오 그람시(Antonio Gramsci, 1891~1937)에게도 큰 영향을 주는 등 당시 이탈리아를 대표하던 철학자 가운데 한 명입니다.

다시 눈을 서일본으로 돌리면, 1567년 9월 15일에 오토모 소린이 마카오에 주재하던 주교 벨키오르 카네이로(Belchior Carneiro, 1516~1583)에게 화약 만드는 데 쓰이는 초석硝石을 보내달라고 요청했습니다.[29] 여기서 알 수 있듯이, 유럽의 가톨릭 신부들과 접촉함으로써 새로운 세계관과 신식 무기를 얻는 노력을 오다 노부나가만 했던 것은 아닙니다. 그럼에도 두 사람의 행적이 두드러지게 다른 이유는, 오토모 소린은 일본 정치의 중심지인 교토에서 멀리 떨어진 서일본에 포진하고 있었고, 오다 노부나가는 교토와 비교적 가까운 나고야·기후 지역에 거점을 두고 있었기 때문입니다. 오다 노부나가 이상으로 강력한 무력을 자랑하던 다케다 신겐이 일본을 통일하지 못한 근본적인 이유 역시 그가 오다 노부나가보다 더 멀리 동쪽에 거점을 두고 있었기 때문이라고 저는 생각합니다.

1568년 9월 26일에 오다 노부나가가 아시카가 요시아키(足利義昭, 1537~1597)를 모시고 입경하고, 10월에는 요시아키가 정이대장군(쇼군)에 임명됩니다. 원래 승려였던 요시아키는 1565년에 형인 아시카가 요시테루가 암살되자 감시를 피해서 탈출, 여러 방면으로 원군援軍을 요청합니다. 1566년에 환속한 뒤 에치젠 지역 센고쿠 다이묘인 아사쿠라 요시카게(朝倉義景, 1533~1573)에게 의지하다가 그즈음 노부나가와 협력해서 쇼군에 취임한 것입니다. 요시아키는 쇼군으로서 역할을 수행하려 했으나 1570년에 노부나가가 이를 노골적으로 견제했습니다. 그 후 여러 차례 반反노부나가 전선을 펼치며 아시카가 막부를 부활시키기 위해 노력했지만 끝내 뜻을 이루지는 못했습니다.

1569년 4월 3일에는 루이스 프로이스가 니조성二条城에서 오다 노부나가와 회견하여, 교토에 거주하면서 포교하는 것을 허가받습니다. 약 2주 뒤인 4월 20일에는 노부나가가 보는 가운데 루이스 프로이스 및 일본인 수도사 로렌소 등이 승려 아사야마 니치조와 종교 논쟁을 벌여 승리합니다.

같은 해 1월 5일에는 '미요시 삼인방'이 아시카가 요시아키가 있던 혼고쿠지本圀寺 절을 습격했으나 실패하고 맙니다. 제13대 쇼군을 암살하고 제15대 쇼군까지 암살하려 할 정도로 한때는 중부 일본에서 위세를 떨치던 미요시 삼인방 세력은 이 사건을 계기로 쇠락하게 됩

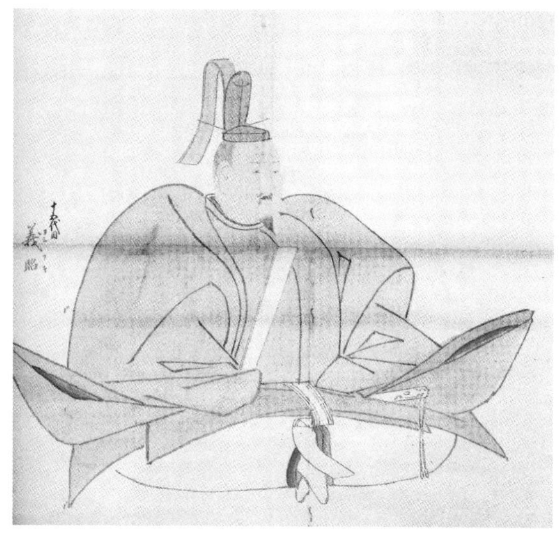

2

1 무로마치 막부의 마지막 쇼군 아시카가 요시아키.

2 센고쿠 시대 다이묘인 아사쿠라 요시카게.

니다.

혼고쿠지 습격 사건을 처리하기 위해 기후에서 교토로 온 노부나가는 1월 14일, 16일에 쇼군의 행동을 제약하는 규정을 잇따라 전달한 뒤 이세 지역을 평정하고, 10월 10일에 다시 교토로 갔다가 17일에 기후로 돌아갑니다. 노부나가가 이러한 규정을 쇼군에게 전달한 것은, 쇼군 요시아키가 상의도 없이 서로 상극 관계에 있던 모리 모토나리와 오토모 소린, 그리고 우에스기 겐신(上杉 謙信, 1530~1578)과 다케다 신겐 간의 화해를 주선하는 등 독자적인 정치 활동에 나섰기 때문에 이를 견제하기 위해서였습니다. 노부나가가 이듬해 1570년 1월 23일에 다시 한 번 쇼군에게 제시한 5개조의 문서에는, 쇼군 대신 자신이 일본을 통치한다는 의지가 명확하게 표현되어 있습니다.

그러나 오다 노부나가는 이때까지 쇼군 요시아키를 제거하기보다는 그를 허수아비 쇼군으로 놔두고 그 권위를 이용하는 편이 낫겠다고 생각합니다. 그래서 다이묘 및 장군들에게 교토로 올라와서 쇼군에게 인사하라는 명령을 내립니다. 그러나 에치젠 지역의 센고쿠 다이묘인 아사쿠라 요시카게가 응하지 않자 노부나가가 그를 제거하기 위해 직접 에치젠으로 향합니다. 이때 자신의 여동생인 오이치노카타お市の方와 결혼한 아사이 나가마사(浅井長政, 1545~1573)[30]가 노부나가를 배신하고 아사쿠라 편에 섰다는 소식을 듣습니다. 사이토 가문과 싸울 때 사이토 측의 분열과 배신을 통해 승리를 거두었던 노부나가가, 이번에는 자기 진영으로부터 배신을 당한 것입니다.

이 배신에 당황한 노부나가가 도요토미 히데요시에게 후방 호위를 맡기고 교토로 퇴각하자, 이 모습을 본 잇코잇키 세력 등이 미나미오에도시대의 고문헌《가와나카지마 전투》.
다케다 신겐과 우에스기 겐신의 전설적인 가와나카지마 전투 장면을 묘사한 것이다.

오이치노카타(왼쪽)와 아사이 나가마사.

미 지역에서 봉기합니다. 1570년 5월 21일에 기후로 돌아온 노부나가는 반격 준비를 갖춘 뒤 6월 19일에 기후를 출발해서 아사이 나가마사 세력을 공격했습니다. 이에 맞서 아사이 나가마사, 아사쿠라 요시카게, 도쿠가와 이에야스 세력이 연합하여 오미 지역의 아네가와를 사이에 두고 6월 28일에 전투를 벌였습니다. 이 아네가와 전투에서 노부나가가 승리를 거두었지만, 아사이 측은 여전히 기타오미 지역에서 세력을 유지하고 있었습니다.

그리고 미요시 삼인방이 다시 한 번 노부나가에 맞서 봉기하자, 이시야마 혼간지의 주지 겐뇨(顯如, 1543~1592)가 이들과 연합하기로 합니다. 노부나가 측이 삼인방을 공격하기 직전인 1570년 9월 12일, 조총으로 무장하고, 기슈 지역의 잇키 세력을 주축으로 한 혼간지 측이 공격을 시작했습니다. 한편 오미 지역에서는 아사쿠라 요시카게와 아사이 나가마사가 히에이잔 엔랴쿠지延曆寺 절의 승병 세력과 손잡고 오다 노부나가의 세력권이던 교토를 공격합니다. 노부나가는 일단 교토로 회군해서 아사쿠라·아사이 세력에 맞서기로 합니다. 이어 11월에는 이세 지역의 나가시마 잇코잇키 세력이 노부나가를 공격함에 따라 노부나가 포위망이 만들어졌습니다. 이런 상황은 "1568년 교토에 들어간 이래 노부나가에게 최대의 시련"[31]이었습니다.

노부나가는 화해를 권유하는 오기마치 덴노의 서한을 받고, 여기에 더해 쇼군의 권위를 빌려 12월 초에 아사쿠라·아사이 측과 화해함으로써 궁지를 벗어납니다. 이듬해 1571년 2월에 노부나가는 포위망을 뚫기 위해 약한 고리로 보이는 지점들을 공격했으나 뜻대로 되

이시야마 혼간지의 주지 겐뇨. 승려 차림(왼쪽)과 무장한 장수 차림(오른쪽)이 대비를 이룬다.

지 않았습니다. 결국 그해 12월, 노부나가는 히에이잔 엔랴쿠지 절을 불태우고 그 안에 있던 사람들을 모두 죽였습니다. 귀족 야마시나 도키쓰구山科言継는 그날 일기에 "불법佛法이 파멸되었으니 이를 말로 다 할 수 없다. 왕법王法은 어찌될 것인가"[32]라고 적었습니다. 한국의 원효·의상과 비슷한 위치를 차지하는 헤이안 시대의 승려 사이초(最澄, 766?~822)가 창건한 유서 깊은 절이자 일본 불교의 상징과도 같은 이곳을 '과감히' 불태운 것입니다. 이는 이시야마 혼간지 세력과 마찬가지로 종교를 무기로 삼은 저항 세력이야말로 일본 통일의 꿈을 방해하는 최대의 적이라는 인식에서 비롯된 것입니다.

2년 전인 1569년에 노부나가가 가톨릭 신부들을 만나고, 가톨릭과 불교 사이의 종교 논쟁에서 가톨릭 쪽에 힘을 실어준 것 역시 고대로부터 이어져온 불교를 대체하거나 최소한 경쟁 관계를 만들어 이용할 수 있겠다는 생각에서 비롯되었을 터입니다. 이런 의미에서 오다 노부나가의 일본 통일 과정에서 가톨릭 세력이 등장한 것은, 훗날 가톨릭 국가들을 대체할 세력을 필요로 하던 도쿠가와 이에야스에게 프로테스탄트 국가들이 나타났을 때처럼 행운으로 작용했습니다.

중세 일본-유럽 교섭사 연구자인 마쓰다 기이치에 따르면, 가톨릭 세력에 주목한 노부나가는 1568년 교토에 들어가 혼노지의 변 사건으로 죽을 때까지 14년 동안 최소한 교토에서 15회, 아즈치에서 12회, 기후에서 4회, 총 31회에 걸쳐 가톨릭 신부들과 만났을 정도로 긴밀

히에이잔 엔랴쿠지 절을 창건한 승려 사이초.

한 관계를 유지했다고 합니다.[33]

한편, 노부나가 포위망이 만들어지고 있던 1570년 5월 15일에 일본 포교장 프란치스코 카브랄(Francisco Cabral, 1533~1609)이 구마모토 아마쿠사 지역의 시키에 도착했습니다. 일본의 상황을 존중하면서 포교해 나가야 한다는 순찰사 알레산드로 발리냐노의 뜻에 맞서서, 카브랄은 일본인 성직자를 임용하는 데 반대하고 일본인에 대해서도 차별적인 입장을 드러낸 끝에 1580년 포교장에서 사임합니다.[34]

1570년 9월에는 일본 포교의 토대를 마련한 코스메 데 토레스 신부가 시키에서 사망합니다. 이 무렵 나가사키 항을 개항한다는 교섭도 마무리됩니다. 메이지유신에 이르기까지 개항장으로서 일본 역사에 큰 역할을 한 나가사키의 등장입니다. 마쓰다 기이치의 《남만의 선교사南蛮のバテレン》에 따르면 이 시기 일본의 가톨릭 신자는 2만~3만 명에 이르렀다고 합니다.

1571년에는 포르투갈인 예수회 신부 가스파르 빌렐라가 조선 포교를 시도했으나 실패하고 맙니다. 그가 2월 4일에 쓴 편지에는 "내가 그곳을 방문하고자 했는데, 길목에서 전쟁을 하므로 가지 못하였다"[35]라고 적혀 있습니다. 여기서 말하는 전쟁이 무엇을 가리키는지는 모르겠지만, 최소한 그가 조선 방문을 시도했음은 알 수 있습니다. 빌렐라는 10월 6일 편지에서도 여전히 조선으로 갈 때를 기다리고 있다고 적고 있습니다. 이런 의미에서 1571년은 유럽 가톨릭 세력이 중국·일본에 이어 한반도와 접촉할 뻔한 최초의 순간이었습니다.

9월 13일에는 루이스 프로이스와 오르간티노 그네키-솔도 신부가 오다 노부나가를 만났고, 10월 3일에는 포교장 프란치스코 카브랄이

우스키에서 교토 일대로 순찰을 떠나 12월 17일 기후에서 노부나가와 만났습니다. 그리고 이 12월에 오다 노부나가는 히에이잔 엔랴쿠지를 불태웠습니다.

오다 노부나가의 첫 번째 행운: 다케다 신겐의 죽음

1572년이 되자 이시야마 혼간지의 주지 겐뇨는 유력한 센고쿠 다이묘인 다케다 신겐에게 노부나가 포위망을 펼치도록 요청합니다. 또 노부나가 진영에 있던 마쓰나가 히사히데와 미요시 요시쓰구도 반反노부나가 입장으로 돌아섭니다.

한편, 에치젠 지역의 우에스기 겐신과 동맹을 맺고 있던 간토 지역의 호조 우지야스(北条氏康, 1515~1571)는 죽기 직전에 아들 호조 우지마사(北条氏政, 1538~1590)에게, 우에스기 겐신과 단교하고 다케다 신겐과 다시 관계를 맺으라는 유언을 남깁니다. 이 유언에 따라 호조 가문은 우에스기 가문 대신 다케다 가문과 동맹을 맺게 되고, 이로써 다케다 신겐은 후방을 염려하지 않고 교토로 향할 조건을 갖추게 됩니다.

다케다 신겐은 쇼군에게 충성을 서약하는 기쇼몬起請文을 제출하고, 쇼군은 신겐에게 천하를 평안하게 만들라는 지시를 내립니다. 또한 쇼군은 신겐에게 노부나가가 불태운 히에이잔 엔랴쿠지 절을 복구할 것을 명하면서 7월에 신겐을 다이소조(大僧正, 승려의 최고 지위)·소조僧正에 이은 직위인 곤노소조權僧正에 임명합니다. 이로써 신겐이 교토로 향할 명분도 갖추어진 것입니다.

이에 오다 노부나가는 9월에 쇼군 아시카가 요시아키를 노골적으로 비난하는 내용의 〈이견서異見書〉 17개조를 쇼군에게 제출합니다. 이는 은밀하게 노부나가 포위망을 만들고 있던 쇼군에 대한 선전포

다케다 신겐.

고였습니다. 1572년 10월 3일 다케다 신겐이 고후甲府를 출발하면서 이 사실을 아사이 가문과 아사쿠라 가문, 이시야마 혼간지에 알렸고, 혼간지는 각지에서 잇코잇키를 일어나게 했습니다.

이 소식을 들은 오다 노부나가는 우에스기 겐신과 서약서를 교환하여, 겐신에게 다케다 신겐의 후방을 공격하게 했습니다. 때마침 노부나가에게는 퍽 다행스럽게도, 노부나가 포위망의 일원이던 아사쿠라 요시카게가 갑자기 군대를 빼버리는 일이 발생했습니다. 이에 다케다 신겐은 쇼군 요시아키와 이시야마 혼간지를 통해 아사쿠라에게 다시 군대를 보내도록 압박을 가하지만 실패하고 맙니다.

다케다 신겐은 12월 22일 노부나가 진영이던 도쿠가와 이에야스의 영지인 미카와 지역으로 진격했습니다. 이 소식을 들은 이에야스가 미카타가하라 전투에서 다케다 신겐의 배후를 쳤으나 곧 반격을 미카타가하라 전투를 그린 메이지시대의 목판화.

받고 패합니다. 미카타가하라 전투에서 승리한 다케다 신겐은 여세를 몰아 1573년 1월 미카와 지역의 노다성野田城을 포위하고 한 달간 맹공격을 퍼부었습니다. 하지만 갑자기 병이 깊어지는 바람에 철군을 결정할 수밖에 없었습니다. 그리고 4월 12일 시나노 고마바駒場에서 53세 나이로 사망합니다.

신겐의 부대가 한 달 만에 노다성을 함락시킨 2월 말, 쇼군 요시아키는 자신이 거주하는 니조성 주변에 해자垓字를 파서 방어를 강화하고, 미이데라三井寺 절 고조인光淨院의 주지 센케이(暹慶, 1540~1603)에게도 거병하게 했습니다. 이러한 '쇼군의 반란'[36] 소식을 들은 노부나가

미카타가하라 전투에서 패한 도쿠가와 이에야스를 묘사한 것이라는 주장이 한때 있었다.

는 기후에서 꼼짝할 수 없었으므로 쇼군과 인질을 교환하고 화해하려 했습니다. 하지만 쇼군은 다케다 신겐이 교토까지 진격할 수 있을 것으로 예상하고 이를 거절했습니다.

3월 29일에 교토로 온 노부나가는 다시 한 번 쇼군에게 화해를 제안했으나 또다시 거절당하자, 가미쿄 일대에 불을 질러 니조성의 방어 시설을 모두 제거했습니다. 이는 중세 이래로 교토의 경제를 좌우해온 히에이잔 엔랴쿠지 세력을 교토에서 제거하기 위함이기도 했습니다. 이처럼 다케다 신겐을 중심으로 한 노부나가 포위망이 한껏 노부나가를 압박해오던 가운데, 다케다 신겐의 갑작스러운 죽음은 노부나가에게 최대의 행운이 아닐 수 없었습니다.

한편 루이스 프로이스는 당시 다케다 신겐이 진격하면서 노부나가에게 보낸 편지에 스스로를 '천태좌주 사문 신겐天台座主沙門信玄'이라고 썼고, 노부나가는 답장에 스스로를 '제육천마왕第六天魔王'이라 썼다고 자신이 쓴《일본사》에 기록합니다. 노부나가는 히에이잔 엔랴쿠지를 불태우고, 신겐은 이렇게 불탄 엔랴쿠지를 복구하는 임무를 맡고 있었습니다. 따라서 신겐이 스스로를 불교의 수호자로 자부했다고 생각할 수 있습니다. 여기서 노부나가가 자칭한 제육천마왕은 불교에서 불법 수행을 방해하는 마왕을 가리킵니다. 고대 일본에서 제작된《일본서기》,《고사기》같은 역사책에 실린 각종 신화의 내용이 중세 들어 크게 바뀌었음이 최근 학계에서 주목받고 있는데, 이렇게 바뀐 일본 신화를 '중세 신화'라 하고, 바로 여기에 제육천마왕이 등장합니다.

중세 신화를 전하는 여러 문헌에 따르면, 태양신이자 일본의 창조신인 아마테라스 오미카미天照大神가 바닷속에서 밀교의 부처인 대일여래大日如来의 모습을 보고 이를 건져내려고 창을 휘저었더니, 그 창끝에서 물방울이 떨어져 일본 국토가 만들어지기 시작했다고 합니다. 그러자 이 모습을 본 제육천마왕이, 이렇게 만들어진 일본에서는 불법이 흥성할 것이라 생각하여 아마테라스의 작업을 방해했습니다. 이에 아마테라스는, 일본이 만들어져도 자신은 불교를 가까이 하지 않겠다는 약속을 하고 제육천마왕을 무마한 뒤 일본열도 창조를 완성합니다. 그리하여 제육천마왕과의 약속을 지키기 위해 아마테라스를 모신 이세신궁伊勢神宮에는 승려가 참배하지 않게 되었다고 합니다.

금강저는 승려가 불도를 닦을 때 쓰는 법구(法具) 중 하나다.
번뇌를 깨뜨리는 보리심을 상징한다.

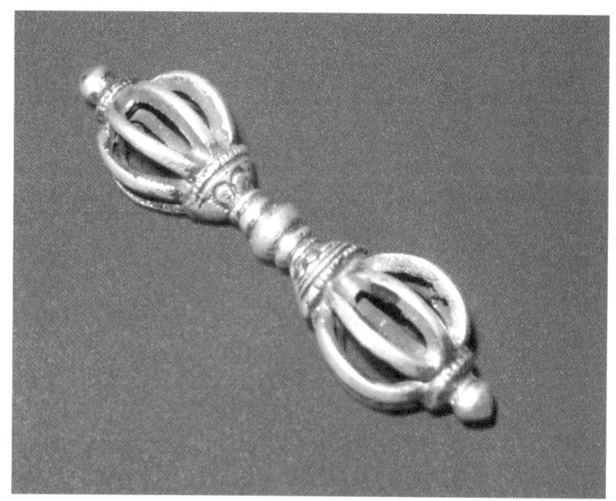

그리고 일본은 원래 대일여래의 불국토여서 그 모습이 마치 승려가 불도를 닦을 때 쓰는 금강저金剛杵를 닮은 것이고, '대일여래의 본지'라는 뜻에서 '대일본'이라는 말이 나왔다는 주장이 이때 탄생합니다.

이처럼 전근대 일본은 기본적으로 신도神道를 흡수한 불교를 근본으로 하는 나라였습니다. 메이지유신 이후 불교와 신도를 강제적으로 떼어내려는 폐불훼석廃仏毀釈 운동이 있기도 했지만, 지금도 불교 국가라고 보아야 한다고 저는 생각합니다.[37] 어쨌든 여기서 중요한 것은, 덴노 가문의 조상신인 아마테라스와 대척 지점에 있는 제육천 마왕을 노부나가가 자신의 캐릭터로 선택했다는 점입니다. 그가 덴노를 없애고 스스로 일본의 황제가 되겠다고 생각한 것이 아닌가 하는 추측을 낳는 이유입니다.

다케다 신겐의 죽음으로 노부나가가 기후로 돌아가자, 쇼군 요시아키는 서일본의 모리 데루모토(毛利輝元, 1553~1625)에게 군량미를 요구하는 등 다시 한 번 군사를 일으킬 준비를 합니다. 드디어 7월 3일 니조성에서 우지宇治의 마키시마성槇島城으로 옮겨가 거병했습니다. 이에 노부나가는 곧바로 마키시마성을 포위했고, 7월 18일에 쇼군 요시아키의 아들을 인질로 받는 조건으로 쇼군의 항복을 받아들였습니다. 요시아키는 그 뒤로도 쇼군으로서 정이대장군 직책을 가지고 있었지만, 사실상 무로마치 막부는 이때 멸망한 거나 다름없습니다. 이를 보면 많은 사람이 말하는 것처럼 노부나가가 덴노까지 밀어내고 일본의 황제가 되기를 바랐는지는 불분명하지만, 최소한 쇼군의 자리까지는 지향했음을 알 수 있습니다.

요시아키가 마키시마성을 떠난 뒤, 노부나가는 모리 데루모토에게 "쇼군이 천하를 버리셨으니 노부나가가 상경해서 이를 진정시키겠다"[38]라는 내용의 편지를 보내고, 7월 28일에 연호를 덴쇼天正로 바꿉니다. 연호를 바꿨다는 것은 새로운 시대가 열렸다는 의지의 표현이기도 합니다.

8월 4일 기후로 돌아온 노부나가는 오우미 지역에 거점을 둔 아사이 가문에 대한 공격을 시작했습니다. 아사쿠라 요시카게가 아사이 가문을 구하러 오우미로 왔으나 노부나가의 공격을 받고 8월 20일 스스로 목숨을 끊었습니다. 27일에는 아사이 히사마사·나가마사 부자父子도 스스로 목숨을 끊음으로써 노부나가를 오랫동안 괴롭힌 아사이·아사쿠라 두 가문이 멸망합니다.

1574년 3월 노부나가가 아사이 가문의 영지를 도요토미 히데요시에게 하사함으로써, 히데요시는 새 정권의 유력한 장군으로 부상합니다. 히데요시는 이때 받은 새로운 영지에서 겐치検地라 불리는 토지조사 사업을 시작했고, 그 후로 영토를 확장할 때마다 겐치를 실시했습니다. 이를 통칭 다이코 겐치太閤検地라고 합니다. 히데요시가 나중에 다이코太閤라는 직위를 갖게 되어 붙여진 명칭입니다.

1573년 말에는 서일본의 모리 데루모토가 쇼군 요시아키를 교토로 되돌려 보내려고 교섭을 시도하지만 실패하고 맙니다. 이때 양측을 오가며 교섭을 담당했던 승려이자 장군인 안코쿠지 에케이(安国寺恵瓊, ?~1600)는 교섭이 결렬된 12월 12일에 쓴 편지에서 "노부나가의 치세는 3년에서 5년은 가겠고, 그 뒤에는 히데요시가 그 자리에 오를 것으로 보입니다"[39]라고 예언합니다. 안코쿠지 에케이는 임진왜란 때 전라도를 공격하면서 자신을 '전라감사'라고 자칭하기도 했습니다.

1574년 1월에는 에치젠 지역에서 잇코잇키가 발생해 노부나가 세력이 후퇴함에 따라, 가가 지역에 이어 에치젠 지역도 잇키 세력이 지배하는 '잇키모치一揆持ち'의 땅, 즉 로마 교황령 같은 종교 자치지역이 됩니다. 당시 노부나가는 이세 지역의 나가시마 잇코잇키를 진압하는 데 정신이 쏠려 있었습니다. 이 틈을 타 기슈로 물러나 있던 쇼군 요시아키가 다케다 신겐의 아들인 다케다 가쓰요리(武田勝頼, 1546~1582)와 우에스기 겐신, 호조 우지마사(北条氏康, 1538~1590) 세 장군을 화해시키고, 이시야마 혼간지에도 원조를 요청합니다. 그래서 4월 2일에 혼간지 세력이 세 번째로 봉기합니다. 특히 다케다 가쓰요리의 기세가 매서워서 이에야스의 세력 아래 있던 도토미 지역의 다

다케다 가쓰요리 가족.

카텐진성高天神城이 함락되기도 했습니다. 이 성은 다케다 신겐도 점령하지 못해 난공불락으로 소문났던 곳입니다.

이런 위기 상황 속에서 7월 12일 이세 지역으로 출전한 노부나가는, 시마 지역에 거점을 두고 있던 수군(해적) 집단인 구키九鬼 일족 등에게 해상 봉쇄 명령을 내려 9월 29일 나가시마 잇코잇키를 제압합니다. 이때 패퇴하는 잇키 세력을 성 안에 가두고 불을 질러 2만 명을 죽였다고도 전해집니다.

히에이잔 엔랴쿠지 세력과 나가시마 잇키 세력에 대한 노부나가의 잔인한 진압을 보면 당시 노부나가가 종교 세력을 얼마나 위협적으로 여겼는지 짐작할 수 있습니다. 다른 한편으로, 적군이기는 하지만 같은 일본인을 수천에서 수만 명 죽이는 걸 아무렇지도 않게 여겼던 일본인 장병들이, 임진왜란 때 조선의 양민들을 학살하는 데에는 더욱더 거리낌이 없었으리라는 추측을 하게 합니다. 30년전쟁의 학살을 일으킨 유럽인들이 비유럽인들을 죽이는 데 더욱더 거리낌이 없었던 것과 마찬가지로 말입니다.

이처럼 에치젠·나가시마 등지에서 피지배층이 불교를 이데올로기 삼아 봉기하던 당시, 1574년 그해 규슈에서는 오무라 영지 내의 수많은 피지배민이 가톨릭으로 개종하고 절과 신사를 파괴하고 있었

1593년 6월 부산에서 전개된 구키 요시타카 측 수군의 전투 진영도.
구키 일족은 임진왜란 때에도 일본 수군의 선봉에 섰다.

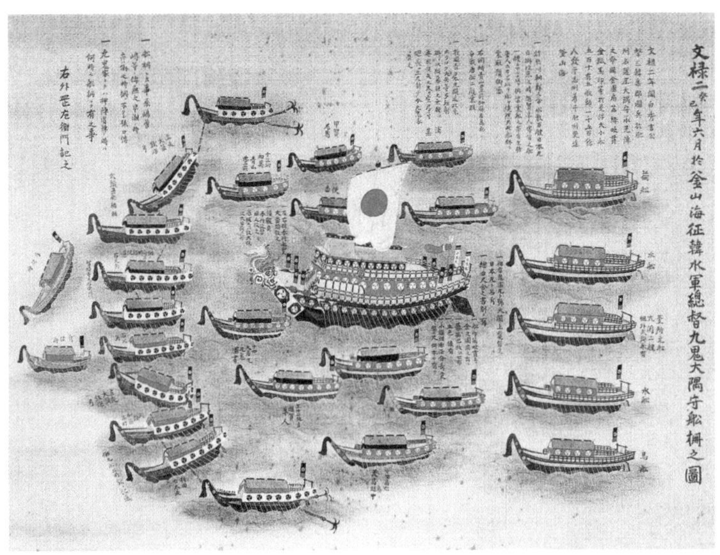

나가시마 잇코잇키 전투를 그린 에도시대 후기의 목판화.

습니다. 신분에 상관없이 불교 세력은 오다 노부나가를 괴롭히고, 오다 노부나가는 가톨릭 세력을 보호하고, 역시 신분에 상관없이 가톨릭 세력은 절과 신사를 파괴하는, 그야말로 적과 아군을 구분하기 힘들 정도로 서로 물고 물리는 종교적 난맥상이 이 시기 일본에서 펼쳐졌습니다. 비슷한 시기인 1575년에 조선에서는 지배계급 사이에 최초로 동인과 서인이라는 붕당이 발생하기 시작했는데, 조선에서는 이러한 정치적 갈등이 주로 지배층 내부에 한정된 것이었다는 점에서 일본과 다릅니다.

1574년 3월 20일에는 일본 포교장 프란치스코 카브랄이 산가 요리테루(三箇頼照, ?~1595, 세례명 산초)의 거점인 중부 일본 가와치 지역의 산가에서 부활절을 축하하고, 뒤이어 교토로 가서 노부나가와 만났습니다. 산가 요리테루는 1563년에 일본인 수도사 로렌소를 만나서 개종하기로 마음먹고 1564년에 가스파르 빌렐라를 초대해 가족과 가신들에게 모두 세례를 주게 했습니다. 참고로 일본에 최초로 유럽 의학을 소개한 루이스 데 알메이다는 산가 요리테루를 '일본에서 만난 사람들 가운데 가장 신앙심이 깊은 사람'이라고 말한 바 있습니다. 그는 당시 유럽의 가톨릭 신자들이 다른 나라에서 하던 것처럼 자기 영지 내의 절을 모두 파괴하고 주민들을 가톨릭으로 개종시켰습니다. 훗날 오다 노부나가의 부하가 된 그는, 노부나가가 이시야마 혼간지의 불교 세력과 전쟁을 벌일 때 선봉에 서서 싸우는 한편으로 가톨릭 신자 1천 500여 명을 자기 영지 내에 두고 보호했습니다.

이처럼 1570년대에 일본의 서부와 중부에서는 소규모이기는 하지만 불교·신도 대 가톨릭 세력 사이에서 종교전쟁이 일어나고 있었습니다. 고대부터 중세까지 불교와 신도는 결코 우호적인 관계가 아니었지만, 가톨릭이라는 외부의 적이 나타나자 긴밀하고도 친밀한 관계를 맺게 된 것입니다.

드디어 1575년, 다케다 가쓰요리가 도쿠가와 이에야스의 세력권인 미카와 지역의 나가시노성長篠城을 공격하자, 이를 돕기 위해 오다 노부나가가 5월 13일 기후를 출발합니다. 오카자키에서 합류한 오다·도쿠가와 세력은 나가시노성 인근의 시타라가하라에 해자를 파고 책柵을 설치하고 조총 1천 정을 준비하여 다케다의 기마대에 맞섰습니다. 21일 이른 아침에 시작되어 오후까지 이어진 이 유명한 나가시노 전투에서 조총 '부대'는 기마대를 꺾고 승리합니다. 종래 연구와는 달리 나가시노 전투를 통해 세력 판도가 크게 바뀐 것은 아니라는 평가도 있습니다만, 유럽과 마찬가지로 조총 부대가 기마대를 대신하여 미래 전장에서 주축이 될 것임을 보여준 사건임에는 틀림없습니다.[40]

이로부터 시작된 일본발 병기혁명兵器革命은 임진왜란 때 항복한 일본 장병들을 통해 조선으로, 또 명나라로 퍼져나갔습니다.[41] 하지만 도쿠가와 이에야스가 해외 진출을 최소화하는 방향으로 국정 방침을 변경하면서 일본인들의 전쟁 횟수가 급격히 줄어들었고, 그 결과 유럽과 달리 일본에서는 병기혁명이 한 단계 진보하지 못하고 좌절·퇴보해버립니다. 그리고 도쿠가와 이에야스가 안정을 택한 대가는 2백년 뒤 일본인들이 유럽의 발달된 군사기술과 접촉하면서 치르게 됩니다.

노부나가는 나가시마의 잇코잇키 세력을 학살한 데 이어, 1575년

나가시노 전투(1575)를 묘사한 병풍.
가운데 울타리를 사이로 왼쪽이 오다의 조총 부대, 오른쪽이 다케다의 기마대다.

8월에는 에치젠의 잇코잇키 세력을 섬멸합니다. 전쟁의 관점에서 본다면 이렇게 저항 세력을 철저히 학살함으로써 후환을 없앤 것이 노부나가의 일본 통치에 도움이 되었고, 히데요시도 이러한 전략을 이어받아 임진왜란(특히 정유재란) 때 조선과 명나라 사람들을 대량 학살했습니다. 이는 먼훗날 한반도와 중국 대륙을 침략한 일본 제국주의에 의해 반복됩니다.

한편, 에도시대 사람들은 노부나가의 심복인 아케치 미쓰히데(明智光秀, 1528?~1582)가 노부나가의 잔인한 모습을 견디다 못해 주군에게 반기를 든 것이 '혼노지의 변'이라고 주장하기도 합니다.

오다 노부나가의 두 번째 행운: 우에스기 겐신의 죽음

1575년 10월 12일, 에치젠에서 기후를 거쳐 교토로 온 노부나가는 각지의 장군들로부터 축하 인사를 받았습니다. 반反노부나가의 기치를 들었던 이시야마 혼간지의 주지인 겐뇨마저 화의를 청해오자, 노부나가는 '사면'을 명분으로 요청에 응했습니다. 11월 4일에 우코노에노다이쇼右近衛大将로 승진한 직후에는 북부 간토 지역의 여러 장군들에게, "다케다 가쓰요리가 자신에 대해 '불의不義'를 저질렀으므로 본인이 가쓰요리를 치는 것을 돕는 일은 '천하'를 위하는 것"이라는 내용의 편지를 보냅니다. 노부나가의 '천하'라는 정치 슬로건이 명확히 드러나는 순간입니다.

1576년 정월이 되자 노부나가의 거성이 될 아즈치성 공사가 시작되었습니다. 2월에 쇼군 아시카가 요시아키는 모리 가문에 출전을 요청하는 한편, 우에스기 겐신에게 호조 우지마사 및 다케다 가쓰요리와 화해하고 교토로 군대를 끌고 오도록 명합니다. 이렇게 하여 다시 한 번 노부나가 포위망이 이루어지는 모습을 본 이시야마 혼간지의 겐뇨도 네 번째로 거병했으니, 이로부터 1580년까지 노부나가에 맞서는 '이시야마 전쟁'이 벌어집니다.

5월 7일에 모리 가문이 쇼군 요시아키의 요청에 따라 노부나가 포위망에 가담하기로 했음을 규슈 쪽 다이묘들과 우에스기·다케다 등에게 알립니다. 이에 요시아키는 다시 다케다·호조·우에스기 간의 화해를 명하는 한편, 우에스기 겐신과 가가 지역의 잇코잇키 세력 사이의 관계는 잇코잇키의 본거지인 이시야마 혼간지의 주지 겐뇨에게 조정하도록 했습니다. 이에 따라 우에스기 겐신이 친親노부나가의 입장을 버리고 겐뇨와 화해해 또다시 노부나가 포위망이 완성된 것입니다.

7월 13일에는 이시야마 혼간지를 포위하고 있던 노부나가의 수군을 뚫고 모리 수군이 이시야마 혼간지에 식량을 성공적으로 전달합니다. 이시야마 포위망의 한 축이던 마쓰나가 히사히데가 사태의 추이를 살피면서 노부나가에 반기를 들었지만, 10월 10일에 노부나가의 심복인 아케치 미쓰히데의 공격을 받고 자살합니다. 그 후 노부나가는 도요토미 히데요시에게 교토와 규슈 사이의 주고쿠 지방을 공격하게 합니다.

1577년 6월에 아즈치성이 거의 완성되자 노부나가는 상인에 대한 세금을 감면해주는 '라쿠이치樂市'를 비롯해 도시 질서를 유지하고 상업 활동을 장려하는 등 13개조의 규정을 공포합니다. 이 시기에 조선 정부는 주자학적 세계관에 따라 고려시대부터 발달해온 상공업을 통제하고, 지방의 장시(場市, 5일마다 열리는 사설 시장)도 없애버립니다.[42] 조선왕조의 지배자와 일본 전국시대의 지배자들은 상업에 대해 정반대의 정책 노선을 선택한 것입니다.

1578년 2월에는 하리마 지역에 자리한 미키성三木城의 벳쇼 나가하루(別所長治, 1558~1580)가 모리 가문에 붙어서 노부나가에 반기를 들었습니다. 이른바 노부나가의 세력권이던 하리마 지역이 위험해진 것입니다. 그러나 하필 그때, 자기 영지 내의 장군들을 대규모로 동원해 이시야마 전쟁 당시의 포위망을 보여주는 지도.
오사카의 복잡한 수로가 이시야마 혼간지 측의 최대 우군으로 기능했다.

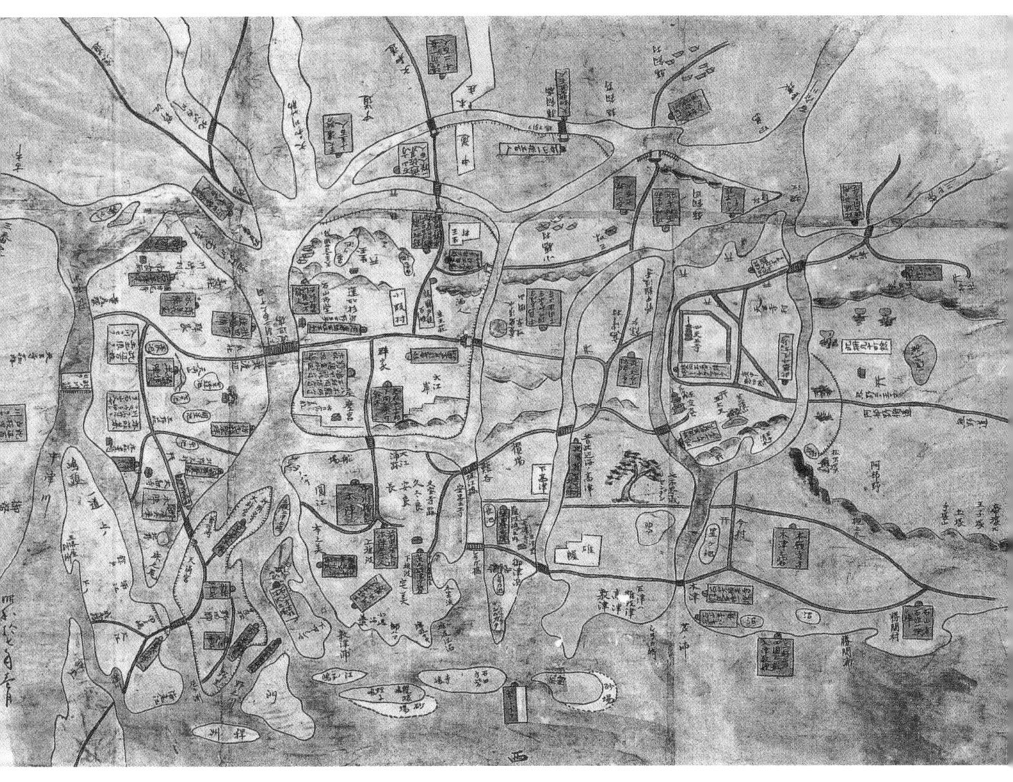

서 3월 15일 출전할 예정이던 우에스기 겐신이 3월 9일에 갑자기 쓰러져서 나흘 뒤 49세 나이로 죽음을 맞이합니다. 그의 죽음 뒤 우에스기 가문은 권력 승계 문제로 다투느라 더 이상 외부 전쟁에 신경을 쓸 수 없는 상황에 빠집니다. 오다 노부나가로선 또 한 번 위기를 벗어난 셈입니다. 다케다 신겐의 죽음에 이은 오다 노부나가의 두 번째 행운

우에스기 겐신.

입니다. 솔직히 저는 다케다 신겐과 우에스기 겐신이 살아서 전쟁을 계속했다면, 오다 노부나가와 도요토미 히데요시가 전국시대를 끝내는 주인공이 될 수 없었다고 생각합니다.

1578년 10월에는 노부나가 쪽 진영의 중부 일본 셋쓰 지역에 자리한 아리오카성有岡城의 아라키 무라시게(荒木村重, 1535~1586)가 반기를 들자 그 주변의 영주들도 동조합니다. 그 결과 교토·아즈치와 규슈 지역 간의 교통이 차단되는 한편, 쇼군 요시아키가 교토로 돌아가는 길이 열리게 됩니다. 11월에는 노부나가 수군과 모리 수군이 오사카만의 제해권制海權을 둘러싸고 해전을 벌인 끝에 노부나가 측이 승리함에 따라 노부나가가 반격의 기회를 잡게 됩니다. 노부나가는 이 해전에서 승리한 뒤 직접 이바라키성茨城城과 다카쓰키성高槻城을 함락시켰지만, 아라키 무라시게는 아리오카성에서 끝까지 잘 버텨냈습니다. 그는 1579년 9월에야 아마가사키성尼崎城으로 퇴각했고, 이시야마 혼간지가 함락된 1580년 8월에야 비로소 항복했습니다.

1578년 11월에 분고 지역의 오토모 소린이 사쓰마의 시마즈 요시히사(島津義久, 1533~1611)를 상대로 휴가의 미미카와日向耳川에서 전쟁을 벌였으나 패하고 맙니다. 이로써 북부 규슈에서 모리 가문에 대한 오토모 가문의 압력이 줄어들게 됩니다. 이에 모리 가문은 1579년 1월에 아라키 무라시게를 돕기 위해 출병하겠다고 선언하고, 다케다 가쓰요리에게는 교토를 향해 진군하라고 요청합니다. 서일본의 모리 가문과 동일본의 다케다 가문이 중간 지역의 노부나가를 협공할 태세를 취한 것입니다.

이를 막기 위해 노부나가는 오토모 소린에게 모리 가문의 배후를 칠 것을 요청합니다. 1579년 1월에 모리 가문의 중신 중 한 명인 스기 시게요시(杉重良, 1554~1579)가 오토모 측과 내통하여 부젠 지역에서 봉기함으로써 모리 군이 동쪽으로 진군하려던 계획이 무산됩니다. 3월에는 모리 측에 속해 있던 우키타 나오이에(宇喜多直家, 1529~1582)가 노부나가 측에 붙음으로써 노부나가에게 유리한 상황이 전개됩니다. 또 한 번 오다 노부나가의 적들이 내부에서 분열하고 배신한 것입니다.

유력한 적장들의 잇따른 갑작스러운 죽음, 적들의 분열을 유도하는 책략. 이른바 우연을 행운으로 바꾸고 필요할 때에는 주저 없이 책략을 펼친 것이 노부나가가 전국시대의 승자가 된 가장 중요한 요인이라 할 수 있겠습니다.

오다 노부나가의 죽음과 가톨릭 세력의 두 번째 불운

이 시기 가톨릭 세력의 동향을 살펴보면, 1576년 3월 10일 규슈의 영주 아리마 요시나오(有馬義直, 또는 아리마 요시사다, 1521~1577)가 안드레스Andrés라는 세례명을 받고 가톨릭으로 개종하고, 3월 말에는 교토 우바야나기초姥柳町에서 교회 상량식을 거행합니다. 이런 교회를 난반데라南蛮寺, 즉 남만인(유럽인)의 절이라고 부릅니다. 5월 26일에는 포르투갈의 정크선이 구치노쓰에 입항하고, 그 무렵 유럽과의 정기선이 나가사키로 들어옴에 따라 구치노쓰와 나가사키의 양대 항구 체제가 갖춰집니다.

이즈음 훗날 조선으로 건너오는 그레고리오 데 세스페데스가 나가사키에 도착하여 오무라에서 선교 활동을 시작합니다. 그는 1577년 편지에서 다음과 같이 낙관적인 전망을 드러냅니다.

> 아무리 (신부를) 많이 보내주어도 해야 할 일들에 비해서는 적은 숫자일 것임을 이해하실 줄 믿으며, 본인은 수년 내에 곧 일본 대부분 지역에서 하느님의 신성한 이름이 우러러 보이게 될 것을 확신합니다.[43]

아즈치성이 완성되자 자신의 생일인 1579년 5월 11일에 아즈치성 천수각天守閣에 들어간 노부나가는, 1580년 4월 9일 예수회에 수도원을 지을 땅을 내주었습니다. 1579년에 교토에서 포교하던 세스페데스는 당시 "이 지역의 천주교인들은 1만 4000~1만 5000명이 넘을 것이며, 이곳을 비롯해 다른 30개 왕국의 군주인 노부나가가 갈수록 우리의 신성한 신앙의 일들에 큰 관심을 보이고 있다"[44]며, 노부나가의 가톨릭 후원에 기대감을 표했습니다.

1579년부터 1587년 사이는 가톨릭 포교의 절정기였습니다. 세스페데스는 이 시기에 고니시 유키나가(세례명 아우구스티노)와 만나 임진왜란 때 조선으로 넘어오게 됩니다. 이에 앞서 아즈치성 완성 직후인 1579년 5월 27일에 노부나가는 당시 여러 지역에서 세력을 키우던 법화종法華宗, 즉 일련종日蓮宗을 탄압할 목적으로 법화종과 정토진종 고승들을 토론시킵니다. 이 토론은 노부나가의 압력에 의해 법화종의 패배로 끝나고, 법화종 승려들은 그 자리에서 법복이 벗겨지고 법화종 사찰들은 경제적 압력을 받게 됩니다. 이 사건은 일본의 통일 권력이 일련종을 탄압한 최초의 사건으로, 아즈치 종론安土宗論이라 불립니다.

중·근세 일본에서 특히 탄압의 대상이 된 것은 일련종 계열의 불수불시파不受不施派입니다. 불수불시파란 "일련종이 아닌 사람으로부터는 시주도 받지 않고 설법도 하지 않는다"는 주장을 관철하는 일파를 가리킵니다. 도쿠가와 이에야스는 1599년에 불수불시파의 시조인 니치오(日奧, 1565~1630)를 쓰시마로 유배 보내는 데 그치지 않고, 1630년 이미 저세상 사람이 된 니치오의 유골을 또다시 쓰시마로 유배 보내는 등 철저한 증오심을 드러냈습니다. 국가 권력보다 종교를 우선시하는 이들 일련종 불수불시파를 용납하지 않겠다는 이에야스의 입장은, 가톨릭을 탄압할 때와 동일합니다. 일련종 탄압은 근대에도 이어져서, 제2차 세계대전 때는 일련종 계열의 창가학회創価學会 초

불수불시파 시조 니치오.

대 회장인 마키구치 쓰네사부로(牧口常三郎, 1871~1944)가 전향을 거부하고 옥사하기도 했습니다.

일련종 불수불시파, 가톨릭, 여호와의 증인 그리고 공산주의자 등 일본 역사상 당대 정치 세력과 대치하다가 목숨을 잃은 사람들이 무수히 많습니다. 이런 사람들의 행적을 추적할 때마다 저는, 일부 한국인들의 '일본 사람들은 신앙심이 약하고 사상이 철저하지 않다'는 평가가 이상하게 느껴집니다.

1579년 7월 2일에는 순찰사 알레산드로 발리냐노를 태운 포르투갈 배가 구치노쓰에 입항합니다. 발리냐노는 일본 상황에 맞춘 포교 활동을 전개하자는 '적응주의' 입장을 취하여, 당시 일본 포교장이던 카브랄과는 다른 태도를 보였습니다. 덴쇼 소년사절단을 이끌고 로마에도 간 그는 오다 노부나가의 전성기인 1579~1582년, 도요토미 알레산드로 발리냐노.

1588년 예수회《일본연보》.

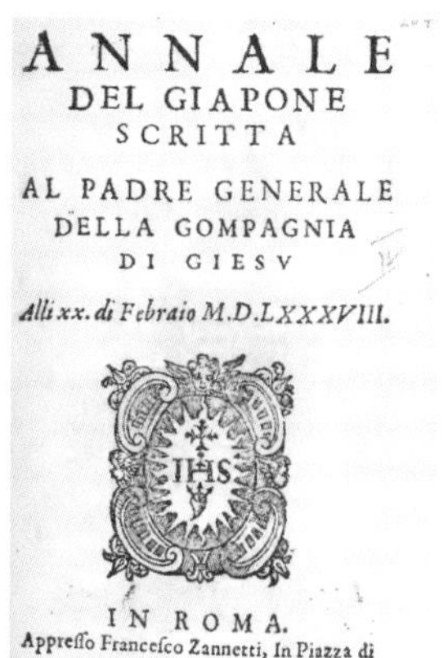
ANNALE
DEL GIAPONE
SCRITTA
AL PADRE GENERALE
DELLA COMPAGNIA
DI GIESV
Alli xx. di Febraio M.D.LXXXVIII.

IHS

IN ROMA.
Appresso Francesco Zannetti, In Piazza di
Pietra. 1590.

히데요시의 전성기인 1590~1592년, 도쿠가와 이에야스의 전성기인 1598~1603년에 일본에 체류하며 세 사람의 치세에 관한 귀중한 기록을 남겼습니다.

그 후 일본을 떠난 발리냐노는 마카오에서 마테오 리치의 중국 포교 상황을 시찰하는 한편으로 네 번째로 일본에 들어갈 기회를 모색했지만 끝내 뜻을 이루지 못했습니다. 그는 처음으로 일본을 방문한 1579년 11월 13일에 유럽과 일본 간에 편지를 주고받던 기존 방식을 바꾸어, 이날부터 매해 한 번씩 공식 보고를 보내도록 했습니다. 이 편지와 보고서는 16~17세기의 일본을 바깥에서 들여다볼 수 있는 귀중한 자료가 됐습니다. 일본에서는 이를 각각《일본통신》과《일본연보》라고 부릅니다.

아즈치성이 완성되고 일본 제패를 눈앞에 둔 시점에서, 노부나가는 이시야마 혼간지를 공격하는 것이 "무엇보다도 천하를 위한 일이며, 현재와 미래를 건 전쟁"[45]이라고 선언합니다. 그만큼 전국시대 일본, 그리고 노부나가의 통일 전쟁에서 종교 이데올로기에 의한 민중 봉기가 지배계급 전체에 위협적이었다는 뜻이기도 합니다. 19세기 이탈리아의 통일 전쟁 과정에서 로마 가톨릭의 교황령을 통일 대상으로 간주하여 공격할 것인가의 여부가 문제된 것과 비슷합니다.

상황이 이러하자 덴노가 중재에 나서서 1579년 12월과 1580년 3월 두 차례에 걸쳐 자신의 뜻을 전달하고, 3월 17일에는 노부나가가 중재 조건을 적은 서류를 혼간지 측에 제시합니다. 더 이상 동맹군을 구할 수 없다고 판단한 혼간지의 주지 겐뇨는 5개조의 혈판서약서血判起請文를 칙사에게 제출하고 덴노의 명에 따라 화의를 한다는 입장을 전달합니다. 사실상 항복이었습니다. 겐뇨는 4월 9일에 이시야마 혼간지에서 나왔지만, 아들 교뇨教如는 이 항복에 수긍하지 않고 여러 지역에 격문을 보내는 등 저항을 계속하다가 8월 2일에야 이시야마에서 나왔습니다.

당시 노부나가는 겐뇨를 죽이진 않았는데, 최소한의 체면을 살려줌으로써 일본 여러 지역의 잇코잇키 세력을 회유하려 한 것으로 보입니다. 이 방식은 맥아더가 쇼와 덴노昭和天皇를 제2차 세계대전의 전범戰犯으로서 처벌하거나 덴노 제도를 폐지하지 않고 그를 덴노로서 남겨둔 것과도 상통하는 정치술입니다.

겐뇨가 이시야마 혼간지에서 빠져나온 1580년 4월, 가가 지역에서는 시바타 가쓰이에(柴田勝家, 1522~1583)가 잇코잇키 세력의 거점인 가나자와金沢를 함락시킴으로써 93년에 걸친 잇키 세력의 자치 지역은 소멸하고 맙니다. 동시에 서쪽에서는 히데요시가 다지마·이나바·호키 지역을 공격하기 시작하고, 이에 맞서 모리 가문도 호키·빗추 지역에 진입합니다. 오다 노부나가와 모리 가문이 맞부딪치는 형국이 된 것입니다.

1580년쯤 되면 일본의 가톨릭 신자가 10만 명을 넘어섭니다. 당시 일본의 인구에 대해선 3천만 명 안팎이라는 추측이 있습니다. 어느 쪽이든 10만 명이라는 숫자는 무시할 수 없는 수준입니다. 그해 규슈 북부 히젠 지역의 영주 아리마 하루노부(有馬晴信, 1567~1612)가 프로타시오Protasius라는 세례명으로 발리냐노로부터 세례를 받고, 4월에는 아리마 지역에 신학교가 세워집니다. 아리마는 1584년 류조지 가문이 공격하자 예수회에 도움을 요청하고, 승리의 대가로 나가사키의 우라카미 지역을 교회에 기증하기도 했습니다. 오무라 스미타다도 1580년 4월 27일에 발리냐노에게 나가사키의 모기茂木 지역을 양도합니다. 두 가톨릭 장군이 예수회에 기증한 땅은 1587년에 히데요시가 〈가톨릭 신부 추방령〉을 발표하면서 모두 몰수해버립니다.

1581년 2월에는 노부나가가 교토에서 발리냐노를 만납니다. 그리고 일종의 군사 퍼레이드인 온우마조로에御馬揃를 개최하여, 교토와 주변 지역에 대한 지배를 확고히 하였음을 대외적으로 과시합니다. 6월에는 히데요시가 2만 명의 군대를 이끌고 모리 데루모토의 부하인 깃카와 쓰네이에(吉川経家, 1547~1581)의 돗토리성을 공격하여 10월 25일에 함락시킵니다. 이렇게 서일본을 공격하는 한편 노부나가는 1582년 2월 3일 동일본의 다케다 가쓰요리를 공격하기 시작합니다. 3월 2일에 시나노 지역의 다카토오성이 격전 끝에 함락되면서 다케

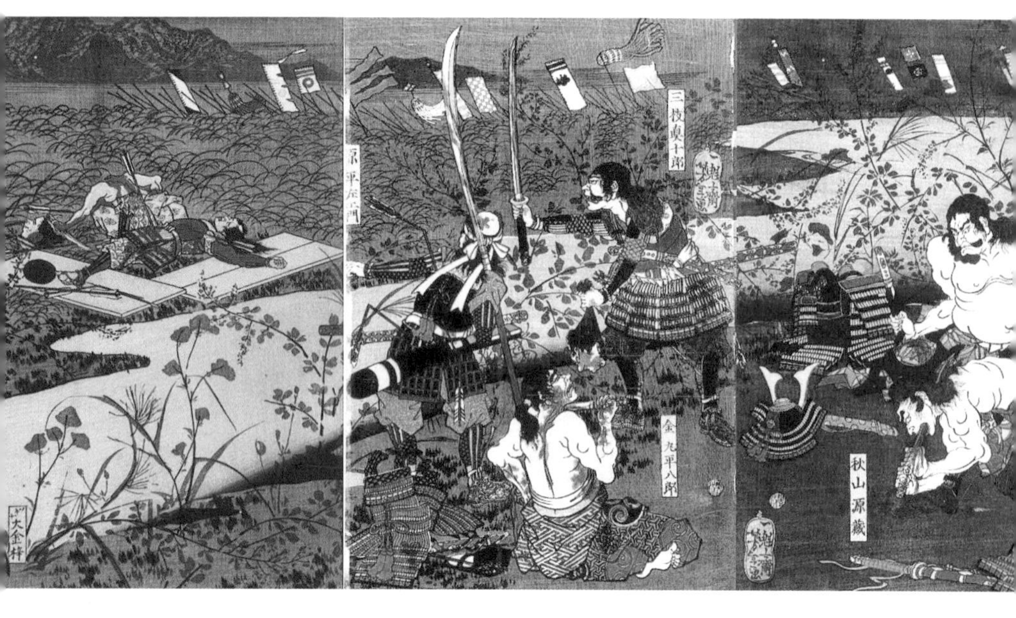

덴모쿠잔 전투에서 패한 뒤 다케다 가쓰요리가 할복하는 모습을 그린 목판화.

다 세력은 몰락하게 됩니다. 다케다 가쓰요리도 덴모쿠잔天目山 근처의 다노田野에서 마지막 저항을 하다가 3월 11일 자살하기에 이릅니다. 이로써 노부나가의 지배 영역이 간토 지역으로까지 확장됩니다.

그리고 운명의 1582년. 오무라 스미타다, 오토모 소린, 아리마 하루노부, 세 가톨릭 다이묘가 후원하는 소년사절단이 발리냐노와 함께 1월 28일 나가사키를 출항하여 로마로 향합니다. 이를 '덴쇼 소년사절단天正少年使節'이라고 합니다. 하지만 소년사절단이 1590년에 귀국했을 때는 이미 일본에서 히데요시의 가톨릭 탄압이 시작된 상태였습니다. 이토 만시오伊東マンショ, 나카우라 줄리안中浦ジュリアン, 하라 마르티뇨原マルティノ, 지지와 미겔千々石ミゲル, 이 네 명의 소년사절들 가운데 지지와 미겔은 가톨릭을 버렸고, 나머지 세 사람은 포교 도중에 병사 또는 순교했습니다. 그리하여 일본의 최고 권력자와 로마 교황 간의 직접 교섭은 허무하게 끝이 납니다.

이런 허무한 일은 한 세대 뒤에 반복됩니다. 1613년에 센다이를 출항하여 스페인과 로마를 방문하고 1620년에 귀국한 하세쿠라 쓰네나가 사절단의 경우도 마찬가지였습니다. 유럽과의 무역 관계를 맺고 싶어 한 센다이번 번주 다테 마사무네의 뜻에 의해 파견되었지만, 도쿠가와 이에야스가 1612년에 도쿠가와 막부령 내에서 가톨릭을 금지합니다. 하세쿠라 사절단이 일본을 떠난 이듬해인 1614년에는 일본 전국에 '가톨릭 금지령'을 내립니다. 결국 다테 마사무네도 유럽과의 교역을 포기하고 하세쿠라 사절단이 귀국한 직후에는 센다이 영지 안에서 가톨릭을 금지했습니다.

다른 사람들이 16~17세기 일본의 역사에 대해 어떤 이미지를 갖고 있는지 모르겠습니다만, 저는 크게 세 가지 사건이 떠오릅니다. 다케다 신겐과 우에스기 겐신의 갑작스러운 죽음으로 오다 노부나가가 일본을 거의 통일하는 행운을 거머쥔 일, 가톨릭의 보호자였던 쇼군 아시카가 요시테루와 오다 노부나가의 죽음, 덴쇼 소년사절단과 하세쿠라 유럽 파견 사절단의 헛된 미션이 그것입니다.

덴쇼 소년사절단이 나가사키를 출항하고 두 달 뒤인 3월 15일에는 히데요시가 히메지를 출발해서 빗추 지역의 다카마쓰성을 공격하기 시작합니다. 성주 시미즈 무네하루(清水宗治, 1537~1582)의 저항을 뚫지 못한 히데요시는 성 주변에 둑을 쌓아 수공水攻을 전개합니다. 4월 23일에는 덴노가 가주지 하레토요(勸修寺晴豊, 1544~1603)를 오다 노부나가에게 칙사로 보내 간토 지역의 평정을 축하하고, 다이조다이진太政大臣·간파쿠関白·쇼군将軍 가운데 무엇이든 원하는 직책을 주겠다고 제안합니다. 이 제안에 대해 노부나가가 어떤 답을 했는지는 알 수 없습니다. 가주지 하레토요의 일기에 따르면 딱히 답하지는 않았다고 합니다.[46]

다카마쓰성을 향한 수공이 진행되자 모리 세력도 방어 부대를 배치하기 시작합니다. 그 내용을 히데요시로부터 보고받은 노부나가는 서일본으로 직접 출전하기로 결정하고, 심복 아케치 미쓰히데에게 선봉을 서게 한 뒤 5월 29일 교토 혼노지에 주둔합니다. 서일본 공격을 명 받은 아케치 미쓰히데는, 우선 자신의 거점인 오미 지역의 사카모토성으로 돌아갔다가 5월 26일에 또 하나의 거점인 단바 지역의 가메야마성으로 갑니다. 그리고 27일에는 단바와 야마시로의 경계에 해당되며 교토를 내려다볼 수 있는 아타고산愛宕山에 올라가 밤새 무

덴쇼 소년사절단과 알레산드로 발리냐노를 그린 당시 유럽의 문헌.

Newe Zeyttung/auß der Inſel Japonien.

Retract vnd Contrafähung der vier Jüngling vnd Königklichen Geſandten auß Japon/wie ſie zu Mayland den 25. Julij ankommen/vnd den 3. Augusti von dannen wider verruckt.

Contrafähung der vier Jüngling vnd Geſandten auß Japon/mit namen Mancius/Julianus/Martinus/vnd Michael/ſo den 23. Martij des 1585. Jars/im Namen vnd an ſtat Franciſci Königs in Bungen/Prothaſij Königs in Arimania/vnnd Bartholomei Hertzogs zu Omura zu Rom ſich Bäpſtlicher Hayligkeit/beneben der heyligen Kirchen Gottes vnderworffen. Vnd nach dem ſie Neaples/Venedig/vnd Mayland beſucht/durch Hiſpanien wider haimbwartz gezogen ſein/ſampt einem Prieſter der Societet IESV, P. N. Meſchita genañt/der ſie im Chriſtlichen Glauben vnderwiſen/vnd die drey Jar/ſo ſie auß Japon biß gehn Rom/auff Waſſer vnd Landt jhr Raiß zugebracht/das gelayt geben. Deren die zwen erſten auß Fürſtlichem Geſchlecht von Omura/die andern zwen ſonſt von hohem vnd ſehr Altem Adel geborn. Alle vier aber von Natur/wie es jr Lands art mit bringt/gar Siñreiche/Hochverſtendige/vnd vber die maß wolkündige Leut/Wie an mehr orrten von jrer Nation in gemein/vnd von diſen vier ſonderbar geſchriben wirdt.

Getruckt zu Augſpurg/durch
Michael Manger.

Anno, M. D. LXXXVI.

다카마쓰성 수공(水攻)을 묘사한 목판화.
다카마쓰성(오른쪽 상단)을 향해 수공을 전개하는 히데요시의 배가 보인다.

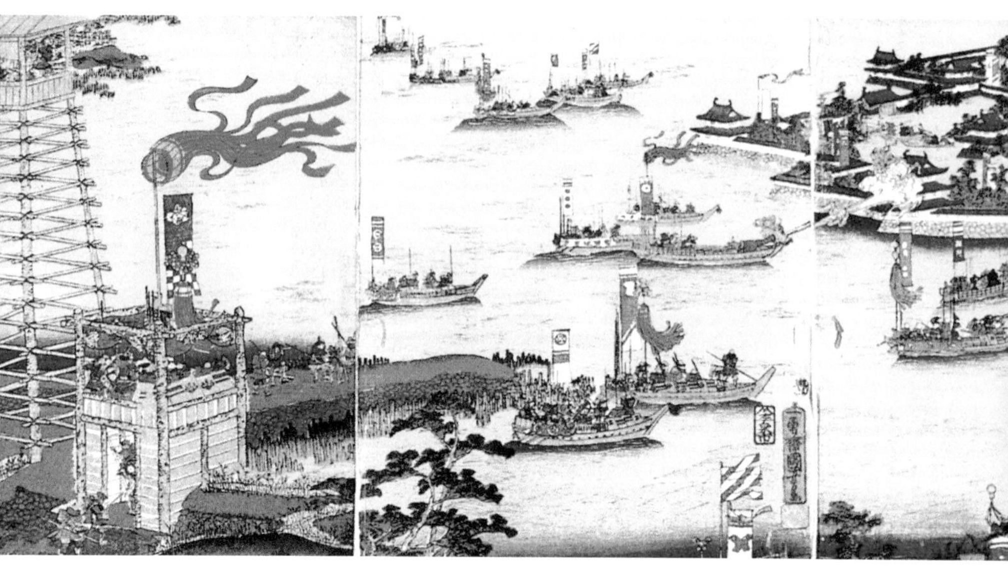

엇인가를 기원한 뒤에 사람들과 시를 낭송하는, 이른바 렌가카이를 엽니다. 당시 아케치가 읊은 렌가는 일본어 원어로 다음과 같습니다.

"도키와 이마 아메가 시타시루 고가쓰카나ときは今あめが下しる五月哉."

일본의 전통적인 정형시를 일컫는 '와카'에서는 하나의 단어를 여러 가지 중의적 의미로 해석하는 것을 중시하는데, 이 시도 두 가지로 해석됩니다. 평이하게 해석하면 "이제 계절은 비 내리는 오월이로구나"가 됩니다. 하지만 '도키とき'는 곧 '도키時'이니 아케치 미쓰히데의 본성本姓인 도키土岐와 발음이 같습니다. 또 '아메가 시타あめが下'는 '천하天下'라는 뜻도 됩니다. 시루しる에는 '다스리다'라는 뜻이 있고요.

아케치 미쓰히데가 오다 노부나가를 공격한
'혼노지의 변'을 그린 목판화

그러므로 이 시는 "이제 아케치 미쓰히데가 천하를 다스리는 오월이로구나"로도 해석됩니다.

이 와카는 혼노지의 변 당시 아케치 미쓰히데의 속마음을 드러낸 것이라고 보는 것이 통설입니다. 당시 교토는 군사적 공백 상태였으므로 거사를 할 천재일우의 기회로 봤을 것입니다. 그리하여 6월 2일 아케치 미쓰히데가 노부나가의 주둔지인 혼노지 절을 습격하자, 노부나가와 장남 노부타다信忠는 결국 자살을 합니다. 그때 노부나가의 나이는 우에스기 겐신이 죽은 나이와 같은 49세였습니다.

오다 노부나가의 후손들과 도요토미 히데요시

오다 노부나가가 죽은 다음 날인 1582년 6월 3일에 사망 소식을 들은 히데요시는, 이 사실을 비밀로 한 채 모리 측과 화해하여 다카마쓰성의 영주인 시미즈 무네하루의 할복을 이끌어 냅니다. 이날 저녁에야 모리 측이 혼노지 소식을 접했으나 이미 다카마쓰성은 히데요시에게 넘어간 뒤였습니다. 히데요시는 6일 낮까지 모리 측의 움직임을 확인한 뒤, 그날 저녁부터 퇴각하여 7일 히메지성에 도착했습니다. 성 안의 모든 재산을 장병들에게 나누어준 다음 9일 히메지를 출발하여 11일에 셋쓰 아마가사키에 도달했습니다. 가톨릭 다이묘인 다카야마 우콘 등도 모두 이곳으로 합류했습니다.

1582년 6월 13일 저녁, 야마자키 전투가 벌어진 지 두 시간도 채 안 되어 아케치 미쓰히데 측이 패하고, 아케치는 도피 중에 농민의 공격을 받고 결국 자결하고 맙니다. 이른바 '삼일천하'입니다. 나중에 있을 세키가하라 전투(1600년)에서, 전쟁에 패하고 도피 중이던 고니시 유키나가를 세키가하라 마을의 한 농민이 발견하고 어서 도망가라고 권유하자, 고니시가 오히려 자신을 데려가면 포상을 받을 것이라고 말한 것과는 대조적입니다.

히데요시는 6월 25일쯤 기요스淸洲에 도착해서 회의를 열고, 시바타 가쓰이에가 지지하는 오다 노부타카(織田信孝, 1558~1583, 노부나가의 7남)가 아닌, 히데요시가 지지하는 세 살짜리 어린 맏손자 산포시(三法師,

오다 히데노부(산포시).

오다 히데노부)가 오다 가문을 이어받도록 결정합니다. 산포시는 임진왜란 중인 1596년경에 세례를 받지만, 히데노부 같은 고위 다이묘가 가톨릭 신자가 되었다가는 히데요시의 분노를 사서 가톨릭 박해를 가속화할 수도 있기 때문에 한동안 이를 비밀로 했습니다. 산포시는 비밀리에 신앙생활을 하며 주변 인물들을 개종시키다가, 히데요시가 죽은 뒤에는 공공연히 자신의 종교를 드러내어 1599년 1월 20일에 자신의 영지인 기후에 교회를 세웠습니다.

마찬가지로 고니시 유키나가도 주군 히데요시가 가톨릭을 금지할 때는 개인 차원의 신앙생활을 해오다가, 히데요시가 죽자 영지 내의 주민들을 대거 개종시킨 바 있습니다. 두 사람은 1600년 세키가하라 전투에서 함께 서군西軍 측에 서기도 했지만, 고니시 유키나가가 가톨릭 신자로서 할복할 수 없어서 자진하여 처형된 데 반해 오다 히데노

오다 노부나가의 장례식 장면을 묘사한 19세기 중기 소설《다이토쿠지 쇼코바》.

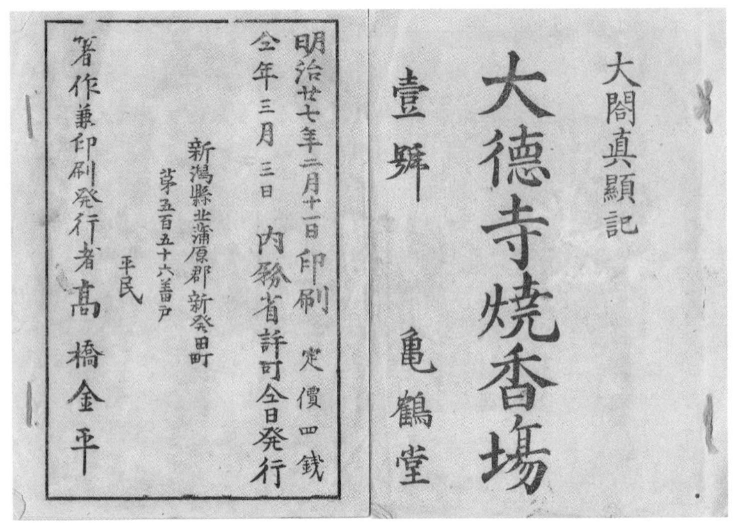
大閤真顯記
大德寺燒香場
壹 [illegible]
亀鶴堂

明治廿七年二月十一日印刷 定價四錢
仝年三月三日 内務省許可仝日発行
新潟縣北蒲原郡新発田町
第五百五十六番戸
平民
著作兼印刷発行者 髙橋金平

부는 할복하려다 주변인의 만류로 투항하여 훗날 병으로 죽고 맙니다. 고니시 유키나가는 가톨릭 신자로서의 정체성이 무사로서의 정체성보다 컸고, 오다 히데노부는 그 반대였던 것입니다.

기요스에서 회의를 마친 히데요시가 7월 11일 교토 혼고쿠지 절을 찾자, 귀족들이 잇따라 그를 방문하면서 마치 노부나가의 후계자인 것처럼 대했습니다. 히데요시는 교토 남쪽의 야마자키에 새로운 성을 쌓고, 10월 15일에 교토 다이토쿠지大徳寺 절에서 노부나가의 장례를 거행함으로써 자신을 노부나가의 후계자인 것처럼 보이게 했습니다.

노부나가의 후계자로서 급부상한 히데요시에 대항해서, 노부나가의 두 아들인 오다 노부카쓰(織田信雄, 1558~1630)와 노부타카는 도쿠가와 이에야스를 우군으로 끌어들이고자 합니다. 1582년 말 히데요시가 노부타카의 기후성을 함락하고 그곳에 있던 산포시를 아즈치로 옮겼으나, 노부타카가 도움을 기대했던 이에야스는 움직이지 않았습니다.

1583년 1월에 히데요시는 노부카쓰를 아즈치로 불러들여 주군으로 대접하며 산포시 대신 그에게 정치를 맡기기로 합니다. 그리하여 2월 말부터는 시바타 가쓰이에(오다 노부타카 측)와 히데요시(오다 노부카쓰 측)의 대치가 시작됩니다. 히데요시에게 항복했던 노부타카가 4월 16일에 기후성에서 군사를 일으키자, 시바타 측도 이에 동조하여 20일 사쿠마 모리마사(佐久間盛政, 1554~1583)가 히데요시 측을 공격합니다. 양측은 오미 지역의 시즈가타케賤ヶ岳에서 충돌했고, 히데요시 측이

오다 노부카쓰.

시바타 가쓰이에.

시즈가타케 전투 장면을 그린 목판화. 히데요시(그림 오른쪽)가 시바타 진영을 내려다보고 있고, 그 옆으로 칠본창(七本槍)이라 불리는 시즈가타케 전투의 훈공자들이 함께 있다.

승리하자 시바타는 기타노쇼北ノ庄로 퇴각해버립니다.

히데요시는 시즈가타케 전투가 끝나자마자 유력한 다이묘인 고바야카와 다카카게(小早川隆景, 1533~1597)에게 "일본의 정치는 가마쿠라 막부의 창설자인 미나모토노 요리토모 이래 가장 좋다"[47]며 자신의 업적을 자랑합니다. 히데요시는 23일 기타노쇼성을 함락시키고 일본의 최강자로 자리매김합니다. 그리고 히데요시에 반기를 든 노부타카는 형 노부카쓰에 의해 자살하도록 내몰립니다. 이후 셋쓰 지역을 지배하게 된 히데요시는 오사카성 건설을 시작하여 1584년 8월 초에 입성하는데, 1587년 9월에는 교토의 주라쿠다이聚樂第로 옮겨갑니다.

히데요시와 협력 관계를 유지해온 오다 노부카쓰는, 히데요시의 세력이 나날이 커지자 도쿠가와 이에야스에게 접근합니다. 그가 1584년 3월 6일 부하 셋을 히데요시와 내통했다는 이유로 할복시킨 것은, 사실상 히데요시에 대한 선전포고였습니다. 이미 노부카쓰와 연락을 취하고 있던 이에야스는 다음 날인 7일에 하마마쓰에서 출전합니다. 히데요시도 기다리고 있었다는 듯 10일에 오사카에서 출전해 11일에 오미로 들어갔습니다.

노부카쓰는 이에야스와의 연명連名 서한을 보내 조소카베長宗我部 가문 및 기슈 지역 네고로·사이가의 잇키 세력 등에게 오사카 공격을 요구했습니다. 이에야스도 동맹 관계인 호조 가문에 원군을 요청하고 엣추 지역의 삿사 나리마사(佐佐成政, 1536~1588)에게 연락을 취했습니다. 이에 맞서 히데요시 역시 각지의 우호 세력을 결집시킵니다. 4월 6일에 두 세력은 고마키小牧·나가쿠테長久手에서 전쟁을 시작합니다.

이 전쟁은 6개월 동안 이어졌고, 10월 하순에 히데요시가 이세 북부 지역을 침공해 노부카쓰에게 압박을 가함으로써 11월 15일 양측은 회견을 갖고 화의를 맺습니다. 히데요시는 이 회견에 참가하지 않은 이에야스에게 사절을 보내 화의를 요청합니다. 이에야스도 노부카쓰가 화해했으므로 자신도 이견이 없다며 이에 응했습니다. 자신은 어디까지나 노부카쓰의 요청에 응했을 따름이라는 명분을 내세운 것입니다. 이후 이에야스는 차남인 오키마루於義丸를 히데요시에게 양자로 보내는 등 인질 교섭을 계속했으나, 1585년 말에 교섭이 결렬됨에 따라 히데요시는 이에야스를 칠 공격을 준비하게 됩니다.

1584년에는 스페인 출신인 그레고리오 데 세스페데스가 지금의 오사카 다카쓰키高槻의 수도원장에 임명됩니다. 7월에는 스페인의 정크선이 히라도에 입항해서 이 지역 영주인 마쓰라 가문으로부터 무역을 제안받습니다. 이때부터 마닐라에서 일본 포교를 희망하는 가톨릭 신자들이 생겨나고, 탁발수도회원 네 명이 일본으로 오게 됩니다. 이제까지 포르투갈의 독무대였던 일본에 스페인이란 플레이어가 등장한 것입니다. 이러한 사태에 반발한 예수회 측이 발 빠르게 움직인 끝에, 1584년 12월 28일 교황 그레고리오 13세는 예수회만이 일본에서 포교할 수 있다는 칙서를 발포하고, 이듬해 1585년 2월 22일에 덴쇼 소년사절단 일행과 공식 면담을 갖습니다.

1585년이 되자 히데요시는 기슈의 사이가·네고로슈를 비롯해, 시코쿠의 조소카베 가문, 엣추의 삿사 나리마사를 공격하기 시작합니다. 먼저, 3월 21일에 오사카에서 출전하여 23일에는 네고로지根来寺 절을 공격하고, 24일 사이가 지역의 잇키 세력을 제압합니다. 이때 또 하나의 주요한 종교 세력이자 네고로지 절과 경쟁 관계에 있던 고야산高野山 측이 모쿠지키 오고木食応其의 중재에 힘입어 히데요시에게 귀순합니다. 히데요시는 "고야의 모쿠지키가 아니라, 모쿠지키의 고야라고 칭해야 한다"[48]라고 할 정도로 그의 공을 높이 치켜세웠습니다.

이어 6월에는 시코쿠의 조소카베 가문에 대한 공격을 시작했는데, 조소카베가 저항하지 않고 강화를 요청하였기에 히데요시도 8월 초에 이에 응했습니다. 하치스카 이에마사, 고바야카와 다카카게, 안코쿠지 에케이, 구루시마 미치후사 등이 시코쿠에 영지를 받았으며, 이들은 모두 임진왜란 때도 병력을 이끌고 출전합니다.

그 사이 1585년 7월 11일에 히데요시가 덴노의 최고 보좌관에 해당하는 간파쿠에 취임하면서 히데요시의 본래 성姓이 노부나가와 같은 다이라平에서 후지와라藤原로 바뀝니다. 최하급 무사의 아들로 태어나서 노부나가의 휘하에서 성장한 히데요시가 교토 귀족 가문의 권위를 빌려 노부나가로부터 정신적으로 독립한 것이라고도 해석할 수 있습니다.

그로부터 한 달 뒤인 8월에 시코쿠 공격이 대략 끝나가자, 이번에는 엣추의 삿사 나리마사를 공격하기 위해 교토를 출발했습니다. 삿사가 8월 26일에 머리를 깎고 항복하자, 히데요시는 삿사에게 준 영지 이외의 나머지 엣추 지역 일대를 가가 지역의 번주이자 마에다 가문의 시조인 마에다 도시이에(前田利家, 1539~1599)의 아들 마에다 도시나가(前田利長, 1562~1614)에게 주었습니다. 아버지 도시이에는 오다 노부나가 시절에는 노토 지역을 하사받고 1583년 히데요시에게 항복한 뒤에는 가가 지역을 받았는데, 이번에는 그 아들이 엣추 지역을 하사받음으로써, '가가백만석加賀百万石'이라 불릴 정도로 넓고 풍요로운 이 지역에 대한 마에다 가문의 지배가 이즈음 확립됩니다.

이상과 같은 히데요시의 일본 통일 과정에 대해 세스페데스는 1585년에 다음과 같이 보고합니다. 이 편지는 이른바 히데요시의 통일 전쟁에 대한 유럽 측의 관전 보고서라고 하겠습니다.

이제부터 일본 왕국들의 내부 상황에 관하여 요약하여 말하겠습니다. 이미 말씀드렸듯이 천하의 군주인 지쿠젠도노(히데요시)는 단시일 내에 노부나가 군주와 비교할 수 있을 정도로, 일본에 존재하는 가장 강력하

'가가백만석'의
마에다 도시이에.

고 두려운 실력자가 되었습니다. 그는 자신의 노력으로 전 일본을 수중에 넣었으며 그에게 대항할 적이 아무도 없게 되었습니다. 왜냐하면 그에게 대항해 일어난 자들은 모두 죽임을 당했거나 그에게 복종을 하게 되었습니다. (중략) 그러한 방식으로 전 일본의 절대군주가 되었습니다. 그는 오직 무력과 힘으로 아주 손쉽게 매 차례마다 10만 명의 군사를 배치하여서 일본의 모든 왕국을 손아귀에 넣었습니다. 이번 달에는 그가 아무런 할 일이 없자 전 일본을 그의 의도대로 개혁하고자 하였습니다. (중략) 이전 상태보다 더 좋아진 예는 거의 없으나, 몇 명 안 되는 예 중에 우콘도노 주스토(다카야마 우콘)가 있는데 그는 하시마 영주로 임명되었

습니다.[49]

16~17세기의 역사적 전환기에 일본에 와 있던 유럽인들의 기록은 일본에서 제작한 기록에는 빠져 있는 사건과 인물들을 풍부하게 담고 있습니다. 예를 들어 위에서 인용한 세스페데스의 편지는 여타 장군들이 맥없이 히데요시 앞에 무너졌고, 가톨릭 다이묘인 다카야마 우콘이 히데요시에게 우대받은 사실을 강조하고 있습니다.

전국시대가 끝나고 정치 질서가 확립되는 에도시대에는 가톨릭에 대한 우호적인 언급이 일절 금지됩니다. 도쿠가와 막부를 창설한 이에야스에게 맞서다가 처형당한 고니시 유키나가, 주군에 대한 충성보다 가톨릭 신앙을 더 우선시하여 결국 필리핀으로 추방된 다카야마 우콘과 같은 가톨릭 다이묘에 대해, 일본 내부 기록에서는 위의 세스페데스의 편지 내용과 같은 우호적인 언급을 거의 찾아볼 수가 없습니다. 즉 고전 중국어(한문)나 고전 일본어로 기록한 문헌만 봐서는 당시 가톨릭 세력의 실체를 이해하기가 어렵습니다. 거의 한 세기 동안 일본에 막대한 영향을 끼친 가톨릭 세력에 대한 이해 없이 16~17세기 일본을 이야기해서는 이 시대의 전모를 파악할 수 없다는 사실을, 일본과 세계 역사를 공부할수록 더더욱 절감합니다.

16~17세기 일본의 한 측면을 극명하게 관찰한 이들 유럽인의 기록은, 18~19세기 조선에서 양반 집단이 기록하려 하지 않은 중·하층 및 소외 지역의 상황에 대해 프랑스 선교사 달레(C. H. Dallet, 1829~1878)가 쓴《한국천주교회사》와 같이 귀중한 가치를 지닙니다. 특정 시대를 들여다볼 수 있는 기록이 하나만 있을 때와 두 개 이상

있을 때는 둘 다 보는 것이 당연합니다.

다행히 최근에는 일본에서도 유럽 가톨릭의 자료를 통해 16~17세기 일본을 연구하려는 움직임이 활발하게 일어나고 있습니다. 마치 고대 중국을 연구할 때 땅속에서 갑골문자나 백서帛書, 죽간, 목간 같은 출토 문헌이 나오기 전에 제작된 문헌과, 막대한 양의 출토 자료를 활용하는 20세기 후반 이후의 연구 내용이 달라지는 것과 같습니다. 마찬가지로 출토 문헌의 연구 성과를 반영하지 않은《주역》해설서를 읽는 것은 헛된 일이 될지 모릅니다. 백 년 뒤의 세계인들은 지금과는 아주 다른 방식으로 고대 중국을 이해하게 될 것입니다.

이제 규슈로 눈을 돌려 보겠습니다. 1582년 혼노지의 변 이후 규슈는 서북쪽의 류조지 가문, 동북쪽의 오토모 가문, 중남부의 시마즈 가문이 다투면서 이른바 '규슈 삼국지' 양상을 띠고 있었습니다. 그러다가 1584년 5월 규슈 북부 히젠 지역의 영주인 아리마 하루노부를 공격하던 류조지 다카노부(龍造寺隆信, 1529~1584)가 아리마 측을 도우러 온 시마즈 측의 구원군에 패해 전사한 다음 시마즈 세력이 북부 규슈에까지 위세를 떨치기 시작했습니다. 이에 위기감을 느낀 오토모 가문이 히데요시에게 구원을 요청하자, 히데요시는 1585년 10월 2일 시마즈 가문의 제15대 당주 시마즈 이에히사(島津家久, 1547~1587)에게 전쟁 중지를 명하는 덴노의 칙명을 전달합니다. 일본 역사상 최초의 막부인 가마쿠라 막부를 세운 미나모토노 요리토모(源頼朝, 1147~1199) 시절부터 이 지역을 다스려온 전통 있는 시마즈 가문을 제어하기 위해서는, 제 아무리 뛰어난 히데요시라도 덴노의 권위를 빌려와야 했습니다.

류조지 다카노부.

역시나 시마즈 측에서는 "히데요시는 근본 없는 자이고, 우리 시마즈 가문은 미나모토노 요리토모 님으로부터 면면히 이어지는 가문이니, 간파쿠 행세하는 히데요시 같은 놈에게는 답장조차 할 필요가 없다"[50]는 의견이 나왔습니다. 하지만 덴노의 명령이므로 결국 이를 받아들이기로 합니다. 시마즈 측에서는 오다 노부나가가 제시한 강화 조건을 오토모 측이 먼저 깼기 때문에 이 전쟁을 시작한다는 입장을 표명했습니다.

한편 도쿠가와 이에야스와의 인질 교섭이 난항에 빠지자 히데요시는 1585년 말에 이에야스를 공격하기로 결심했다는 뜻을 다이묘들에게 전달하고, 1586년 1월에 출정한다는 뜻을 표명했습니다. 그러자 오와리 지역에 있던 오다 노부카쓰가 둘 사이를 중재한 끝에 양측은 간신히 화의에 이르렀습니다.

히데요시는 이에야스가 먼저 화의를 요청했으므로 사면해준다는 입장을 취했지만, 실은 여동생 아사히朝日를 이에야스의 정실로 보내고, 고후·시나노 지역의 지배를 이에야스 뜻에 맡기도록 했기 때문에 히데요시의 일방적인 승리는 아니었습니다. 한편 이에야스는 히데요시와의 강화가 성립된 직후 호조 우지마사와 만나 양자 간 우의를 재확인함으로써 나름대로 후속 조치를 취했습니다.

그 뒤로도 한동안 이에야스가 교토로 올라오지 않자, 히데요시는 어쩔 수 없이 9월에 자신의 어머니 오만도코로(大政所, 1513~1592)를 이에야스에게 인질로 보냅니다. 어머니에게 깊은 애정을 지니고 있던 히데요시가 이렇게까지 한 것은, 그만큼 이에야스의 복속을 필요로 했기 때문입니다. 히데요시의 거듭된 압박과 회유 앞에서, 이에야스도 어쩔 수 없이 10월 14일에 하마마쓰를 출발해서, 오만도코로가 오카자키에 도착한 걸 확인한 뒤에 교토로 올라가 히데요시를 만나 "무엇이든 간파쿠 님 뜻대로 하겠다"[51]는 의사를 표했고, 히데요시는 간토 지역을 이에야스에게 맡긴다는 의사를 표했습니다.

11월 11일에 이에야스가 오카자키로 돌아가고, 12일에는 오만도코로가 오카자키를 출발해서 히데요시에게 돌아갔습니다. 이에야스가 교토를 출발하기 전날인 11월 7일에는 오기마치 덴노가 고요제이덴노(後陽成天皇, 재위 1586~1611)에게 양위하는 즉위식이 있었는데, 이때 히데요시는 다이조다이진(太政大臣, 지금의 총리)으로 승진하고 도요토미豊臣성을 받게 됩니다. 명실상부한 도요토미 히데요시의 탄생입니다.

이에야스와의 관계를 정립하기 위해 분주히 움직이던 1586년 3월 16일, 히데요시는 오사카성에서 예수회 소속 초대 일본 준관구장인

1 히데요시가 이에야스의 부인으로 보낸 여동생 아사히.

2 히데요시의 어머니 오만도코로.

1

2

가스파르 코엘류(Gaspar Coelho, 1530?~1590)를 비롯해 루이스 프로이스, 오르간티노 그네키-솔도, 그레고리오 데 세스페데스, 로렌소 등 30명이 넘는 가톨릭 신부 및 수도사를 면담합니다. 이 자리에서 양쪽은 조선과 명나라를 공격하기 위해 필요한 서양식 군함과 항해사를 히데요시에게 제공하는 안건에 대해 논의를 가졌습니다. 그런데 이 자리에 참석한 가톨릭 인사들 가운데 프로이스는 히데요시가 먼저 신부들에게 그런 요청을 했다고 주장하는 반면, 오르간티노는 프로이스와 코엘류가 먼저 그런 제안을 해서 히데요시가 기뻐했다고 주장합니다. 누가 먼저 군함 이야기를 꺼냈는지에 대해 프로이스와 오르간티노의 말이 정반대인 것입니다. 임진왜란 직전에 히데요시를 만나고 귀국한 황윤길과 김성일의 의견이 정반대였던 것처럼, 당시 일본에서 활동하던 가톨릭 신부들 간에도 출신 국가와 소속 수도회, 개인 성향에 따라 일종의 파벌이 형성되어 있었기 때문에 이런 현상이 나타났다고 할 수 있습니다.

마쓰다 기이치는《도요토미 히데요시와 남만인豊臣秀吉と南蛮人》에서, 여러 정황상 코엘류와 프로이스 쪽에서 먼저 히데요시에게 군함과 항해사를 제공하겠다고 제안한 것으로 추측합니다. 코엘류는 2년 전부터 스페인 측이 일본의 가톨릭을 군사적으로 지원해야 한다는 요청을 필리핀 쪽에 지속적으로 보내왔습니다. 때마침 필리핀에서 활동한 최초의 예수회원 가운데 하나인 알론소 산체스(Alonso Sánchez, 1547~1593)가 명나라 정복 계획을 스페인 본국에 전달하기 위해 필리핀에서 막 출발하려던 참이었습니다. 산체스는 1583년부터 중국을 정복해서 개종시키자는 주장을 필리핀과 멕시코에서 펼쳐왔습니다.

1586년에 이르러 드디어 총독이 이 구상을 승인하고 그를 마드리드로 보내 국왕에게 보고하라고 한 것입니다.[52]

알론소 산체스를 비롯한 가톨릭 신부들은 명나라에서 활동 중이던 마테오 리치를 앞세워 쉽게 명나라를 정복할 수 있을 거라 생각했습니다. 프로이스는 원래 중국 포교를 꿈꾸던 사람이었습니다. 그래서 히데요시가 조선·명나라 공격 계획을 언급하자, 이 기회에 중국을 가톨릭 국가로 만들 수 있겠다고 기대한 코엘류와 프로이스가 먼저 군사적 원조를 하겠다고 제안했으리라고 추측해볼 수 있습니다.

루이스 프로이스가 쓴《일본사》(총 12권)를 일본어로 완역한 마쓰다 기이치가 이러한 추측을 하는 것을 보면서,《일본사》가 16세기 일본 상황을 이해하는 데 큰 도움이 되는 책이긴 하지만, 당연하게도 그 내용을 너무 쉽게 믿어서는 안 된다는 사실을 새삼 깨닫게 됩니다. 호전적인 성격을 보여준 코엘류와 달리 온건한 포교 자세를 지켜온 순찰사 발리냐노 역시 스페인이 일본을 공격하는 것에는 반대했지만 중국 정복 구상에는 찬성했다는 사실이 최근 밝혀지고 있다고 마쓰다 기이치는 지적합니다.

05

조선과 가톨릭

국립중앙박물관 소장

도요토미 히데요시가 해결하지 못한 두 가지

1587
〈가톨릭 신부 추방령〉 발포/
가톨릭 다이묘인
오무라 스미타다,
오토모 소린 사망

1588
히데요시가
조선 침공 준비/
〈해적 활동 금지령〉,
〈도수령〉
(농민·승려 무기 몰수) 시행

1589
가스파르 코엘류가
마카오의
가톨릭 세력에
군사 지원 요청

1590
발리냐노가
덴쇼 소년사절단과
함께 나가사키로
돌아옴/

1590
조선통신사
(황윤길·김성일)
일본 방문

1591
히데요시가 조카 히데쓰구에게
간파쿠 직을 물려주고
자신은 다이코가 됨/
일본 최초의 가톨릭 서적
《산토스의 작업 발췌본》 출판

1592
임진왜란

1592
페드로 모레혼 신부가 임진왜란 포로로 끌려온 조선인에게 세례를 줌

1593
도요토미 히데요리 출생/
히데요시가 명나라에 항복한다는 〈관백항표〉 작성

1593~94
그레고리오 데 세스페데스 신부가 한반도 남해안 웅천성에 머물다

1594
나이토 조안이 명나라 황제와 면담

1595
히데요시가 히데쓰구 일파를 척결

1596
임진왜란 화의 교섭 결렬로 히데요시가 조선 재침공 결정

1596
스페인 선박 '산 펠리페호' 사건 발생

1597
일본의 조선 재침공 (정유재란)

1597
나가사키 26성인 순교 사건

1598
도요토미 히데요시 사망

1600

1587년,
가톨릭 신부 추방령이 포고되다

도쿠가와·우에스기 등 동부 일본의 유력 다이묘들을 평정한 뒤 히데요시는 쓰시마의 제17대 당주 소 요시시게(宗義調, 1532~1589)에게 서한을 보내 동일본이 평정되었음을 전하고, 자신이 직접 규슈로 갈 것이며, "고려에도 군대를 보낼 것"[53]이라고 밝힙니다. 히데요시는 1586년 7월까지 시마즈 측의 답신을 기다리는 동안, 모리 데루모토에게 편지를 씁니다. "부젠·히젠 지역에서 인질을 취하고 군량미를 확보해 직접 조선을 건너갈 것"이라며 준비 사항을 당부합니다. 규슈 평정에 이어 조선을 공격할 구상이었음을 알 수 있습니다.

그러나 히데요시의 규슈 분할안에 반대한 시마즈 가문의 제16대 당주 시마즈 요시히사가 6월 13일 히고 지역의 야쓰시로로 출전합니다. 오토모 측이 이 소식을 6월 28일에 히데요시에게 전했으나 7월

10일에야 교토에 전달됩니다. 연락이 전해지는 데 대략 열흘이 걸린 셈입니다. 이 시간 간극이 임진왜란 때는 한 달 정도로 늘어납니다.

오토모 측으로부터 연락을 받은 히데요시는 시마즈 정벌을 결심하고, 시코쿠의 다이묘들에게 선봉에 설 것을 명합니다. 뒤이어 주고쿠 지역 다이묘들을 앞장서게 하고, 그다음에 자신의 가족인 도요토미 히데나가(豊臣秀長, 1540~1591), 도요토미 히데쓰구(豊臣秀次, 1568~1595) 및 비젠·하리마·단바·미마사카·기이·아와지 지역의 군대를 동원했습니다. 이처럼 공격 타깃에서 가장 가까운 지역의 다이묘부터 차례로 선봉에 설 것을 명하는 것이 히데요시의 출진 방식이었습니다. 그래서 임진왜란 때에도 규슈 지역의 히데요시 측근들이 선봉에 선 것입니다. 최근 한국 일각에서는 히데요시가 정권 안정을 위해 유력

쓰시마번을 다스리던 소 요시시게. 임진왜란 발발을 막기 위해 분투했으나 결국 실패했다.

히데요시의 가족인 도요토미 히데나가(왼쪽)와 히데쓰구.

다이묘들을 제거하려고 조선에 먼저 보냈다는 말을 하는데, 그렇게 생각할 근거는 없습니다.

히데요시는 1587년 시마즈 가문을 진압하기 위해 규슈 정복 전쟁을 시작할 당시 독특한 방식을 구사합니다. 이 전쟁을 통해 얻을 것이 별로 없는 가모 우지사토(蒲生氏郷, 1556~1595, 세례명 레오) 등의 가톨릭 영주들의 의욕을 고취시키는 차원에서 가모 우지사토, 구로다 요시타카(黒田孝高, 1546~1604, 세례명 돈 시메온), 다카야마 우콘, 고니시 유키나가와 같은 가톨릭 다이묘들을 하나의 부대로 구성했습니다. 전국시대 일본사 연구자인 후지타 다쓰오藤田達生는 불교도인 시마즈 가문으로부터 탄압받는 규슈의 가톨릭 신자를 해방시킨다는 명분과 동기의식을 불어넣으려는 히데요시의 조치였다고 추정합니다.[54] 당시 루이스 프로이스는, 규슈로 출전하는 가톨릭 장병들이 십자가로 장식된 갑주를 차려입고 행진하는 모습을 보고 크게 감탄했다고 적고 있습니다.

> 어떤 사람은 십자가를 투구에 장식하고, 어떤 사람은 깃발에 장식하고, 또 어떤 사람은 옷에 그려 넣었다. 그들은 이런 차림으로 무장한 채로 교회를 방문하여 신부들에게 작별 인사를 했는데, 노부나가의 자손인 오다 히데노부(산포시)는 상아로 만든 아름다운 로사리오(묵주)를 목에 걸고 있었다.[55]

임진왜란 당시 선봉대인 고니시 유키나가의 제1군에 가톨릭 다이묘들과 신자들을 집중 배치한 것도 이와 비슷한 동기에서였으리라고 저는 짐작합니다. 그리고 이러한 가톨릭 다이묘 부대를 편성한 것만 보면, 히데요시가 규슈 정복을 실행할 시점까지만 해도 가톨릭 세력을 노골적으로 탄압하려는 생각은 갖고 있지 않았음을 짐작할 수 있습니다.

막상 규슈 공격이 시작되었지만, 시마즈 가문과 지리적으로 가장 가까운 곳에 있던 모리 가문이 움직이지 않자 그사이 시마즈 측이 지쿠고·지쿠젠 지역을 공격했습니다. 히데요시의 참모인 가톨릭 다이묘 구로다 요시타카가 모리 데루모토에게 참전을 독촉하고 나서야, 8월 중순에 모리 가문이 규슈 공격을 결정하고 9월 말부터 규슈로 건너가기 시작했습니다. 시코쿠 세력은 8월에 규슈섬 동북쪽 부젠 지역으로 건너갔습니다. 이에 시마즈 측은 한편으로는 변명의 편지를 보내고 다른 한편으로는 부젠을 침공했습니다. 그리고 12월 13일에 분고의 구로다 요시타카. 가톨릭 다이묘로서 규슈 정복 전쟁에 참가했다.

헤쓰기가와 전투(규슈 정복 전쟁의 전초전으로, 시마즈 가문 군대와 오토모-히데요시 연합군이 벌인 전투)에서 시마즈 세력이 오토모 요시무네(大友義統, 1558~1605) 및 시코쿠 군을 물리치고 분고를 점령하게 됩니다.

1587년 1월 25일, 이 소식을 들은 히데요시는 측근인 우키타 히데이에를 비롯하여 10만여 명의 군대를 출정시키고 자신은 3월 1일에 오사카를 출발했습니다. 4월 6일에는 시마즈 군이 농성 중이던 남부 휴가 지역의 다카성高城을 포위하고 17일 시마즈 본대를 격파함으로써 시마즈 측에 결정적인 패배를 안겨 줍니다. 이윽고 히데요시가 5월 3일 사쓰마의 다이헤이지泰平寺 절에 진을 치자, 8일에 시마즈 요시히사가 머리를 깎고 와서 사면을 요청했습니다. 가톨릭 신부들이 입수한 정보에 따르면, 사실 이때 히데요시 측은 더위와 폭우, 군량미 운송 문제로 크게 고생하고 있었기 때문에 "만약 사쓰마 영주가 닷새만 늦게 간파쿠(히데요시)에게 갔다면, 간파쿠는 군대를 철수시키고 체면을 손상시켰을 것"[56]이라고 합니다. 1582년 다카마쓰성을 공격하던 와중에 노부나가가 죽었을 때, 모리 가문 쪽에서 그 사실을 알기 전에 유리한 조건으로 성을 함락시킨 게 첫 번째 행운이라면 이것은 히데요시의 두 번째 행운입니다.

시마즈 측의 항복을 받아들인 뒤, 히데요시는 1587년 5월 18일 다이헤이지 절을 출발해서 일단 남하했다가 히고를 거쳐 하카타로 가서 하코자키 하치만구에 본진을 치고 다시 한 번 규슈 분할령을 발표합니다. 그러고 나서 〈가톨릭 신부 추방령〉을 내립니다. 저는 이것을 일본 역사에서 하나의 결정적 순간이라고 생각합니다.

애초에 권력을 잡았을 때 도요토미 히데요시는 주군인 오다 노부나가와 마찬가지로 가톨릭 보호 정책을 펼쳤으며, 오사카에도 교회를 건설하게 하고 포교도 허가했습니다. 1586년 2월 13일에는 예고 없이 오사카의 가톨릭교회를 방문하는가 하면, 한 달 뒤 3월 16일에는 오사카성에서 예수회의 초대 일본 준관구장 가스파르 코엘류 및 루이스 프로이스 등을 만나기도 했습니다. 이러한 상황에 고무돼 가톨릭 포교에 낙관적인 입장을 갖고 있던 프로이스는 1586년 11월 20일 시모노세키에서《일본사》1549~1578년 부분의 집필을 끝마쳤습니다.

물론 일본 곳곳에서 가톨릭 세력에 대한 견제 움직임도 있었습니다. 1586년 세스페데스가 고니시 유키나가의 지배하에 있던 쇼도시마·무로 지역에서 포교 활동을 하고 세례를 준 일이 있는데, 그 과정에서 무언가 문제가 있음을 감지하고 포교 속도를 늦추게 됩니다. "우리는 사태를 파악하고서 당시 오사카에 있던 아우구스티누스와 협의할 때까지는 더 이상의 소란과 동요를 일으키지 않기로 결심했습니다."[57] 이는 가톨릭에 대한 히데요시의 속마음을 알고 있던 고니시 유키나가의 부탁에 의한 것으로 생각되며, 이러한 소극적인 자세 때문에 고니시는 선교사들로부터 신앙에 충실하라는 질책을 받기도 했습니다.

고니시가 본격적으로 자기 영지에서 가톨릭 포교를 허용한 것은 주군 히데요시가 죽은 뒤부터였습니다. 주군이 허가하지 않았기에 포교하지 못했으나, 그 주군이 사망했으므로 이제는 자신의 신앙을 드러내겠다는 것이었습니다. 다카야마 우콘이 신앙과 충성심 가운데 신앙을 택했다면, 고니시 유키나가는 충성심이 신앙에 우선했달까,

아니면 공적인 충성심과 사적인 신앙의 절충을 택한 쪽이라고 할 수 있습니다.

이 점에 대해 고니시 유키나가 연구의 일인자인 도리즈 료지鳥津亮二는 다음과 같이 설명하고 있습니다.

> 조선 출병은 1598년에 끝납니다. 히데요시가 죽었기 때문입니다. 따라서 고니시 유키나가 등도 일본으로 돌아옵니다. 그런 뒤에 고니시 유키나가가 무슨 일을 했는가 하면 가톨릭을 포교합니다. 이제까지는 히데요시가 살아 있었기 때문에 그가 살아 있는 동안에는 포교할 수 없었습니다. 하지만 히데요시가 죽었으므로 포교한다는 거죠. 고니시는 이렇게나 알기 쉬운 사람입니다. 엄밀히 말하면 '고니시가 포교한다'라는 것은 이상한 표현이고, '고니시가 자신의 영지에서 예수회의 포교 활동을 장려했다'는 것이 실상에 맞습니다. 《일본연보》에는 1599년 우토와 야쓰시로에서 포교 활동을 한 기록이 실려 있는데, 여기에 따르면 이 두 도시가 포함된 히고 지역에서 갑자기 폭발적으로 가톨릭 신자가 늘어난 것으로 보입니다.[58]

히데요시는 1587년 6월 10일에도 하카타만에 정박해 있던 포르투갈의 소형 범선 후스타로 예수회 신부들을 만나러 가는 등 규슈 정복을 완료한 직후까지도 예수회와 가톨릭 세력에 대해 여전히 우호적인 태도를 보이고 있었습니다. 그러다가 6월 19일 밤, 다카야마 우콘에게 '재산과 지위를 지키고 싶으면 가톨릭을 버리라'고 명령합니다. 우콘이 이를 거부하자, 그의 영지를 몰수하고 예수회 일본 준관구장 포르투갈의 소형 범선 후스타.

인 가스파르 코엘류를 심문했습니다. 그리고 다음 날 아침, 가톨릭 포교를 금지하고 신부를 추방한다는 5개항의 명령서를 발표했습니다. 이것이 〈가톨릭 신부 추방령〉입니다.

시마즈 세력을 공격하기 위해 규슈에 온 히데요시에게 당시 무슨 일이 있었을까요? 규슈 곳곳이 예수회령으로 되어 있고 가톨릭 신자들이 절과 신사를 파괴하고 있으며, 포르투갈 상인들이 일본인 노예들을 구입해서 나라 바깥으로 데려가고, 가톨릭 다이묘들이 자기 영지 내의 주민들을 강제 개종시키는 모습을 보고 충격을 받았기 때문일 것으로 짐작됩니다. 하지만 규슈 정복이 완료된 시점과 카톨릭 신부 추방령이 발표된 시점 사이에 히데요시의 생각이 왜, 어떻게 바뀌었는지를 정확히 알려주는 자료는 없습니다.

이탈리아 출신의 예수회 선교사인 프란시스코 파시오(Francisco Pasio, 1552~1612) 신부는 추방령이 발표되고 몇 달 뒤에 로마로 다음과 같은 편지를 보냅니다. "히데요시는 신부들이 종교적인 열의에서 일본에 온 것이 아니라 통치욕·정복욕 때문에 왔다고 믿고 있으며", 히데요시가 일찍이 이 문제를 노부나가에게 제기한 바 있지만 노부나가는 "그 문제에 대해선 잘 인지하고 있지만, 그렇게 먼 곳에서 그런 계획을 실현할 만한 병력을 일본에 보내는 것은 불가능하다"라고 답했다고 적혀 있습니다.[59] 또한 가톨릭 신부들이 영주들을 가톨릭으로 개종시킨 뒤 영지 내의 피지배민들을 강제 개종시키고 절과 신사를 파괴하며, 승려들처럼 절 안에서만 설법을 하는 게 아니라 적극적으로 돌아다니며 포교하는 것을 히데요시가 경계했다는 설도 있습니다. 아무튼 16~17세기 일본 역사에서 매우 불가사의한 사건 가운데 하나입니다.

히데요시의 가톨릭 포교 금지령은 두 가지 형태로 전해지고 있습니다. 하나는 나가사키현 히라도의 마쓰라 사료박물관에 소장된 필사본으로, 모두 5개조로 되어 있습니다. 흔히 금지령의 내용을 언급할 때에는 이 필사본을 이용합니다.

이세 지역에 자리한 진구문고神宮文庫에는 6월 18일에 기록한 11개 항목의 가톨릭 금지령을 담은 《고슈인시시키코카쿠御朱印師職古格》라는 필사본이 전합니다. 이 11개 항목의 금지령에서 히데요시는 개인이 가톨릭을 믿는 것은 문제가 없지만 어느 정도 이상의 권력을 가진 사람은 가톨릭을 믿기 전에 정부 허가를 받아야 하며, 영주가 자기 영지 내의 피지배민을 강제 개종시키는 것은 금지한다고 선언합니다. 특히 제10조에서는 "중국·남만·고려에 일본인을 파는 것은 잘못된 일이다. 일본에서 사람을 매매하는 것을 금지한다"고 하고, 제11조에서는 "소와 말을 매매하고 죽여서 먹는 것도 잘못된 일이다"라고 말합니다.[60]

포르투갈 상인들이 일본인 노예를 전 세계로 판매한 것은 널리 확인된 사실인데, 히데요시는 일본인 노예가 조선으로도 수출되고 있다고 생각한 듯합니다. 이 부분을 확인할 만한 조선 측 문헌은 본 적이 없습니다만, 흥미로운 대목임에는 틀림없습니다. 조선에 대한 히데요시의 이러한 인식이 임진왜란 때 어떤 형태로든 반영되었을 가능성이 있기 때문입니다. 또한 소나 말을 먹는 것을 비난거리로 삼은 점도 불교적인 입장에서 육식을 피하고 주로 생선을 먹어온 전통시대 일본인다운 관점입니다.

히데요시가 추방령을 내리기 직전에 코엘류 신부를 심문할 때에도 동일한 질문을 한 것을 보면, 그가 일본인 노예 문제와 유럽인들이 소·말을 먹는 것을 심각한 문제로 생각하였음을 알 수 있습니다. 다만 가톨릭 신부들은 포르투갈인이 일본인 노예를 매매하는 것을 지속적으로 문제삼아왔고, 1570년에는 포르투갈 국왕에게 일본인 노예 매매 금지령을 발표하게 만들기도 했습니다. 이에 대해 마쓰다 기이치는《도요토미 히데요시와 남만인》에서 히데요시가 포르투갈 노예 상인에게 해야 할 비난을 가톨릭 신부들에게 잘못 한 것이라고 지적합니다.

히데요시가 1587년 6월 20일 〈가톨릭 신부 추방령〉을 발령하기 직전에, 규슈 지역의 유력한 가톨릭 다이묘인 오무라 스미타다(1587년 5월 18일 사망)와 오토모 소린(1587년 5월 23일 사망)이 공교롭게 잇따라 사망해, 유럽인 선교사와 일본인 가톨릭 신자들은 정치적으로 타격을 입었습니다. 가톨릭의 정치적 후원자가가 되어준 인물들이 잇따라 죽은 데다 〈가톨릭 신부 추방령〉까지 포고됨에 따라, 하카타·나가사키·모기·우라카미 등지의 교회 영지가 몰수되고 각지의 교회가 파괴되었습니다. 이러한 사태에 놀란 예수회 일본 준관구장인 가스파르 코엘류는 일본의 모든 신부들을 히라도로 모이게 했습니다. 히라도는 도쿠가와 막부가 나가사키를 청나라·네덜란드와의 무역항으로 지정하기 전까지 일본에서 가장 중요한 대외 무역 항구로서 기능하던 곳입니다.

〈가톨릭 신부 추방령〉이 발령된 이후에도 유럽인 가톨릭 신부들은 여전히 낙관적인 입장을 견지하고 있었습니다. 갑자기 뒤바뀐 상황에도 불구하고 어떻게든 희망을 버리지 않으려 했습니다. "추방령이 선포된 이후에도 새로이 약 1만 명이 개종하고 세례를 받았다"[61]고 적힌 세스페데스의 편지는 희망을 버리지 않는 그들의 심정을 잘 보여줍니다. 동시에, 《고슈인시시키코카쿠》에 전하는 11개조의 내용대로 "히데요시는 고위급 인사가 아닌 사람들이 자발적으로 가톨릭을 믿는 것을 금지하지 않았다"는 사실도 짐작케 합니다.

유력한 가톨릭 다이묘인 다카야마 우콘은 그 본보기로서 영지와 재산을 몰수당하고, 한동안 고니시 유키나가의 영지(쇼도시마·히고 지역) 등을 전전하다가 1588년에 마에다 도시이에의 초청을 받아 가가 지역으로 옮겨가 살게 됩니다. 프로이스의 1588년 2월 20일자 편지에 따르면, 히데요시는 우콘에게 "가톨릭을 포교하는 데 이렇게까지 힘을 기울이고, 신과 부처의 절을 파괴하며, 가신들을 자유의지에서가 아니라 강제적으로 가톨릭 신자로 개종시키는 자는 나를 잘 모실 수 없다. 가톨릭을 버리지 않으면, 내가 준 영지에서 추방하겠다"라고 협박했다고 합니다. 그러자 우콘은 이렇게 답했다고 합니다. "저는 가톨릭 신자이고, 가신들도 가톨릭 신자로 만든 것을 저의 큰 재산이라고 생각하고 있습니다. 그것이 데우스(신)를 섬기는 길이라고 믿기 때문입니다. 이 가르침 이외에 구원은 없습니다. 만약 이 가르침 때문에 저를 추방하신다면 저는 기꺼이 추방될 것이고 영지도 돌려드리겠습니다."[62]

프로이스도 《일본사》에서, 다카야마 우콘이 지배하던 다카쓰키성 근처의 마을에서 사람이 죽었을 때 그 사람의 관을 우콘이 친히 들어서 피지배민들을 감동시켰다고 적고 있습니다. 죽은 사람의 관을 드는 것은 당시에는 천민이 하는 일이었는데, 그런 천한 일을 영주가 직접 했기 때문입니다.

저는 이 대목에서 프랑스 선교사 달레가 《한국천주교회사》에 쓴 내용 가운데, 이른바 양반, 평민, 노비라는 신분 차별을 뛰어넘은 조선의 가톨릭 신자들을 떠올리게 됩니다. 조선인 순교자 박취득 라우렌시오는 자기를 고문하는 관리들에게 다음과 같이 말하고 1799년에 순교합니다. "이것을 잘 알아주십시오. 세상이 마칠 때 모든 나라가 없어진 다음에는 양반과 서민, 임금과 백성의 구별이 없이 모든 연령층의 모든 사람이 구름을 타고 하늘에서 내려오신 천주 성자 앞에 모일 것입니다."

또한 심문관으로부터 "너는 양반집 자식이니 저 무식한 백성하고는 다르지 않으냐. 거기다가 너같이 잘생긴 사람이 어찌 그 고약한 교를 믿겠다고 고집을 부릴 수가 있단 말이냐"라는 회유의 말을 들은 이경언 바오로는, "가톨릭에서는 상하의 구별도, 반상(양반과 상민)도, 잘나고 못난 얼굴의 구별도 없고 다만 영혼만이 구별될 수 있습니다"라고 답하고 1827년에 순교했습니다.

그리고 신태보 베드로 역시 심문관이 "너는 양반이냐"라고 묻자, "한번 가톨릭을 믿게 되면 양반과 상민의 차이가 없어집니다"라고 답하고 1839년에 순교했습니다.

이처럼 16~17세기 일본과 18~19세기 조선에서 가톨릭이라는 종교를 믿은 사람들이 저마다 자기 나라의 강고한 신분제도에 저항한 모습은 참으로 인상적입니다.

히데요시가 발령한 〈가톨릭 신부 추방령〉을 잘 읽어보면, 단순하게 유럽과 담을 쌓고 교류하지 않겠다는 입장을 담고 있는 것이 아님을 알 수 있습니다. 전체 5개조로 이루어진 〈가톨릭 신부 추방령〉을 보면, 1~3조에는 신국 일본에서 사교邪教인 가톨릭을 포교하는 것을 금지하고 신부들에게 20일 내로 귀국하라고 하지만, 4~5조에서는 가톨릭 신앙을 퍼뜨리면서 불교의 가르침을 방해하지만 않는다면 유럽 상인들이 일본에 건너와서 장사하는 것은 전혀 문제가 되지 않는다는 입장을 표명하고 있습니다.

신앙과 무역을 분리하는 이러한 정책은 오다 노부나가와는 구분되는 히데요시의 독자적인 정책입니다. 훗날 도쿠가와 막부가 신앙과 무역을 분리해서 접근한 네덜란드 동인도회사 사람들에게 나가사키 데지마의 거주를 허가한 정책의 출발점이라 하겠습니다. 중세 일본-유럽 교섭사 연구자인 마쓰다 기이치는 이러한 유럽과의 외교야말로 히데요시의 외교 정책 가운데 진정으로 독창적인 것이었다고 평가합니다. 요약하자면 히데요시 정권과 도쿠가와 일본, 명나라와 청나라도 가톨릭 세력이 정치·군사적으로 위협이 되지 않는 한 유럽과의 관계를 끊지 않았습니다. 이 점에서 중국과 일본은 같았고, 조선은 달랐습니다.

1592년,
대륙 정복 전쟁의 시작

1587년에 히데요시는 조선 국왕에게 신하로서 입조入朝할 것을 요구합니다. 같은 시기에, 삿사 나리마사가 다스리는 히고 지역(7월 말)을 비롯해 히젠 지역(9월 말), 부젠 지역(10월 중순)에서 잇따라 잇키가 발생합니다. 이러한 움직임은 히데요시의 규슈 정복에 대한 현지의 반감이 컸음을 보여줍니다. 1588년 3월경 잇키가 진압되자 히데요시는 그 책임을 물어 삿사 나리마사를 할복하게 하고, 고니시 유키나가와 가토 기요마사(加藤清正, 1562~1611)에게 삿사의 영지를 나누어줍니다. 이는 조선 공격을 위해 이들을 전방에 배치하려는 사전 조치로 이해됩니다.

뒤이어 1588년 7월에는 해적 활동을 금지하는 '가이조쿠초지레이海賊停止令', 그리고 농민·승려 등으로부터 무기를 몰수하는 '가타나가리레이刀狩令'가 발령됩니다. 먼저 가이조쿠초지레이는 무역 상인, 해상 용병傭兵을 비롯하여 바다를 근거지로 삶을 영위하던 해민海民들이 무장하는 것을 금지하기 위한 조치입니다. 20세기 후기 일본 역사학계를 대표하는 연구자 가운데 한 명인 아미노 요시히코가《고문서 반납 여행》(글항아리, 2018)에서 소개하는 후타가미·마나베 가문이 그러하듯이, 이들은 중세의 한 시기에 해상무역의 요지에서 발호해 중앙 권력과 항쟁하였습니다. 육지의 잇키를 진압하듯이 이들의 해적 활동을 금지한 목적은 여러 가지일 것입니다. 피지배민의 저항 수단을 빼앗고, 조선 공격에 앞서 해상 운송력을 확보하며, 명나라와의 감합무역勘合貿易이 재개될 상황에 대비해 선제적으로 안정 조치를 취한 것으로 해석됩니다.

한편 가타나가리레이 조치를 취할 때는, 무기를 모두 몰수해서 불상을 만들고 농민은 농기구를 만들어 농사를 지어 자자손손 번성하라는 뜻에서 이런 명령을 내리는 것이라며 회유합니다. 이렇게 수거된 무기는 조선 침략 등에도 활용된 것으로 보입니다. 가타나가리레이의 첫 사례로 시바타 가쓰이에가 1576년에 에치젠 지역에서 발령한 것을 들 수도 있는데, 명령의 적용 범위는 에치젠 지역으로 한정되고 그 실체도 정확히 알 수 없습니다.

히데요시가 처음으로 내린 가타나가리레이도 1585년 4월 네고로·사이가 지역의 잇키 세력을 진압한 뒤 기이 지역을 점령하는 정책의 일환이었습니다. 하지만 1588년에는 그 범위가 전국적으로 확대되었습니다. 이 명령의 목적은 분명합니다. 더 이상 피지배집단이 무장해서 무사 집단에 항거하거나 서로 간의 분쟁을 자체적으로 무력 해결하는 것을 방지하고, 평상시에 전투를 전문으로 하는 군사 집단을 존속시켜두는 병농분리兵農分離를 추진하기 위함이었습니다. 이는 피지배집단이 무장하거나 용병이 계약에 따라 활동하던 행위를 중단시키고 군사력을 국가가 독점하는, 이른바 군대의 '관료화' 방향으로 나아가던 같은 시기 유럽의 경향과도 상응합니다.

일각에서는 류큐왕국 제2차 상씨 왕통의 상진(尚真, 1465~1526)왕이 민간으로부터 무기를 몰수했는데, 이것이 일본의 가타나가리레이에 앞선다는 이야기가 전해지기도 합니다. 그러나 류큐왕국의 전쟁에 류큐왕국 제2차 상씨 왕통인 상진왕의 오고에.

대한 연구를 진행한 우에자토 다카시上里隆史에 따르면, 이는 상진왕의 업적을 기록한 비석 〈모모우라조에노란칸노메이百浦添之欄干之銘〉의 네 번째 구절을 거꾸로 해석한 것이라고 합니다. 해당 구절은 다음과 같습니다. "옷은 비단으로 만들고, 그릇은 금과 은으로 만들고, 칼과 활을 모아서 나라를 지키는 도구로 삼는다. 우리 나라의 재산과 무기는 다른 나라에 비할 바 없이 풍요롭다服裁錦綉器用金銀専積刀剣弓矢以為護国之利器此邦財用武器他州所不及也." 이 구절에서 "칼과 활을 모은다"라는 부분을 이제까지 "백성으로부터 칼과 활을 수거한다"라고 해석해왔다는 것이 우에자토 선생의 지적입니다.[63]

여기서 잠시 류큐왕국에 대해 살펴보겠습니다. 1429년에 상파지(尚巴志, 1372~1439)가 제1차 상씨 왕통을 열고, 상파지의 아들 상태구(尚泰久, 1415~1460)의 치세인 1458년에 자신들이 중개무역으로 번성하고 있음을 과시하는 '만국진량의 종萬國津梁之鐘'을 제작합니다. 그리고 제1차 상씨 왕통의 7대왕이 죽은 뒤인 1470년에 이 왕조의 관료였던 상원(尚圓, 1415~1476)이 제2차 상씨 왕통을 엽니다.

1477년 상진이 즉위하면서 중앙집권국가가 확립되고 15세기에는 여러 국가들과의 중개무역으로 번영하지만, 16세기 중기에 포르투갈인이 동부 유라시아에 진출하면서 중개무역이 쇠퇴하기 시작합니다. 결정적으로 1609년 시마즈 군에 점령당하면서 류큐왕국은 사실상 일본의 일부가 됩니다. 하지만 시마즈 측은, 청나라와 류큐 사이의 조공무역에서 생기는 이익을 챙기기 위해 류큐를 형식상 독립국으로 남겨둡니다. 1879년 '류큐 처분琉球処分'이라는 이름으로 일본에 병합되기 전까지 류큐가 독립왕국으로 존재한 사연입니다.

1879년 일본에 병합된 이후에도 '탈청인脫淸人'이라 불리는 일부 지배층이 상국上國 청나라로 망명해서 류큐왕국의 부활을 위해 활동했습니다. 임세공(林世功, 1841~1880)은 류큐 처분 및 청·일본에 의한 류큐 분할 통치안에 항의하여 1880년 11월 20일 베이징에서 독극물을 마시고 자살하고, 채대정(蔡大鼎, 1823~?)은 청나라에서 객사했습니다. 이런 저항에 부딪혀 청나라와 일본은 류큐 문제를 결론짓지 못하다가, 1894~1895년 청일전쟁 때 청나라가 패하면서 류큐왕국의 부활은 완전히 무산됩니다. 류큐왕국의 이러한 망국의 모습은 10년 뒤 러일전쟁 이후 조선에서도 되풀이됩니다.

1588년 2월 19일(음력 1월 23일) 교황이 일본 주교구를 창설하여 세바스티앙 데 모라이스(Sebastiao de Morais, 1536~1588)를 초대 일본 주교로 임명했습니다. 프란치스코 하비에르가 1549년 일본에 도착한 뒤 40년간 가톨릭의 교세가 눈부시게 커졌지만, 시기상조라는 이유에서 일본에는 한동안 독립된 주교구가 설치되지 않았고, 1576년에 설치된 마카오 주교구가 중국과 함께 일본을 관할하고 있었습니다. 그러다가 순찰사 발리냐노가 1582년에 유럽으로 데려간 덴쇼 소년사절단이 교황청에 강한 인상을 주면서 1584년 고아(인도의 포르투갈령 지역) 대주교구에 속하는 일본 주교구 설치가 결정됩니다. 일본 주교구의 주교좌主敎座는 '분고 지역의 가톨릭 국왕 돈 프란치스코' 오토모 소린의 지배 지역인 후나이에 설치하기로 정해집니다.

그러나 이 시기 일본에선 히데요시의 〈가톨릭 신부 추방령〉이 내려진 상태였습니다. 추방령이 발령되기 한 달 전에 오토모 소린이 사망하자 곧바로 가문을 이은 오토모 요시무네는 가톨릭 신자를 박해하기 시작했습니다. 그리고 초대 일본 주교에 임명된 모라이스는 일본으로 가던 도중 희망봉에서 병에 걸려 8월 20일에 아프리카 모잠비크에서 사망했습니다. 그야말로 온갖 악재가 거듭되는 형국이었습니다.

이러한 상황에서 이듬해 1589년 1월 말, 일본 준관구장인 코엘류가 벨키오르 데 모우라Belchior de moura 신부를 마카오로 파견하여 군사적 지원을 요청합니다. 코엘류는 처음에 일본의 가톨릭 다이묘들에게 서로 연합하여 나가사키 방어 계획을 세우고 히데요시에게 맞설 것을 제안했으나 거절당합니다. 이어 마닐라·마카오·고아에 편지를 보내 200~300명의 병사와 무기를 보내달라고 요구합니다. 코엘류의 제안은 순찰사 발리냐노를 비롯하여 일본에 있는 대부분의 유럽인 신부들로부터 거부당하지만, 그의 제안에 찬성한 몇몇 유럽인들 가운데 한 명인 벨키오르 데 모우라가 마카오로 건너간 것입니다. 그리하여 포르투갈인들은 약간의 무기를 일본으로 보내줍니다. 그런 와중에 1590년 6월 20일 덴쇼 소년사절단을 데리고 나가사키로 돌아온 발리냐노가 히데요시와 협의하여 선교사 탄압 수위를 완화시키면서, 포르투갈 측이 일본에 보낸 무기는 마카오로 되돌려 보내기로 합니다.[64]

제가 이 사건을 흥미롭게 여기는 것은, 전근대 명나라·일본·조선이 각각 다른 형태로 유럽 군대의 침공 위기를 겪었거나 겪을 뻔했는데, 각기 다른 상황에 놓여 있던 세 나라가 저마다 다른 방식으로 대응해나가는 모습을 보여주기 때문입니다. 명나라는 16~17세기에 거듭된 유럽 가톨릭 국가들의 공격을 막아냈습니다. 히데요시의 일본은 유럽의 공격을 받을 뻔한 위기를 넘겼으며, 조선은 1801년 황사영 백서 사건 때 조선 가톨릭 신자들이 자진해서 청나라와 유럽의 가톨릭 세력에게 군사 지원을 요청한 바 있습니다.

이 코엘류-모우라 사건은 16~17세기 일본이 겪을 뻔한 최대의 대외적 위기였습니다. 다만 히데요시가 일본을 거의 통일한 상태였기 때문에 만약 실행되었다고 해도 포르투갈 및 네덜란드가 명나라를 공격했다가 실패하고 마카오와 타이완을 점령하는 데 만족하는 것과 비슷한 수준의 결말을 맞이했으리라 생각합니다. 만약 일본이 거의 통일된 16세기 말이 아니라 분열이 한창이던 16세기 중반에, 포르투갈이나 스페인이 일본을 공격했다면, 아스테카·잉카·말라카 등이 내부 분열로 멸망한 것처럼 일본도 위기를 겪었을지 모릅니다. 아무튼 코엘류의 대담하다고 해야 할지 무모하다고 해야 할지 평가하기 곤란한 군사 지원 요청 시도는 무위로 끝나고, 일본 가톨릭 세력의 융성과 쇠락을 모두 지켜본 그는 1590년 4월 4일에 사망합니다.

외국으로부터 침략 위기를 넘긴 1589년 11월, 히데요시는 간토 지역의 패권자인 호조 가문에 대한 공격을 결정합니다. 히데요시는 1583년에도 호조 가문이 간토의 다른 영주들과 전쟁하는 것을 멈추게 하도록 도쿠가와 이에야스에게 중재를 부탁한 바 있으나, 이때는 히데요시와 이에야스의 관계가 호전되지 않은 데다 고마키·나가쿠테 전투가 터지는 바람에 호조 가문에 대한 안건이 유야무야되어버렸습니다. 그러다가 1586년 10월에 이에야스가 교토로 자신을 찾아와 신하로서 예의를 갖추자, 히데요시는 이에야스에게 3년 전과 동일한 부탁을 합니다. 이에 호조 우지나오(北条氏直, 1562~1591)의 삼촌인 호조 우지노리(北条氏規, 1545~1600)가 교토로 올라와서 히데요시를 알현하고, 이것이 신하의 예를 취한 것이라고 받아들인 히데요시는 간토 지역 영주들 간의 국경을 확정할 사절을 파견합니다.

그러나 호조 가문이 이 결정에 불복하고 군사행동을 일으킵니다. 히데요시는 이를 명분 삼아 1590년 3월 1일에 총공격에 나섭니다. 호조 가문 측의 저항이 거셌지만 6월 23일 간토 지역의 요새 가운데 하나인 하치오지성八王子城이 함락되고 맙니다. 더 이상의 저항이 무의미하다고 판단한 호조 우지나오는 7월 6일에 성을 나와 히데요시에게 항복합니다. 히데요시는 이에야스의 사위인 호조 우지나오를 고야산으로 귀양 보내고, 그의 아버지 호조 우지마사와 노신老臣들을 할복시키는 것으로 호조 가문에 대한 처분을 끝냅니다.

마찬가지로 교토로 인사 올 것을 요구받았지만 뒤늦게 6월 5일에야 오다와라小田原에 도착한 다테 마사무네는 나흘 뒤 간신히 히데요시를 알현합니다. 이로써 간토의 동북쪽인 오슈奥州, 즉 도호쿠 지역까지 모두 히데요시의 지배하에 들어갑니다.

규슈 정복 때와 마찬가지로 오슈 지역에서도 잇키가 일어납니다. 히데요시는 "자세히 설명해줘도 명령에 따르지 않는 지역민이 있다면 성에 몰아넣고 한 사람도 남김없이 모두 베어 죽이고, 마을이 하나든 둘이든 상관없으니 농민은 모두 베어죽일 것"[65]이라는 방침을 내려 모두 진압합니다. 이러한 방침은 2년 뒤에 일어나는 임진왜란에서도 되풀이됩니다.

오다 노부나가의 차남인 오다 노부카쓰는 1584년에 도쿠가와 이에야스와 연합하여 고마키·나가쿠테 전투에서 히데요시에 맞섰다가

호조 가문의 거점이던 가나가와현 오다와라시의 오다와라성.

패색이 짙어져 화의를 맺은 바 있습니다. 그는 히데요시의 호조 공격 때에도 종군해서 공을 세웠습니다. 이에 히데요시는 도쿠가와 이에야스가 간토로 옮기면서 남겨진 미카와·도토미 지역으로 갈 것을 노부카쓰에게 명합니다. 하지만 조상들의 땅인 오와리를 버리고 다른 영지로 옮겨갈 수 없다며 거부하다 곧바로 유배를 당합니다(참고로 노부나가의 셋째 아들인 오다 노부타카는 이미 1583년 시즈가타케 전투 이후 할복을 명 받은 바 있습니다). 히데요시는 이처럼 노부나가의 아들들을 푸대접했습니다. 히데요시와 임진왜란 등을 총망라한 최초의 문헌《다이코기》의 저자 오제 호안(小瀨甫庵, 1564~1640)은 히데요시의 아들 히데요리가 오사카 전투(1614~1615)에서 죽고 도요토미 가문의 맥이 끊긴 것은 그 벌을 받았기 때문이라고 비난합니다.

동생 노부타카와는 달리 그래도 노부카쓰는 살아남아서 1592년 임진왜란 때 도쿠가와 이에야스 덕분에 사면받고 규슈 북쪽의 나고야성名古屋城에 주둔하기도 합니다. 1600년 세키가하라 전투에서는 애매한 태도를 취해서 이에야스로부터 처벌받기도 했으나, 1614년 오사카 겨울 전투 때에는 이에야스 측에서 적극 활약함으로써 무사히 에도시대를 맞이하게 됩니다.

1590년 7월 호조 가문에 대한 히데요시의 공격이 한창이던 무렵, 조선에서 황윤길·김성일·허성·황진 일행이 일본을 방문합니다. 히데요시는 일본을 통일하기 전인 1585년 9월부터 이미 외국을 공격하겠다는 의사를 내비치고 있었고, 1586년에는 모리 데루모토에게 규슈 공격을 명하는 서한에서 조선 공격 의사를 드러내기도 했습니다. 그러다가 1587년 쓰시마의 소宗 가문 측에서 전쟁 전에 조선 국왕을

소 요시토시.

일본에 오게 만들겠다고 제안해 조선 침략이 일단 중지됐습니다. 당연하게도 조선 국왕이 오지 않자 히데요시는 1588년 3월 조선 공격의 선봉에 고니시 유키나가와 가토 기요마사를 세우겠다는 결정을 내립니다. 이때도 쓰시마 영주인 소 요시토시(宗義智, 1568~1615)가 직접 조선에 건너가서 담판을 짓겠다고 하자 다시 한 번 전쟁 개시를 미룹니다. 그 배경에는 규슈 지역에서 잇키가 잇따라 일어나서 정세가 불안하다는 요인도 있었습니다. 일단 히데요시를 멈추게 한 소 요시토시는 승려 게이테쓰 겐소(景轍玄蘇, 1537~1611)와 함께 조선 한양으로 가서 통신사 파견을 이끌어냅니다. 그리하여 1590년 3월 황윤길 일행이 한양을 출발하여 7월에 교토에 도착합니다. 히데요시가 오다와라성을 함락시키고 오슈 지역으로 향하던 즈음이었습니다.

오슈 지역에 대한 처분을 마친 뒤에도 히데요시는 곧장 교토로 가지 않고 아리마 지역의 온천에서 휴식을 취했습니다. 그전에도 전쟁을 마친 뒤에는 종종 아리마 온천에서 탕치湯治를 했으므로 이번에도 그 전례에 따른 것이겠지만, 한편으로는 조선에서 파견한 통신사 일행을 항복 사절로 인식했기 때문에, 오다와라 전투 이후에 찾아온 다테 마사무네를 곧바로 만나지 않고 뜸들이다가 나흘 뒤에 만난 것과 같은 지연 전략을 편 것으로 짐작됩니다.

조선의 사절단과 히데요시가 교토의 주라쿠다이에서 만난 날은 1590년 11월 7일이었습니다. 조선 사절이 가져온 국서에는 항복한다는 내용이 없었지만, 히데요시는 사절이 왔다는 것 자체가 항복 의사 표명이라고 생각하고 답서에도 정명향도征明嚮導, 즉 명나라 공격의 선봉에 설 것을 요구합니다. 이 답서를 조정에 어떻게 보고할지를 놓고 한동안 논쟁을 하다가 1590년 말에 교토를 출발한 조선 사절단은 1591년 1월 28일 부산포에 도착합니다. 이들과 동행한 쓰시마 측은 '정명향도'를 '가도입명假途入明', 즉 "명나라로 들어가는 길을 빌려달라"는 요구로 바꾸어 어떻게든 사태를 무마하려 합니다.

조선통신사 일행이 교토에서 출발했을 즈음에 오슈 지역에서 잇키가 일어나고, 일행이 조선에 도착하기 직전인 1591년 1월 22일에는 히데요시의 동생 히데나가(羽柴秀長, 1540~1591)가 병사합니다. 그는 다도의 명장인 센노 리큐(千利休, 1522~1591)와 함께 히데요시를 보필하여 일본 통일을 이루게 한 것으로 평가받는데, "내치는 센노 리큐, 공무는 히데나가"라는 말이 있을 정도였습니다. 하지만 히데나가가 죽고 얼마 지나지 않아 센노 리큐는 사리사욕을 취했다는 이유로 히데요요도도노.

쓰루마쓰.

시로부터 할복을 명 받습니다. 이로써 히데요시 정권의 양대 축이 사라지게 된 것입니다. 뒤이어 1591년 8월 5일에는 둘째 부인인 요도도노(淀殿, 1567~1615)가 낳은 첫아들 쓰루마쓰까지 세 살의 나이로 요절합니다. 이 같은 상황에서 히데요시는 조카 히데쓰구에게 간파쿠 직을 물려주고 자신은 그 막후에 자리한 다이코가 되어 대륙 침공을 진두지휘하는 구상을 세웁니다.

조선통신사 일행이 교토를 떠날 즈음인 1590년 말에는 침공의 거점으로서 히젠 나고야성을 짓기로 결정하고 이듬해부터 공사가 매우 빠른 속도로 진행됩니다. 이 시점이 되면 히데요시의 정복 목표는 조선과 명을 넘어서서 자신이 알고 있는 전 세계로 확대됩니다. 류큐왕국에는 일찍이 1588년에 협박 서한을 보냈고, 1591년 7월에는 인도

고아의 포르투갈 부왕에게 명나라 공격 의사를 밝히는 한편, 가톨릭 포교는 금지하되 무역은 환영한다는 뜻을 재차 표명합니다. "나는 중국 왕국을 차지하기로 결심했습니다. 머지않아 나는 그 나라에 건너갈 것입니다. 내 뜻대로 이루어질 것임에는 의심의 여지가 없습니다. 그렇게 되면 귀국과 더욱 가까워질 터이니 서로 교류하기에 더욱 편리해질 것입니다."[66] 뒤이어 9월에는 필리핀 마닐라의 스페인 총독에게 항복하라는 내용의 국서를 보냅니다.

> 그대의 나라는 아직 나에게 예의를 갖춰 인사 오지 않았기에 군대를 보내 정벌하게 하려 했으나, 하라다 마고시치로原田孫七郎라는 자가 나의 신하에게 "그 나라에 가서 설득해보겠습니다"라고 전해왔다. "기치를 올리지 않고 천리를 정복한다"라는 옛말이 지당하다. 그래서 비천한 자의 말이기는 하지만 이 말을 받아들여 잠시 군대를 보내 정벌하는 것을 멈추었다. 내년 봄에는 규슈 히고에 진영을 설치할 것이니, 신속히 깃발을 내리고 와서 복속하라. 만약 시간을 끌 경우에는 신속히 정복할 것이다.

당시 마닐라 총독이던 고메스 페레스 다스마리냐스(Gómez Pérez Dasmariñas, 1519~1593)는 히데요시가 5만 명 단위의 군단 3개와 거대한 함선을 준비하여 조선을 친다는 소문을 듣습니다. 그는 "조선은 중국에 면한 강대하고 각박한 토지"이므로 히데요시가 이기기 어려울 터이니, 이는 아마도 조선을 친다고 해놓고는 루손섬을 공격하려는 계획일지도 모른다며 걱정하고 있던 차였습니다. 더욱이 필리핀은 중국과 가깝고 스페인과 멀기 때문에 히데요시가 이를 노릴 테고, 또 일본 황제인 히데요시가 조카에게 일본을 물려주고 자신은 해외로 정복 전쟁을 나가 죽을 때까지 귀국하지 않겠다고 했다는 말도 들려왔습니다. 그러던 차에 하라다 마고시치로가 위와 같은 항복 권유문을 가져온 것입니다. 하지만 서한 내용에 비해 사신으로 온 사람의 신분이 너무 낮다 보니 마닐라 총독은 서한의 신빙성을 믿지 못하고 도미니크회의 후안 코보(Juan Cobo, 1546~1592) 신부를 보낸다는 답신을 썼습니다.

후안 코보는 명나라 범입본範立本의 《명심보감》을 《맑은 마음의 풍요로운 거울Espejo rico del claro corazón》이라는 스페인어 제목의 책으로

후안 코보가 스페인어로 번역한 《명심보감》.

Tiene 153 folios = C. 8 - 2 1
LIBRO CHINO
intitulado Beng Sim Po Cam. q
quiere deZir Espejo rico del claro cora-
çon. O. RiqueZas, y espejo con que se enri-
queZca, y donde se mire el claro, y limpio
coraçon.
Traducido en lengua Castellana. Por
Fray Juan Cobo, de la Orden de. S.to
Domingo
Dirigido al Principe. Dõ. Phelip-
pe Nro Señor.

번역·출판한 사람으로 잘 알려져 있습니다. 이 책은 유럽 언어로 번역된 최초의 중국어 책으로도 유명합니다.

1592년 6월 사쓰마에 도착한 후안 코보는, 히젠 나고야에서 히데요시를 만나 편지를 받아들고 귀국하다가 타이완 먼 바다에서 배가 난파되어 원주민들에게 살해되었습니다. 한편 하라다 마고시치로는 1593년 히데요시의 서한을 가지고 타이완에 항복을 권유하러 건너가지만, 그곳에는 이 서한을 받을 만한 군주가 없었기 때문에 서한을 전달하지 못했습니다.

조선통신사가 부산에 도착하기 직전인 1591년 1월 24일, 일본에 발을 딛지도 못하고 아프리카 짐바브웨에서 사망한 세바스티앙 데 모라이스에 이어 1592년에 포르투갈인 예수회 신부 페드로 마르틴스(Pedro Martins, ?~1598)가 제2대 일본 주교로 임명됩니다. 일찍이 예수회 인도 관구장으로서 고아에 있던 마르틴스는 1596년에 인도 부왕의 사절로서 일본에 입국합니다. 이듬해 1597년에 나가사키 26성인의 순교가 일어나고 선교사 추방령이 발령되자, 마르틴스는 추방령의 시행을 늦추는 대신 자신은 일본을 떠난다는 데 합의하고 1598년 마카오를 거쳐 인도로 돌아가던 중에 말라카 먼 바다에서 죽음을 맞이합니다. 모라이스와 마르틴스 모두 일본 관구장으로서 비극적인 결말을 맞은 것입니다.

1590년에 덴쇼 소년사절단과 함께 일본으로 돌아온 순찰사 발리냐노는 1591년 윤1월 8일에 인도 부왕의 사절로서 히데요시를 접견하고 그의 반反가톨릭 정서를 누그러뜨리기 위해 노력합니다. 같은 해 8월 19일, 발리냐노는 일본에서 가톨릭 관련 서적의 인쇄 출판이 잘 진행되고 있음을 마닐라에 보고합니다. 16~17세기 사이에 규슈에서 금속활자로 인쇄된 가톨릭 서적을 '기리시탄판'이라고 합니다. 1590년에 발리냐노가 유럽식 인쇄기를 가져와 일본어와 유럽어로 찍기 시작한 기리시탄판은 현재 전 세계에서 30여 점이 확인되고 있습니다. 기리시탄판 금속활자 인쇄술은, 임진왜란 당시 조선에서 약탈되어 일본에 전해진 조선식 인쇄술과 함께 17세기 초 일본에서 상업 출판을 성행하게 만드는 촉매제가 됩니다.

드디어 임진왜란이라 불리는 히데요시의 조선 공격이 시작됩니다. 그 시작은 1591년 12월 25일입니다. 이날 히데요시는 히데쓰구에게 간파쿠 직을 물려주고 스스로 다이코가 되면서, 이듬해 '고려(조선)'를 거쳐 명나라로 쳐들어가겠다는 '가라이리唐入り'의 기치를 내걸고, 이 전쟁의 일차 목표가 고려(조선)·당(대명)으로 상정되는 이른바 중화 문명권에 있음을 드러냅니다. 이후 필리핀 마닐라의 스페인 총독과 인도 고아의 포르투갈 총독에게 직·간접적으로 항복을 요구한 것은 이들 지역을 그다음 단계의 목표로 삼았음을 보여주는 것이겠습니다.

히데요시는 1월 18일에 고니시 유키나가와 고니시의 딸 마리아를 아내로 삼은 소 요시토시를 조선으로 보내, 조선이 일본에 항복했으니 길을 열어줄 것을 요구했습니다. 그리고 만약 문제가 생긴다면 일본의 군대를 보내서 조선을 '퇴치'하겠다고 전합니다. 한편 이 시기에 고니시와 소 요시토시가 조선에 온 것에 대해 이 두 사람이 어떻게든 전쟁을 막아보려고 마지막까지 노력한 것으로 보는 의견이 많습니다. 다만 일본 근세사 연구자인 후지이 조지의 《천하인의 시대》에 따르면, 히데요시가 이때까지도 여전히 조선의 항복 여부에 대해 확신을 갖지 못하였기 때문에 이런 조치를 취한 것으로 해석하고 있습니다. 즉 고니시 유키나가가 독자적으로 판단해 움직인 것이 아니라, 히데요시의 지령에 따라 움직인 것이라는 주장입니다.

이 문제는 우리에게도 중요합니다. 최근 임진왜란 연구들을 보면, 히데요시는 전쟁 발발 이후 어느 시점부터 황제의 나라인 명나라에 대해 자신이 일본 국왕으로서 자리매김되는 것보다 명나라와의 무역에서 생기는 이익을 얻는 쪽으로 마음을 굳혔다고 이야기하고 있습니다. 이와 동시에 히데요시 자신은 명나라와 별개로 '중화 황제'가 되어 해상 제국을 건설할 구상을 가지고 있었다는 것입니다. 그래서 히데요시는 고니시 유키나가 등에게 이러한 취지로 명나라 사신 심유경沈惟敬 등과 교섭하게 했습니다. 1596년에 양측이 오사카성에서 면담할 때에도 자신이 명나라의 책봉을 받는 것에는 이의가 없었지만, 한반도 남부를 할양해달라는 요구가 받아들여지지 않아 정유재란을 일으킨 것으로 추정하고 있습니다. 즉 고니시가 히데요시에게 비밀로 하고 화해 교섭을 진행했던 것도 아니고 면담 현장에서 명나라가 히데요시 자신을 일본 국왕으로 임명한다는 사실을 알고는 화가 나서 화해 교섭을 결렬시킨 것도 아니라는 말입니다.

최근 10년 사이에 《쇼쿠호기 왕권론織豊期王権論》(校倉書房, 2011)을 쓴 호리 신堀新을 비롯하여 사지마 아키코佐島顕子, 도리즈 료지鳥津亮二, 요네타니 히토시米谷均 등의 연구자들이 활발하게 연구 성과를 내고 있습니다. 솔직히 저는 이러한 주장이 어느 정도 정확한지 완전히 확신하지는 못합니다. 만약 이러한 주장이 합리적이라면 우리가 기존에

가지고 있던 히데요시와 임진왜란에 대한 인식은 근본적으로 변화해야 할 것입니다.

이제 임진왜란으로 눈을 돌려 보겠습니다. 1592년 4월 12일 고니시 유키나가가 이끄는 제1군이 부산에 상륙해서 13일 부산포 성을 함락한 것을 시작으로 일본군의 상륙이 이어졌습니다. 개전 당시 조선에 상륙한 일본군의 수는 16만 명이 조금 안 되었습니다. 앞서 2년 전에 호조 가문의 오다와라성을 공격할 때는 20만 명이 참전했다고 하는데, 사실상 이 수치는 다소 과장된 것이어서 오다와라 전쟁 때와 비슷한 규모의 부대가 임진왜란 때 동원되었다고 볼 수 있습니다.

당시 일본에는 가톨릭을 믿거나, 또는 1587년 〈가톨릭 신부 추방령〉 이후 공개적으로 가톨릭을 떠난 다이묘가 많았는데, 임진왜란 때 이들은 특히 고니시 유키나가가 이끄는 제1군에 많이 속해 있었습니다. 고니시의 사위 소 요시토시(세례명 다리오)를 비롯해 아리마 하루노부(세례명 프로타시오), 오무라 요시아키(세례명 산초), 고토 스미하루(五島純玄, 1562~1594, 세례명 루이스) 등은 임진왜란 당시 가톨릭 신자였거나 신부 추방령 전까지 가톨릭 신자였습니다. 고니시 부대의 선봉에서 공적을 올린 마쓰라 시게노부(松浦鎮信, 1549~1614)는 그의 아버지 마쓰라 다카노부(松浦隆信, 1529~1599)와 함께 자신들의 영지인 히라도를 국제무역항으로 만들기 위해 포르투갈인·네덜란드인·영국인들을 환대했습니다.

1592년 5월 3일, 고니시 유키나가의 제1군이 한양에 입성합니다. 이 소식이 히데요시에게 전달되기도 전(5월 6일)에 히데요시는 첫 번째 부인인 기타노만도코로(北政所, ?~1624)에게 9월에는 명나라도 정복할 수 있을 것이라고 말합니다. 이것이 전쟁 초기 히데요시의 낙관적인 전황 예상이었습니다. 하지만 5월 16일 경기도 양주 해유령에서 신각이 이끄는 조선군이 소규모이기는 하지만 일본군에 승리를 거두었습니다. 7월 17일에는 조승훈이 이끄는 명나라 군대가 고니시 유키나가가 주둔한 평양성을 공격했다가 패하기는 하지만, 이미 속전속결의 양상에서 벗어난 이 전쟁에 명나라 군대가 참전했음을 일본 측에 알렸습니다. 전황이 히데요시의 바람대로 흐르지 않을 것임을 보여주는 신호였습니다.

그러나 가토 기요마사가 한양에 입성했다는 5월 2일자 편지를 받은 히데요시는 18일에 향후 3국(일본·조선·명)의 통치 구상을 담은 '삼국 분할 계획三國國割計畫'을 조선에 주둔한 일본군에 보냅니다. 가토는 실제로 고니시보다 조금 늦게 한양에 들어왔지만, 자기가 먼저 들어온 것처럼 꾸미기 위해서 보고서 날짜를 하루 앞당겨 2일로 쓴 것입니다. 이 편지를 받은 히데요시는, 자신이 조만간 직접 조선으로 건너가서 명을 정복한 뒤에 고요제이 덴노를 베이징으로 옮길 것이며, 그 다음에는 천축(인도)을 칠 것이라는 구상을 담아 동중국해 연안 지역 재편 계획을 제시합니다. 그러나 이때는 이미 여진족을 경계하기 위해 만주 국경 지역에 있던 조선과 명의 정예병들이 일본군을 막기 위해 남진하기 시작한 시점이었습니다. 또한 일본군의 사기도 떨어지고 있었습니다.

임진왜란 당시 경상도에 머물던 모리 데루모토가 자기 영지에 보낸 편지에 따르면, "조선은 일본보다 넓어서 모두 다 정복할 수가 없고, 말도 통하지 않아서 통역이 많이 필요하다"[67]라고 말할 정도로 조선 현지의 일본 장병들은 이 전쟁에 난색을 표하고 있었습니다. 고니시 유키나가의 부대에 속한 요시노 진고자에몬吉野甚五左衛門이 남긴 《요시노 진고자에몬 비망록》에 따르면, 조선에 온 일본 장병이 모두 전쟁에 지쳐 있고, 그 틈을 파고들어 심유경이 화의를 제안하는 척 시간을 벌면서 명나라 군대를 끌어들이는 등, 여러 차례 거짓말을 했다고 합니다. 하지만 일본 측은 어떻게든 전쟁이 끝나면 좋겠다는 심정에서 몇 번이나 심유경의 거짓말을 받아들였음을 알 수 있습니다.

일본 중·근세사 연구자인 이케 스스무池享에 따르면, 조선에서의 이러한 상황이 히데요시에게 전달되기까지는 상당한 시간이 걸렸는데, 이 시차 때문에 조선 현지 상황과 히데요시의 명령이 맞아떨어지지 않은 것이 일본군의 패착 요인 가운데 하나였다고 합니다.[68] 여기에 또 다른 패인은 군량미 조달의 문제였습니다. 히데요시가 일본을 통일할 수 있었던 것은 혼노지의 변 이후 자신이 직접 군대를 이끌고 전투가 일어나는 현지로 가서 속도전과 물량전을 전개한 덕분이었습니다. 하지만 임진왜란에서는 이러한 히데요시의 방식이 실현되지 못했습니다. 히데요시는 1592년 7월 15일에 명나라를 치라는 6월 3일 명령을 취소하고 우선 조선 지배를 안정화시키라고 명령합니다. 그 와중에 모친 오만도코로가 중병에 걸렸다는 소식을 듣고 히데요시가 7월 22일에 나고야를 떠나 29일에 오사카에 도착하지만 오만도코로는 이미 사망한 상태였습니다. 이에 히데요시는 9월 초에 나고야로 돌아오려 했지만, '날씨가 추우니 나고야로 가지 말라'는 칙서가 덴노로부터 도착했습니다.

덴노의 명령을 거역하기가 곤란했던지 11월에야 나고야로 돌아온 히데요시는 1593년 3월 조선으로 건너가겠다는 의사를 재차 표명합니다. 근세사 연구자 후지이 조지 선생은 이즈음부터 히데요시의 명령서에서 명나라를 친다는 이야기가 사라지고, 자신이 조선에 건너가서 일본의 지배를 안정화시킨 뒤에 귀국할 것이라는 이야기가 등장하고 있다고 지적합니다. 이 시점에 이르러서야 히데요시는 명나라 정복 계획이 실현 불가능하다는 사실을 깨달은 것 같습니다. 한편 한반도 남부에서 이순신 등이 이끄는 조선 수군의 활약상과 승전 역시 히데요시의 계산에는 없었습니다. 해가 바뀌어 1593년 1월 8일에 조선과 명의 연합군이 평양성을 점령하고, 1월 26일에 벽제관 전투가 발발하여 일본군의 최전선이 평양과 함경도에서 한양으로 내려가게 됩니다. 그러자 히데요시는 자신이 직접 조선으로 건너가겠다는 뜻을 접고, 우키타 히데이에를 조선 주둔 일본군 대장으로 삼아서 앞으로는 전황에 따라서 그때그때 판단하라고 명령합니다. 조선과 일본 간의 명령 전달 시간차를 해결하려는 목적이었습니다.

1593년 4월 일본은 명 측이 강화 사절을 파견하고 조선에서 명나라 군대를 철수하면, 일본군도 한양에서 철수하고 조선의 두 왕자 임해군과 순화군을 돌려보내겠다는 화의 조건을 내세웁니다. 그러면서도 5월 1일에는 전라도 공격을 명함으로써 앞으로 전쟁 목표가 한반도 남부 확보에 있음을 드러내고, 5월 20일에는 진주성을 공격할 12만 명의 군대를 편성시킵니다. 히데요시가 5월 23일 명 사절단과 만난 뒤, 6월 21일에는 일본군의 진주성 공격이 시작됩니다. 히데요시는 6월 28일에 화의를 위한 일곱 가지 조건을 작성해 조선에 주둔한 일본 장군들에게 보냈는데 바로 다음 날 진주성이 함락됩니다.

히데요시가 제시한 일곱 가지 조건이란 명의 황녀를 일본 덴노의 후비로 삼고, 명과 일본의 감합무역을 재개하며, 조선 국왕을 용서하여 한양 근처의 4개 도道를 그에게 주는 대신 조선 왕자와 대신을 한 명씩 일본에 인질로 보내고, 조선 대신들이 일본에 영원히 거역하지 않겠다는 서약서를 쓰라는 등의 내용이었습니다. 1618년에 누르하치도 명나라를 공격하면서 7대한七大恨이라고 해서 명나라를 공격하는 일곱 가지 이유를 제시하는데, 히데요시도 명이 받아들이기 어려운 일곱 가지 요구를 들이민 것입니다.

히데요시는 이러한 조건을 명이 받아들일 것으로 생각했는지, 조선 남부에 거점이 되는 성들을 쌓게 하고 우선 5만 명을 귀국시켰습니다. 또 명 사신들이 조선을 통해 귀국할 때 이들과 함께 간 가톨릭 장군인 나이토 조안이 7월 7일에 한양에 도착합니다. 이후 8월에 명군이 한양에서 철수해 9월에는 압록강을 건너 귀국합니다. 한편 8월 3일에 아들 히데요리가 태어나자 히데요시는 8월 25일에 오사카로 돌아옵니다. 여기까지가 1592~1593년 사이 임진왜란의 큰 흐름입니다.

그사이 1592년에 동남아시아 섬라국, 즉 아유타야 왕국의 나레수안Naresuan 왕이 명나라를 도와 일본을 공격하겠다고 제안합니다.《명사明史》〈외국전 섬라〉 등에 따르면, 임진왜란 초기에 명군을 조선에 보내는 데 기여한 병부상서兵部尙書 석성石星은 나레수안의 제안을 받아들이자고 했지만, 지금의 광둥성 지역을 다스리던 양광총독兩廣總督은 아유타야 해군이 일본 공격을 빌미로 중간에 명을 공격할지도 모른다고 우려하여 결국 이 제안은 실현되지 못했습니다. 반면 누르하

나레수안 왕이 버마에 이긴 것을 기념하는 동상과 파고다.

치가 조선을 돕겠다고 한 것에 대해 명나라 조정에서 우호적인 분위기를 보여 조선을 당황하게 만들었는데, 누르하치가 조선으로 군대를 보내는 것은 명나라의 안보에 위협이 안 된다는 계산이었을 터입니다.

조선의 문신 학자 이수광은 1611년 베이징에 사신으로 가서, 아유타야 측의 제안이 사실이었음을 확인하고 "섬라국은 일본과의 거리가 수만 리나 되는데도 충의에 분발되어 군대를 일으켜 위난을 구제하기를 원하였다. 이 일은 비록 행해지지 않았지만 그 지기志氣는 가상하다"라고 평하기도 했습니다.[69]

16세기에 아유타야 왕국을 지배하던 버마 퉁구 왕조에 인질로 가 있다가 돌아와 왕이 된 나레수안은 버마·캄보디아에 맞서 아유타야를 독립시켰습니다. 한때 이마가와 요시모토의 인질이었다가 풀려난 뒤 와신상담 끝에 일본을 통일한 도쿠가와 이에야스를 떠올리게 하는 대목입니다. 나레수안은 일본의 조선 침공 소식을 듣자, 버마·캄보디아와의 대치 상태에도 불구하고 명나라에 협공을 제안한 것입니다.

1596년,
산 펠리페호 사건과 나가사키 26성인

임진왜란 당시 일본 가톨릭계의 동향을 살펴보면, 1592년 9월 4일에 발리냐노가 나가사키에서 출국하고, 같은 해에 페드로 모레혼(Pedro Morejón, 1562~1639) 신부가 일본에 포로로 끌려온 카운 비센테, 오타 줄리아 등의 조선인에게 세례를 주었음이 확인됩니다.[70] 모레혼 신부는 유럽에서 일본으로 귀국하는 덴쇼 소년사절단과 함께 1590년 나가사키에 와서, 오르간티노 신부의 후계자로서 교토에서 포교 활동을 펼쳤습니다. 1614년에 도쿠가와 이에야스가 가톨릭 신자들을 국외로 추방할 때는 가톨릭 다이묘인 다카야마 우콘 등과 함께 마닐라로 건너갔고, 마카오에서 《일본 순교록》을 집필한 뒤에 그곳에서 사망했습니다.

그가 세례를 준 조선인 카운 비센테는 조선 선교 목적으로 베이징에 파견되었으나 이 목표를 달성하지 못하게 되자 일본으로 돌아왔습니다. 그리고 포교 중에 체포되어 1626년 6월 20일 나가사키에서 화형당했습니다. 또다른 조선인 오타 줄리아는 도쿠가와 이에야스로부터 개종 요구를 받았으나 이를 거부하다 섬에 유배되어, 가톨릭 신앙을 지킨 채 일본을 떠돌다가 죽은 것으로 추정됩니다.

일본의 나가사키 26성인 기념관 홈페이지에는 16~17세기 일본에서 활동하던 조선인 가톨릭 신자에 대한 기록이 정리되어 있습니다. 프란시스코 파시오 신부가 남긴 편지에 따르면 1594년 나가사키 주변에 조선 출신 가톨릭 신자가 2천 명가량 있었고, 1610년에는 조선인 신앙단체가 나가사키 이세마치伊勢町에 산 로렌소 교회를 세웠으나 1620년에 파괴되었다고 합니다. 또 이세마치에는 고라이바시(高麗橋, 고려다리)도 놓여 있어서 조선인 포로들이 이곳에 집단으로 거주했음을 짐작하게 합니다. 조선인 가톨릭 신자들의 상당수가 아마도 개종했겠습니다만, 배교背教하지 않고 죽음을 택한 사람들의 수도 적지 않았을 터입니다.

조선인들이 세운 산 로렌소 교회를 비롯해서 나가사키에는 수십 개의 교회가 있었지만 당연하게도 가톨릭의 세기가 끝나갈 무렵인 1614년을 전후하여 모두 파괴되고 맙니다. 백 년 뒤에는 그 위치마저 거의 모두 잊혔습니다. 나중에 고고학적 조사를 통해 십자가 문양이

나가사키의 이세마치에 놓였다가 다른 곳으로 옮겨져 현존하는 고려다리.

새겨진 기와들이 나가사키 시내 여러 곳에서 발굴됨에 따라, 최근에는 교회 10여 곳의 위치가 확인되었습니다.[71] 하지만 조선인 포로들이 세운 산 로렌소 교회는 아직까지 발견되지 않았습니다.

히데요시는 일본을 통일하고 대륙을 공격한다는 오다 노부나가의 유업을 실행했습니다. 그러나 일본에서 가톨릭을 절멸시키고 조선을 정복한다는 두 가지 목적은 달성하지 못하고 도쿠가와 이에야스에게 숙제로 남긴 채 사망합니다. 그의 죽음과 함께 도요토미 정권도 종말을 향해 나아갔습니다. 이런 의미에서, 가톨릭과 조선이라는 히데요

나가사키시 일본 26성인 기념관에 새겨진 26성인 부조.

시가 해결하지 못한 두 가지 과제가 결합된 실체가 바로 조선인 가톨릭 신자들이라 하겠습니다. 일본에 거주하는 조선인 가톨릭 신자들이 17세기에 겪은 일은 2백 년 뒤에 한반도에서도 되풀이됩니다. 조선 왕조 역시 18~19세기에 자생적으로 발생한 조선인 가톨릭 신자들을 절멸시키지 못하고 도리어 망해버린 것입니다.

1593년 5월 28일(음력 4월 28일) 마닐라 총독이 프란치스코회 신부 페드로 바우티스타(Pedro Bautista, 1546~1597)를 사절로 임명하고 이날 서한을 씁니다. 같은 해 일본에 도착한 바우티스타는 교토에 성당을 세우는 등 의욕적으로 활동합니다. 그러나 1596년 '산 펠리페호 사건'(279쪽 참고)에 연루되어 귀를 잘리고 교토에서 조리돌림을 당한 뒤 1597년 2월 19일에 나가사키에서 순교합니다. 1593년 11월 5일에는 준관구장 페드로 고메스(Pedro Gomez, 1535~1600) 신부의 명에 따라 세스페데스와 일본인 수사 판칸 레옹Fancan leão이 쓰시마를 거쳐 한반도 남해안으로 건너옵니다. 그는 진해 웅천성에서 1년 정도 머물렀습니다. 이후 가톨릭을 견제하는 가토 기요마사 등의 장군들이 그의 체류를 히데요시에게 고하는 바람에 일본으로 송환된 것으로 알려져 있습니다. 세스페데스가 조선으로 건너온 목적은 조선인을 대상으로 한 포교가 아니라 일본군 가톨릭 신자들을 위해서였다고 합니다. "하느님의 뜻에 따라 꼬리아 왕국에 갔는데, 한국인과 벌이고 있는 전쟁터에 있는 일본인 가톨릭교도 병사 2천 명의 고해성사를 듣고 도와주기 위해서였으며, 그곳에서 1년간 머물러 있었습니다."[72]

1594년에는 프란치스코회의 제로니모 데 제수스(Jerónimo de Jesús, ?~1601)가 히라도에 상륙합니다. 그는 1597년 26성인 순교 사건 직전에 마닐라로 추방되었다가 1598년에 다시 일본으로 돌아와서는 도쿠가와 이에야스에게 접근합니다. 이에야스는 제수스를 통해 마닐라와 무역 관계를 맺겠다는 속셈에서, 자신의 영역인 간토에 교회를 세우는 것을 허용하는 등 비교적 유화적인 입장을 보였습니다. 1595년 10월 31일(음력 9월 28일)에는 인도에 있던 발리냐노가 다시 일본 순찰사에 임명됩니다.

그리고 1596년은 명나라와 일본 사이의 강화 교섭이 결렬된 해이자, 〈가톨릭 신부 추방령〉이 내려진 1587년에 이어 일본 역사상 두 번째로 대규모 가톨릭 탄압이 일어난 해이기도 합니다. 가톨릭 세력 척결과 조선 정복이라는 두 가지 문제를 해결하기 위한 시도가 무산됨에 따라, 히데요시는 1596년 말(음력)에 가톨릭 신자 26명을 학살하고 1597년에 조선을 재침공(정유재란)합니다.

1596년 7월 21일에는 예수회 일본 주교 페드로 마르틴스가 나가사키에 상륙합니다. 9월 26일 도요토미 히데요시는 주교 마르틴스를 후시미에서 만나는 한편, 10월 19일에는 교토의 프란치스코회 수도원을 포위하라고 명했습니다. 예수회 신부를 만나되 프란치스코회 수도원을 공격한 데서 두 세력에 대한 히데요시의 인식 차이를 알 수 있습니다. 일본에 오래 있었던 예수회와 비교했을 때 프란치스코회는 더욱 적극적으로 포교를 했고, 이들의 공격적인 포교 활동을 보며 예수회 측은 가톨릭 세력에 대한 히데요시의 탄압이 또 한 번 시작될지도 모른다며 경계했습니다.

상황을 심각하게 본 일본의 예수회원들은 1596년 윤7월 12일에 프란치스코회원들을 일본에서 추방할 것을 결의합니다. 16~17세기 일본을 둘러싼 유럽의 정세에서는 가톨릭 국가(포르투갈·스페인) 대 프로테스탄트 국가(네덜란드·영국)의 갈등뿐 아니라 예수회와 프란치스코회 같은 가톨릭 수도회 간의 갈등도 치열했습니다. 어떤 의미에서는 일본에 있던 유럽인들의 이러한 종교적 분열 덕분에 일본이 대응할 여유가 생겨서 유럽의 식민지가 되지 않았다고도 할 수 있겠습니다. 이런 상황은 포르투갈의 공격은 잘 막아냈지만 내부 분열 때문에 결국 1511년에 멸망한 말라카 왕국과 비교됩니다.

그렇다고 해서 말라카는 무능하고 일본은 유능하다는 말이 아닙니다. 저는 말라카가 유럽의 식민지가 되고 일본이 그렇게 되지 않은 중요한 이유 가운데 하나가, 말라카가 일본보다 훨씬 지정학적으로 중요한 곳에 위치해 있다는 점이라고 생각합니다. 포르투갈이 동남아시아의 향료 무역을 장악하기 위해서는 핵심 교역지인 말라카를 장악해야 했습니다. 이에 반해 일본은 무역의 대상으로서는 매력적이었지만 다른 지역과 교역하기 위한 무역 거점은 아니었습니다. 태평양을 이용해 무역 루트를 만든 스페인으로서도 어딘가 거점을 찾는다면, 자체적으로 무장되어 있어서 정복하는 데 애로 사항이 많은 일본보다는 저항이 약한 필리핀을 차지하는 것이 훨씬 손쉬웠을 것입니다. 말라카와 일본은 모두 자체적으로 잘 무장되어 있었지만, 두 나라가 처한 지정학적 위치가 달랐기 때문에 말라카는 식민지가 되고 일본은 살아남은 것입니다.

19세기에도 역사는 또다시 반복되었습니다. 서구 열강의 최종 목적지가 청나라이다 보니 일본은 상대적으로 소홀히 취급되어 식민지가 되지 않았습니다. 물론 일본 내부에서도 식민지가 되지 않고 살아남고자 하는 의지와 노력이 강했지만, 저는 청나라가 집중 공격을 받은 덕분에 한 발 비껴선 일본이 살아남을 수 있었다고 생각합니다. 마찬가지로 북동 유라시아에서 세력을 확장하고자 한 러시아와 일본의 의지가 워낙 강했기 때문에 외몽골(북몽골)과 조선이 버티지 못하고 각각 식민지가 된 것입니다. 그리고 일본이 패전한 뒤에 외몽골과 조선이 독립을 지킨 데 반해 내몽골(남몽골)·위구르·티베트가 독립을 지키지 못한 것도 그렇습니다. 외몽골이나 조선보다 내몽골·위구르·티베트에 대한 중화민국·중화인민공화국의 병합 의지가 강했고, 지정학적으로도 조건이 유리했으며 명분이 강했기 때문입니다. 결코 내몽골·위구르·티베트인들의 독립 의지가 외몽골·조선보다 약했던 것이 아닙니다. 통일에 대한 한국인·몽골인의 의지가 베트남인·독일인보다 약해서 한반도와 몽골이 여전히 남북으로 분단되어 있는 것이 아닙니다.

동남아시아사 연구자인 최병욱 선생은 《동남아시아사: 전통 시대》(산인, 2015)에서 베트남과 버마가 유럽의 식민지가 되고 일본과 태국이 독립국으로 남을 수 있었던 가장 중요한 이유를 서구 열강이 품은 의지의 강도 차이로 설명합니다.

> 프랑스는 중국 배후 시장으로의 진출이 필요했으며 그 통로로 베트남이나 캄보디아, 라오스를 통한 메콩의 확보가 필요했고, 영국은 같은 이유로 버마를 거치는 배타적 육상로를 확보하고 싶었던 것이다. 반면에 중국과 국경을 접하지 않은 태국은 영국, 프랑스로부터 비교적 자유로울 수 있었다.

한편 일본 포교를 둘러싸고 일촉즉발의 상황이 이어지던 중, 필리핀 마닐라에서 멕시코 아카풀코를 향해 가다가 현재의 일본 고치현 우라도浦戸에 표착한 스페인 선박 '산 펠리페호'를 처리하는 과정에서, 히데요시를 자극하는 정보가 입수되었습니다.

1596년 9월 6일 히데요시가 산 펠리페호의 하물을 몰수할 것을 명하자, 뱃길을 안내하던 프란치스코 데 올란디아Francisco de Olandia가 이러한 조치에 분노를 드러냈습니다. 일본은 조난한 사람을 구조해 주기로 마닐라 총독에게 약속하지 않았느냐는 것이었습니다. 올란디아는 세계지도를 펼쳐 보이면서 스페인은 국토가 넓고 일본은 작은 나라라고 말하고, 스페인 국왕이 먼저 일본에 선교사를 보내서 가톨릭을 퍼뜨린 뒤에 그 땅을 군사적으로 정복할 것이라고 실토해버렸습니다. 이런 이야기를 들은 이상 히데요시로서도 가만있을 수는 없는 노릇이었겠죠. 교토·오사카 등지의 스페인 계열 프란치스코회 선교사 및 일본인 신도들을 체포해서 1597년 2월 5일(음력 1596년 12월 19일)에 나가사키의 니시자카 언덕에서 처형해버립니다. 이것이 일본 나가사키 26성인 순교 사건입니다. 1587년 〈가톨릭 신부 추방령〉이 발령된 지 10년 만에 일어난 이 순교 사건에서 처형된 26명의 신자 가운데 대부분이 프란치스코 회원이었으며, 이들은 1862년에 모두 성인으로 시성되었습니다. 정유재란이 일어나기까지 반 년 정도를 남겨둔 시점이었습니다.

여기서 흥미로운 것은 순교 사건을 촉발시킨 산 펠리페호는 수리되어 이듬해에 우라도에서 마닐라로 보내졌다는 사실입니다. 종교를 앞세운 유럽 세력의 진출은 거부하지만, 종교와 분리된 유럽 세력과의 무역은 유지하고 싶다는 히데요시의 뜻을 확실히 엿볼 수 있습니다.

한편 루이스 프로이스는 26성인의 이름과 행적을 상세히 기록하였는데, 이들의 국적은 일본·조선·중국·스페인·포르투갈·인도·멕시코(당시는 스페인령) 등으로 다양하게 분류됩니다. 이러한 다양한 인종 및 민족 구성은 16~17세기 일본이 글로벌 네트워크 안에 편입되어 있었음을 보여줍니다. 조선왕조 후기의 백 년 사이에 일어난 신해박해(1791), 신유박해(1801), 기해박해(1839), 병오박해(1846), 병인박해(1866)에서 순교자들의 국적이 뒤로 갈수록 다양해지는 것 역시, 이 시기 조선이 점차 글로벌 네트워크에 편입되어가고 있었음을 보여줍니다.

1. 성 프란치스코 기치聖フランシスコ吉. 일본인. 목공. 프란치스코회. 체포되지 않았으나, 체포된 사람들이 나가사키로 가던 중에 자진해서 정체를 밝히고 함께 처형되었다.
2. 성 코스메 다케야聖コスメ竹屋. 일본인. 칼 만드는 사람. 처형 당시의 나이는 38세. 예수회에서 프란치스코회로 바꾸었다.
3. 성 페드로 스케지로聖ペトロ助四郎. 일본인. 프란치스코회. 체포된 자들을 돌봐주러 가던 도중에 체포되어 함께 처형되었다.
4. 성 미겔 고자키聖ミカエル小崎. 일본인. 활 만드는 사람. 프란치스코회. 46세. 아들과 함께 순교했다.
5. 성 디에고 기사이聖ディエゴ喜斉. 일본인. 64세. 순교 직전에 예수회에 가입하여 수도사가 되었다.
6. 성 파블로 미키聖パウロ三木. 일본인 예수회 수도사. 33세.

나가사키 26성인을 그린 회화.

7. 성 파블로 이바라키聖パウロ茨木. 일본인. 레온 가라스마루의 형이자 루도비코 이바라키의 아버지. 이 세 사람은 임진왜란 때 조선에서 끌려간 포로일 가능성이 있다.
8. 성 후안 데 고토聖ヨハネ五島. 처형 직전에 예수회에 가입하여 수도사가 되었고, 아버지에게 전도하고 19세로 순교했다.
9. 성 루도비코 이바라키聖ルドビコ茨木. 교토의 프란치스코 교회에서 시종으로 근무하다가 신부가 체포될 때 본인도 체포해달라고 부탁했다. 사형장에서 "나의 십자가는 어디에 있나요?"라고 물었다는 이야기가 유명하다. 12세. 조선인일 가능성도 있다.
10. 성 안토니오聖アントニオ. 아버지는 중국인이고 어머니는 일본인. 13세. 처형장으로 끌려가는 자신을 바라보며 한탄하는 부모에게 위로의 말을 건넸다고 한다.
11. 성 페드로 바우티스타San Pedro Bautista. 스페인인. 프란치스코회 신부. 48세.
12. 성 마르틴 데 라 아센시온San Martin de la Ascension. 스페인인. 프란치스코회 신부. 30세.
13. 성 펠리페 데 제수스San Felipe de Jesus. 멕시코인. 프란치스코회 수도사. 24세.
14. 성 곤살로 가르시아San Gonzalo Garcia. 아버지는 포르투갈인, 어머니는 인도인. 프란치스코회 수도사. 40세. 사형집행인에게 참회하고 개종할 것을 권유했다고 한다.
15. 성 프란치스코 블란코San Francisco Blanco. 스페인인. 프란치스코회 신부. 28세.

16. 성 프란치스코 데 산 미겔San Francisco de San Miguel. 스페인인. 프란치스코회 신부. 53세.

17. 성 마티아스聖マチアス. 일본인. 프란치스코회.

18. 성 레온 가라스마루聖レオン烏丸. 일본인. 프란치스코회 전도사. 48세. 한센병 환자를 치료한 것으로 유명하고, 조선인일 가능성도 있다.

19. 성 보나벤투라聖ボナベントウラ. 일본인. 프란치스코회.

20. 성 토마스 고자키聖トマス小崎. 일본인. 미겔 고자키의 아들. 프란치스코회. 14세. 죽기 전에 어머니에게 보낸 편지가 유명하다.

21. 성 요아킨 사카키바라聖ヨアキム榊原. 일본인. 프란치스코회. 40세.

22. 성 프란치스코 의사聖フランシスコ醫師. 일본인. 프란치스코회. 46세. 분고의 가톨릭 다이묘인 오토모 소린의 시의侍醫였다. 교토에서 세례를 받고 프란치스코회 수도원 근처에 거주하면서 가난한 사람들을 무료로 치료해주었다. 임진왜란 때 조선으로 건너간 적도 있다.

23. 성 토마스 단기聖トマス談義. 일본인. 36세. 단기談義는 세상의 온갖 일이나 책의 내용을 사람들에게 들려주는 직업이다. 그는 프란치스코회 전도사로서 자신의 직업적 특성을 살려 활동했다.

24. 성 후안 기누야聖ヨハネ絹屋. 일본인. 프란치스코회. 28세. 기누야란 비단장수를 말한다. 그는 교토의 수도원 근처에서 비단가게를 운영하면서 종종 외국인 선교사들과 접촉하던 중에 개종했다.

25. 성 가브리엘聖ガブリエル. 일본인. 19세. 교토 지역의 총책임자인 교토부교京都奉行를 모시다가 프란치스코회에 들어가서는 신부와 수도사를 모셨다.

26. 성 파블로 스즈키聖パウロ鈴木. 일본인. 49세. 프란치스코회 전도사이

자 통역관으로 활동했다.

히데요시는 1591년에 첫아들 쓰루마쓰가 요절한 뒤에 일본의 지배권을 조카인 히데쓰구에게 위임한 바 있지만, 1593년에 히데요리가 태어나자 히데쓰구는 귀찮은 존재가 되어버렸습니다. 그리하여 히데쓰구가 반역을 꾀하고 있다는 핑계를 만들어 그를 고야산에 유배 보냈습니다. 급기야 1595년에 그와 일가족을 몰살하고 이들의 집단 묘지에 '짐승 무덤畜生塚'이라는 이름을 붙입니다. 이것은 히데요시

고야산에 유배된 도요토미 히데쓰구를 묘사한 메이지시대의 목판화.

일생에서 가장 큰 패착이었습니다. 아무리 외아들 히데요리에게 권력을 물려주고 싶다고 해도, 외아들이 아직 갓난아기인 상태에서 믿을 만한 친척인 히데쓰구를 척결해버림으로써 히데요리의 방패막이를 없애버렸기 때문입니다.

아마도 히데요시는 자신이 좀 더 오래 살 것이라고 예상했던 것 같습니다만, 그것은 정치적 계산을 할 때 고려해서는 안 될, 우연적 성격이 너무나도 큰 요소였습니다. 하층민에서 출발해서 덴노 바로 아래 지위까지 출세한 자신의 행운을 너무나도 믿었던 듯싶고, 명나라를 단숨에 정복해버린다는 꿈이 무산된 데에서 자신의 행운이 다했음을 깨닫지 못한 결과라고 하겠습니다.

한편 1593년 말에 명나라 사신 심유경과 고니시 유키나가가 한반도 남부의 웅천(현재 진해)에서 회담을 갖고, 히데요시가 명나라에 항복하는 문서인 〈관백항표關白降表〉를 작성합니다. 1594년 정월에 심유경이 웅천을 떠나 명으로 돌아가고, 나이토 조안은 이해 12월 초순에 베이징에서 명나라 황제 신종을 만납니다. 두 사람의 대화는 여러 문헌에도 기록되어 있는데, 이에 따르면 신종은 일본에 덴노가 있음에도 불구하고 간파쿠 도요토미 히데요시가 일본 국왕이 되기를 바란다는 사실에 혼란스러워합니다. 덴노와 군사적 실권자라는 두 정치적 중심이 있는 일본에 대해 한국과 중국 측에서 혼란스러워한 것은 당연한 일이었습니다만, 나이토 조안이 적당히 답변을 잘하고 심유경도 옆에서 거든 결과 명에서는 히데요시를 일본 국왕에 책봉하는 사신을 파견하기로 합니다.

명의 사신이 1595년 5월에 오기로 했다는 소식을 들은 히데요시는, 조선의 왕자가 일본에 와서 자기를 모신다면 그 왕자에게 일본 영토로 삼은 조선의 네 개 도를 내려주겠다는 조건을 제시합니다. 일본 근세사 연구자 후지이 조지 선생은《천하인의 시대》에서, 히데요시가 제시한 이 조건은 사실상 임진왜란을 일으킨 목적을 완전히 포기했다는 뜻이며, 일본 국내의 권력 구도를 재배치할 필요에 따라 도요토미 히데쓰구를 척결한 것이라고 추정합니다. 그리하여 1595년 7월 3일 히데쓰구 일파를 척결한 뒤 8월 3일에는 도쿠가와 이에야스, 우키타 히데이에, 마에다 도시이에, 모리 데루모토, 고바야카와 다카카게, 이 다섯 중신들의 연명連名으로 9개의 규정이 발표됩니다. 히데쓰구 사건으로 비롯된 정치적 혼란을 진압하기 위해 발표된 이 규정들은 도요토미 정권의 유일한 법령으로 주목됩니다.

히데요시가 국내 정치 질서를 재편한 이듬해인 1596년 8월 중순에는 명과 조선의 사신들이 일본에 도착합니다. 히데요시는 명 측과는 조선 네 개 도에 대한 일본의 지배권을 인정받고 감합무역을 재개하는 한편, 조선과는 1590년의 복속 약속을 어긴 데 대해 조선이 사과한다면(황윤길·김성일 등의 조선통신사 일행을 히데요시는 항복 사절로 해석했습니다) 화의에 응할 생각이었던 것 같습니다. 하지만 명 측은 히데요시를 일본 국왕으로 책봉하는 대신 한반도 전역에서 일본군을 철수시키라는 요구를 내세웠고, 조선으로서는 1590년의 사절단이 단순히 히데요시의 일본 통일을 축하하기 위해 파견된 것이라는 입장이었기 때문에 히데요시의 요구에 응하지 않았습니다. 이에 히데요시는 명이 자신을 책봉한 것은 인정하지만 조선 측이 왕자를 보내 사과하지 않은 것은 무례하다는 이유로 조선을 재침공하기로 결정합니다. 이때가 1596년 9월입니다.

이듬해 1597년 5월부터 대규모의 일본군이 다시 조선으로 건너와, 1592~1593년에 점령하지 못한 전라도를 집중적으로 공격합니다. 정유재란의 발발입니다. 이 전쟁의 목적은 명 정복이 아니라 이미 일본의 영토라고 생각했던 한반도 남부 지역에 대한 지배권을 무력으로 확보하여 명과 조선으로부터 인정받는 것이었습니다. 그래서 정유재란 때는 대규모의 '코 사냥'이 이루어지는 등 전쟁 양상이 임진왜란 때에 비해 가일층 잔인했습니다.

그러나 정유재란이 일어나고 1년 뒤인 1598년 8월 18일(서력 9월

교토 귀무덤(실제로는 코무덤)에서 제사 지내는 조선통신사 일행(《에혼 다이코기》에 수록된 삽화).

18일) 히데요시가 62세 나이로 사망합니다. 그의 죽음과 함께 일본군이 조선에 계속 주둔할 이유도 사라졌습니다. 국제정치학자 김명섭 선생은 한국전쟁이 중반에 접어들자 김일성과 마오쩌둥은 전쟁을 끝내고 싶어 했지만, 전쟁이 계속 유지되기를 바란 스탈린이 1953년 3월 5일에 사망한 이후에야 참전국들 간에 정전을 논할 수 있게 되었다고 분석합니다.[73] 저는 임진왜란이 끝난 가장 큰 이유도 히데요시의 죽음 때문이라고 생각합니다. 그리고 일본군이 철수를 위해 명나라 군대에 뇌물을 제공하자, 남의 나라에 와서 7년씩이나 전쟁을 해야 했던 명군 측도 더 이상 전투를 하지 않고 일본군을 귀국시키려 했던 것으로 보입니다. 조선으로서는 일본군을 그냥 보낼 수 없는 노릇이었지만 조선군이 자력으로 일본군의 퇴로를 막는 것은 쉽지 않았기 때문에 명군에게 이를 강력하게 요구합니다. 이것이 1598년 하반기에 조선과 명군 사이에 갈등의 원인이 됩니다.

히데요시는 일본의 군신軍神인 '하치만八幡'에 뒤이은 '신하치만新八幡'이라는 호칭을 일본 조정으로부터 받고 싶어 했습니다. 그러나 조정에서는 '호코쿠 다이묘진豊国大明神'이라는 신호神號를 주었습니다. 그 이유는 명확하지 않습니다만, 하치만이라는 신의 본체가 이른바 임나일본부任那日本府 전설의 주인공인 진구코고와 오진 덴노応神天皇이기 때문에, 평민에서 출발한 히데요시에게 덴노 가문에서 유래한 신의 호칭을 줄 수는 없어서였는지도 모르겠습니다. 아무튼 히데요시는 사후에 '다이묘진'이라는 신으로 인정받는 데에는 성공했습니다. 그레고리오 데 세스페데스는 히데요시가 죽기 10년 전인 1589년 2월 9일에 작성한 편지에서 다음과 같이 증언합니다.

신격화된 모습으로 그려진 도요토미 히데요시.

우리를 박해하는 간파쿠도노는 하류계급 출신으로서 나무를 하러 산으로 다니기도 하였고 농부의 일을 거들기도 하였으나, 자신의 운명에 만족하지 않고 군대에 입대하여 대단한 노력과 영리함과 신중함으로써 차츰차츰 일어서기 시작하여 전 일본의 영주가 되기에 이른 사람입니다. 그러나 이에 만족하지 않고 악마의 오만함으로 '가미'로서 숭배받고자 꾀했는데, 이 '가미'란 일본 내에서 숭배하는 거짓의 여러 신들을 일컬으며 이 세상의 사물들에 대하여 힘을 가지고 있는 것으로 생각되고 있습니다.[74]

1597년 5월 24일에 나가사키에서 병사한 루이스 프로이스의 기록에 이어서 임진왜란 말기의 상황을 전해주는 프란시스코 파시오의 1598년 10월 3일자 서한에서도, 세스페데스의 기록에서와 마찬가지로 히데요시가 죽은 뒤에 신으로 모셔지기를 바랐음이 확인됩니다. 두 서한을 비교하면, 1589년 세스페데스 서한에서는 히데요시가 단순히 '가미', 즉 신으로 모셔지기를 바랐다고 쓰여 있는데 비해, 1598년 파시오의 서한에서는 히데요시가 원한 신의 종류가 '신하치만'이라고 구체화되어 있습니다.

히데요시는 살아생전에 자신의 아버지를 역사에서 말소하고 자신의 어머니가 원래 교토 조정의 궁녀로서 귀족과 사통해서 자신이 태어난 것이라고 주장했습니다. 그러므로 자신은 덴노 가문 또는 신으로부터 이어지는 귀족 가문의 자손으로서 '신하치만'이라 불릴 자격이 있다고 확신하고 있었는지도 모릅니다. 히데요시와 같은 인생을 산 사람은 자기가 시작한 거짓말을 스스로 믿고, 그에 따라 더 큰 거짓말을 만들어 이를 실행에 옮기는 것이 가능한 것 같습니다.

> 다이코(히데요시의 지위) 님은 자신의 이름을 후세에 전할 것을 바라고 마치 데우스와 같이 숭앙되기를 희망하여, 일본에서 흔히 행해지듯이 시체를 화장하지 말고 정성스럽게 관에 넣어 성 안의 유원지에 안치하도록 명했습니다. 이리하여 다이코 님은 그 후에 '가미(이 호칭은 살아 있을 때 덕행과 절조와 무공이 뛰어난 위대한 군주들을 일컬으며, 죽은 뒤에는 데우스들의 동료가 될 수 있다고 전해지고 있습니다)'의 반열에 올라서 신하치만, 즉 새로운 하치만이라 불리기를 바랐습니다. 왜냐하면 하치만은 옛날 로마인의 군

신軍神 마르스와 같이 일본인들 사이에서 군신으로 숭앙되고 있었기 때문입니다.[75]

히데요시는 조선 침략도 끝맺지 못하고 유럽과의 문제도 매듭짓지 못했습니다. 이 두 가지 과제는 도쿠가와 이에야스에게 남겨집니다. 두 과제에 대해 이에야스는, 조선과는 국교를 재개하는 방향을 택하고, 유럽 문제에서는 교역 상대국을 이베리아반도의 가톨릭 국가에서 프로테스탄트 국가인 네덜란드·영국으로 바꾸었습니다. 이 두 가지 결정이 그 후 거의 3백 년간 일본의 대내외 관계를 결정짓게 됩니다.

임진왜란 이야기를 마치기 전에, 임진왜란이 만들어낸 기이한 이야기를 하나 소개합니다. 《지봉유설》이라는 일종의 백과사전을 쓴 이수광이 임진왜란 중에 베이징에 갔다가, 베트남 후기 레 왕조Later Lê dynasty의 사신 풍극관(馮克寬, 1528~1613)을 만나 한문으로 시를 써서 주고받은 일이 있습니다. 이수광이 베이징에서 베트남 사신과 만난 1597년, 진주에서는 조완벽趙完璧이라는 사람이 포로가 되어 일본에 갔다가 선장이 되어 베트남을 드나들었습니다. 조완벽은 베트남에서 사람들이 이수광의 한시를 즐겨 외우고 있는 모습을 기억해두었다가, 1607년에 포로에서 풀려나 조선으로 귀국한 뒤 이 이야기를 퍼뜨렸습니다. 풍극관의 시집에 실제로 이수광이 쓴 시가 실려 있었으므로, 이수광의 시를 베트남 학자들이 알고 있었던 것은 사실일 것입니다. 베트남 사람들이 모두 이수광의 시를 외울 정도로 좋아했는지와는 별도로 말이지요.

06

도쿠가와 이에야스의 선택

스페인·포르투갈 vs. 네덜란드·영국

1600
세키가하라 전투/
네덜란드
리프데호가
일본에 표착

1601
주인선
제도 실시

1602~61
네덜란드-
포르투갈
전쟁

1603
도쿠가와 이에야스
정이대장군에 임명

1604
조선이
사명대사
유정을
일본에 파견

1604
중국산 생사
거래에 대해
이토왓푸
제도 실시

1605
사명대사가
이에야스와 면담한 뒤
임진왜란
포로들과 함께 귀국

1605
이에야스가
히데타다에게
정이대장군 직을
물려줌

1609
조선과 일본이
기유약조를 맺고
국교 정상화

1609
시마즈 가문의
류큐 왕국 정복/
네덜란드
동인도회사가
이에야스로부터
주인장 수령

1610
조선인
가톨릭 신자들이
산 로렌소
교회를 세움

1612
이에야스가
가톨릭 금교령 발표

1613
영국
동인도회사가
이에야스로부터
주인장 수령

1613
하세쿠라
유럽 파견
사절단 출발

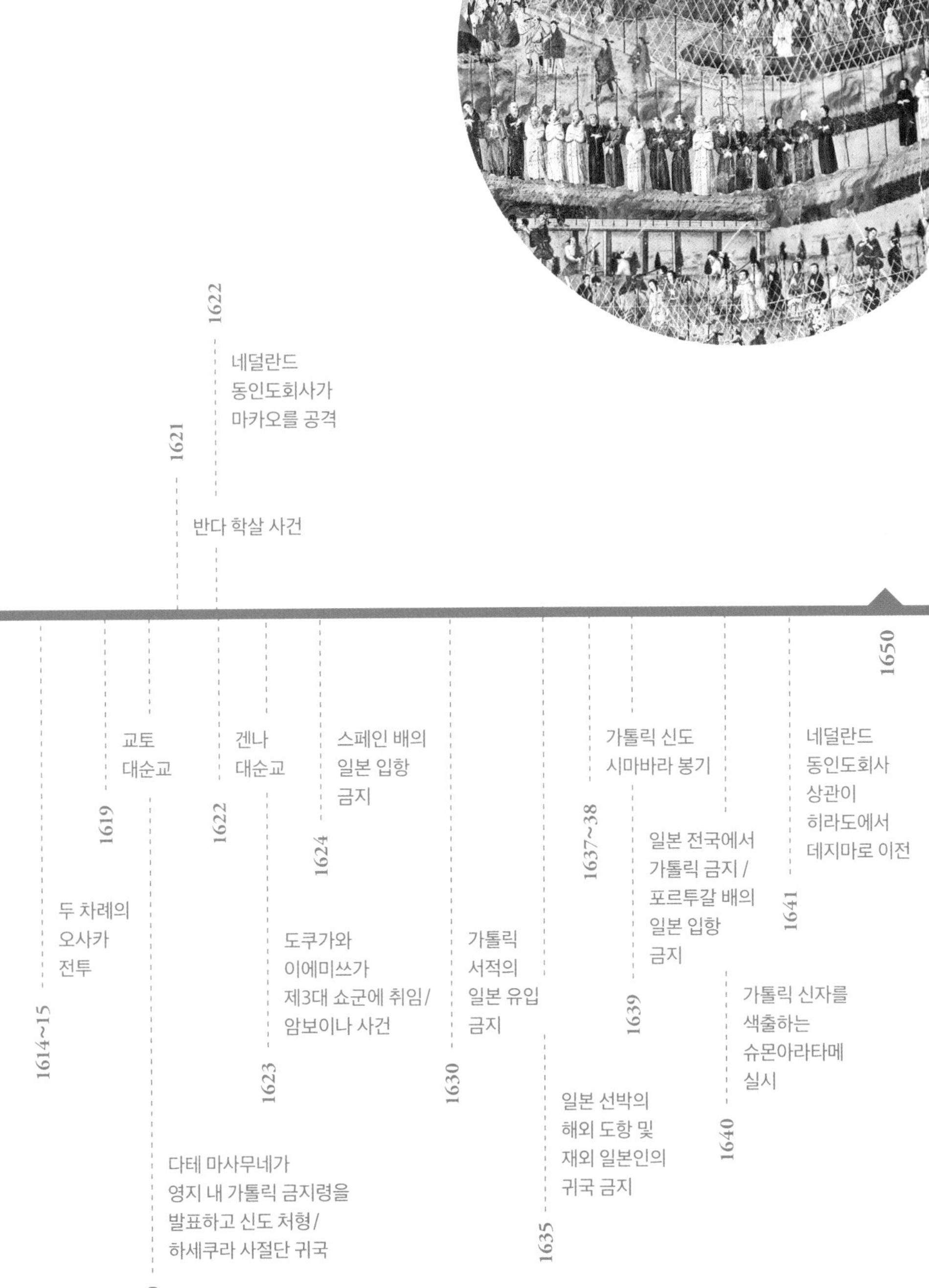
1614~15
두 차례의 오사카 전투
1619
교토 대순교
1620
다테 마사무네가 영지 내 가톨릭 금지령을 발표하고 신도 처형/ 하세쿠라 사절단 귀국
1621
반다 학살 사건
1622
네덜란드 동인도회사가 마카오를 공격
1622
겐나 대순교
1623
도쿠가와 이에미쓰가 제3대 쇼군에 취임/ 암보이나 사건
1624
스페인 배의 일본 입항 금지
1630
가톨릭 서적의 일본 유입 금지
1635
일본 선박의 해외 도항 및 재외 일본인의 귀국 금지
1637~38
가톨릭 신도 시마바라 봉기
1639
일본 전국에서 가톨릭 금지 / 포르투갈 배의 일본 입항 금지
1640
가톨릭 신자를 색출하는 슈몬아라타메 실시
1641
네덜란드 동인도회사 상관이 히라도에서 데지마로 이전
1650

히데요시 사후의 일본과 가톨릭 세력의 움직임

히데요시가 죽고 임진왜란이 종결된 1598년을 전후해서 일본 안팎의 가톨릭계는 분주하게 움직였습니다. 1598년 5월 29일에는 프란치스코회의 제로니모 데 제수스가 구치노쓰 항구를 통해 일본으로 잠입했습니다. 1594년 일본에 입국해서 활동하던 제수스는, 나가사키 26성인 순교 사건 때 마닐라로 추방된 뒤 다시 일본으로 들어와 숨어서 활동하기 시작합니다.

입국 후 반년쯤 지난 1598년 11월 9일에 제수스는 도쿠가와 이에야스로부터 만나자는 연락을 받습니다. 그리고 필리핀·멕시코 등 스페인 식민지와 교역하고 싶어 하는 이에야스의 바람을 실현시키기 위해 노력하는 대가로 가톨릭을 이에야스의 영향권인 간토에 선교하는 데 성공합니다. 나아가 1599년 4월에는 이에야스의 거점인 에도에 교회를 세울 정도였습니다. 제수스는 필리핀에서 멕시코로 가는 갈레온 무역선이 우라가浦賀 항구에 기항하되 광산 기술자 및 항해사들도 함께 오길 바란다는 이에야스의 요청을 마닐라 총독에게 전달하기 위해 1600년에 사절로 파견되었다가 일본으로 돌아와 이듬해에 사망합니다.

도요토미 히데요시 치하에서 탄압을 받던 가톨릭 세력은, 떠오르는 정치 지도자 도쿠가와 이에야스에게서 새로운 희망을 보게 됩니다. 세스페데스는 1601년에 이에야스에 대한 감회를 다음과 같이 적었습니다.

> 지금은 전 일본의 군주 다이후사마(이에야스를 지칭)의 통치 아래 있는데, 그는 우리의 친구이며 우리의 신성한 교리의 옹호자로 보입니다. 그의 편에 있는 다이묘들도 역시 그러하므로 천주교는 다시금 발판을 만들었으며 짧은 기간 내에 일본의 많은 왕국에 가장 큰 전교를 이룩할 희망에 차 있습니다.[76]

일본의 새로운 패권자로 부상하던 이에야스로서도, 당시 세계 최강국이던 스페인의 식민지 무역 루트를 확보하기 위해서는 가톨릭 신부들의 포교 활동을 허용해야 한다는 생각이 초기에는 있었다고 하겠습니다. 그러나 이에야스 역시 머지않아 히데요시와 같은 입장이 됩니다. 상업적 이익을 위해 가톨릭 세력이 일본에서 활동하는 것을 계속 허용하다가는, 자신의 권위에 복종하지 않고 바다 건너 로마의 권위에 복종하는 피지배민 집단이 점점 더 세력을 얻게 될 것이라는 결론에 도달합니다. 다만 히데요시 때와 달리 이에야스에게는 프

신격화된 모습으로 그려진 도쿠가와 이에야스.

로테스탄트 국가인 네덜란드와 영국이라는 새로운 선택지가 주어진 것이 행운이었습니다.

한편 제수스가 일본에 들어오고 두 달 뒤인 1598년 7월 4일에는 발리냐노가 신임 일본 주교인 예수회원 루이스 세르케이라(Luis Cerqueira, 1552~1614)와 함께 일본에 옵니다. 마카오에서 일본 주교로 임명받고 한 달 뒤 나가사키로 들어온 그는, 노예를 매매하는 포르투갈 상인들을 파문시킵니다. 1601년에는 나가사키에 주교좌성당과 신학교를 세워 일본인 사제를 육성하고, 가톨릭을 아시아 현지 상황에 맞추어 적응시켜야 한다는 입장을 취한 발리냐노와 힘을 합칩니다. 세르케이라 역시 1606년에 도쿠가와 이에야스를 만나 가톨릭 포교에 대한 단속을 완화해달라고 부탁하는데, 이러한 만남만 보더라도 가톨릭 국가와의 관계를 가급적 온건하게 이어가려는 이에야스의 의지를 읽을 수 있습니다.

1600년 1월 7일에는 예수회 일본 소속 준관구장 페드로 고메스가 나가사키에서 사망합니다. 1583년 6월 7일에 일본에 온 그는 1590년에 일본 준관구장이 되고 1593년에는 신학교에서 쓸 교과서를 쓰는 등 가톨릭을 일본에 정착시키는 데 노력했습니다. 그가 쓴 교과서 가운데《천구론天球論》은 일본에 아리스토텔레스적 우주론을 알린 최초의 서적입니다.

고메스가 죽기 1년 전인 1599년 윤3월 3일에는 마에다 가문의 시조인 마에다 도시이에가 오사카에서 사망합니다. 히데요시 정권의 5대 실권자인 고다이로五大老 가운데 이에야스의 독주를 저지하던 그가 사망함에 따라, 권력의 축은 한층 더 이에야스 측으로 기울게 됩니다. 그리고 다음 날 가토 기요마사, 구로다 나가마사, 아사노 요시나가 등 일곱 명의 장군들이 오랫동안 원한을 품어온 이시다 미쓰나리를 습격합니다. 이들은 정유재란, 특히 1597~1598년의 울산성 농성 때 결정적으로 관계가 틀어졌는데, 일본 정치권의 균형을 잡아온 마에다 도시이에가 살아 있는 동안에는 어쩌지 못하다가 그가 죽자마자 행동을 개시한 것입니다. 이 습격을 피해 이시다 미쓰나리는 자신의 거점인 사와야마佐和山로 피신합니다.

이 사건이 종결된 뒤 3월 13일에 이에야스가 후시미성으로 들어가니, 세간에서는 그가 "천하인이 되셨다天下殿に成られ候"[77]고 평하였습니다. 마에다 도시이에는 1539년에 태어나 1599년에 사망했으니, 당시로 보면 때 이른 죽음이라고까지 할 것은 아니지만 이에야스 입장에선 딱 알맞은 타이밍에 사라져준 것이었습니다. 오다 노부나가가 위기 상황을 맞았을 때 다케다 신겐과 우에스기 겐신이 갑작스럽게 사망한 행운과 비교할 수 있겠습니다. 이로써 권력은 점점 더 이에야스에게 집중되었습니다.

앞서 이에야스는 영주들 사이에 사사로이 혼인 관계를 맺지 말라는 히데요시의 방침을 깨고 1599년에 다테·후쿠시마·하치스카 가문과 혼인 동맹을 맺습니다. 이와 동시에 마에다 도시이에와 호소카와 다다오키에게 모반 혐의가 있다는 시비를 걸어 이들로부터 인질을 받아냅니다. 그다음으로 이에야스가 척결해야 할 주요 가문은 아이즈 지역의 우에스기 가문이었습니다. 그리하여 1600년 6월 16일 이에야스는 우에스기 가문을 공격하기 위해 군사를 일으킵니다. 이른바 세키가하라 전투의 서막입니다.

이시다 미쓰나리.

7월 17일에는 호소카와 다다오키의 정실부인인 호소카와 가라샤(다마코)가 오사카에서 사망하는데, 이 역시 두 달 뒤에 일어날 세키가하라 전투의 전조였습니다. 호소카와 다마코는 혼노지에서 오다 노부나가를 자결하게 만든 아케치 미쓰히데의 셋째 딸입니다. 혼노지의 변 이후 유폐되었다가 돌아와서는 남편 호소카와 다다오키가 1587년 규슈 정복 전쟁에 참전한 사이에 오사카의 교회에서 가톨릭 교리를 배우고 기요하라 마리아에게 세례를 받아 세례명을 가라샤('그라시아'의 일본식 발음)로 정합니다. 평소 아내가 가톨릭 신자인 사실에 불만을 품고 있던 호소카와 다다오키는, 7월 16일에 도쿠가와 이에야스와 함께 출전하기 위해 집을 떠나면서, 부하들에게 유사시에는 아내를 죽이고 모두 할복하도록 명합니다.

호소카와 가라샤.

그의 예상대로 도쿠가와 이에야스에 맞선 서군西軍의 이시다 미쓰나리가 호소카와 가라샤를 인질로 삼기 위해 호소카와 저택을 공격했습니다. 이에 가라샤는 남편이 명한 대로 포로가 되지 않고 죽음을 선택하려 했으나, 가톨릭 신자로서 자살할 수는 없었기에 가신 오가사와라 히데키요小笠原秀清에게 자신을 죽여달라고 부탁했습니다. 오가사와라는 가라샤를 찔러 죽인 뒤 그녀의 시체가 발견되지 않도록 저택을 폭약으로 폭발시키고 자신도 함께 죽습니다. 전근대 일본인들은 죽을 때 5·7·5·7·7 31자의 전통시 와카 형식으로 '지세(辞世, 유언시)'를 짓고는 하는데, 호소카와 가라샤의 지세는 "져야 할 때를 알기 때문에 이 세상에서 꽃이 꽃다운 것이고 사람이 사람다운 것이다散りぬべき, 時知りてこそ, 世の中の, 花も花なれ, 人も人なれ"입니다. 이 지세는 지금도 일본인들 사이에서 즐겨 읊어지고 있습니다.

호소카와 가라샤가 죽고 두 달 뒤인 1600년 9월 15일에 일본을 서부와 동부로 가르는 중간 지점인 세키가하라에서 전투가 일어납니다. 이 전투에서 도쿠가와 이에야스의 동군이 이시다 미쓰나리 및 고니시 유키나가의 서군에 승리함으로써 이에야스는 '천하인'이 됩니다. 물론 이에야스는 이때까지만 해도 도요토미 히데요리를 주군으로 인정하고 있었으며, 세키가하라 전투의 명분은 이시다 미쓰나리와 오타니 요시쓰구(大谷吉継, 1558~1600) 등 주요 다이묘의 모반을 진압한다는 것이었습니다. 명분상 도요토미 가문과 도쿠가와 가문의 전투가 아니었기에, 세키가하라 전투 이후에도 도요토미 히데요리의 지위는 보존됐습니다.

서군에 속한 모리 데루모토의 부하 깃카와 히로이에(吉川広家, 1561~1625)가 동군의 도쿠가와 이에야스 측과 내통하고, 고바야카와 히데아키가 같은 서군에 속해 있던 오타니 요시쓰구를 배신하고 공격했기 때문에 실제로 이에야스와 맞선 서군 측 부대는 이시다 미쓰나리가 이끄는 3만여 명뿐이었습니다. 이렇게 본다면 이에야스는 책략을 써서 이미 이길 전투를 시작한 것이고, 이시다 미쓰나리는 이러한 상황에서 전력의 열세를 무릅쓰고 잘 싸웠다고 평할 수 있습니다. 에도시대부터 오늘날에 이르기까지 일본 전국시대에 관심을 갖고 있는 사람들은 세키가하라 전투에서 시마즈 요시히로(島津義弘, 1535~1619, 시마즈 가문의 제17대 당주)의 부대가 이에야스의 본진을 돌파한 것에 큰 관심을 보입니다만, 이 전투의 서군 측 주인공은 역시 이시다 미쓰나리입니다.

도쿠가와 막부가 지배하던 에도시대에는, 막부를 창시한 이에야스에게 맞선 이시다 미쓰나리를 소인배 악당으로 치부하는 일이 잦았습니다. 그런 가운데 가나자와 지역의 하이카이 시인인 호리 바쿠스이(堀麦水, 1718~1783)가 집필한 장편소설《게이초 중외전慶長中外傳》은 퍽 이채롭습니다. 이 소설의 서문격인 〈서두에 게이초 3걸을 논하다発言慶長三傑〉에서 바쿠스이는, "이시다 미쓰나리는 큰 인물이었으며 에도시대에 회자되던 여러 다이묘들은 그에 미치지 못한다"는 대담한 주장을 전개합니다. 이런 주장을 하는 것이 위험하다고 여겼던지 바쿠스이는 '망호선생'이라는 가상의 인물을 등장시킵니다.

망호선생이라는 사람이 있다. 그 성명은 알 수 없다. 즐겨 밤마다 등불을 켜고 덴쇼天正·게이초慶長의 영걸을 논하였다. 그때마다 종종 '게이초 시대의 3걸慶長の三傑'이라는 말을 이야기의 주제로 삼았다. 사람들이 "3걸은 누구를 가리키는 것입니까?"라고 물으면 그는 이렇게 답하고는 했다. "다이코 히데요시 공, 도쿠가와 이에야스 공, 이시다 미쓰나리가 3걸이외다. 당시 마에다·시마즈·모리·우에스기·가모·구로다 따위는 모두 무리에 속한 여러 사람들 중의 하나였을 뿐이고, 오로지 이시다 미쓰나리만이 그들보다 우월했음에는 이유가 있다. 다이코는 하늘이 내린 영걸, 신군은 자연한 영걸, 미쓰나리는 사람의 재능으로써 영걸 되기를 구하였기 때문에 먼저 멸망한 것이다."

바쿠스이에 따르면, 이시다 미쓰나리를 소인배나 간신이라고 하는 것은, 도쿠가와 이에야스를 위하는 것 같지만 도리어 그를 욕되게 하는 것입니다. 만약 이시다 미쓰나리가 소인배라면, 세키가하라 전투에서 도쿠가와 이에야스가 그런 소인배에게 이긴 것은 조금도 자랑

할 만한 게 아니지 않느냐는 논리입니다. "한쪽 부대의 대장이 소인배라면 천하의 제후 가운데 누가 그의 말을 듣겠는가? 미쓰나리를 억지로 낮게 평가하는 것은 도리어 도쿠가와 가문의 무위를 더럽히는 큰 죄가 될 것이다. 실로 이시다 미쓰나리는 영민하여 여러 사람들의 맹주가 될 법하였다."

1598년에 히데요시가 죽은 뒤 도쿠가와 이에야스가 곧바로 도요토미 히데요리를 척결하지 않고 1615년까지 남겨둔 것도, 이시다 미쓰나리라는 존재가 있었기 때문에 함부로 움직이지 못해서 그런 것이라고 바쿠스이는 주장합니다. "이시다 미쓰나리 한 사람이 각오하자 도쿠가와 이에야스 공도 금방 도요토미 히데요리의 천하를 빼앗지는 못하였다. 이름뿐인 주군 가문을 옹립하여 14년간 오사카성을 안전하게 지킨 것은 미쓰나리의 심려와 충심이었다."

아울러 바쿠스이는 이시다 미쓰나리가 히데요리를 지킬 힘을 미처 다 갖추지 못한 상태에서 도요토미 히데요시가 죽은 것이 도요토미 가문에는 불운이었고 도쿠가와 가문에는 행운이었다고 말합니다. 이처럼 미처 준비가 되지 않은 상태였음에도 세키가하라 전투에서 도쿠가와 이에야스의 동군에 대등하게 맞섰고, 잘하면 이길 수도 있었던 상황에서 도쿠가와 이에야스가 일본을 차지한 것은 어찌 보면 하늘의 뜻, 다시 말해서 행운이라 하지 않을 수 없다고 결론 내립니다.

> 이시다 미쓰나리가 아직 남들 눈에 띄지 않도록 잠행하며 떡잎을 키우려 하던 때에 다이코가 돌아가시니, 이에 천운이 도쿠가와 가문에 미소 지어 대업이 그쪽으로 움직이려 하였다. 미쓰나리는 불과 20만여 석의

신참 다이묘이자 만사 타인에게 통제를 받는 상태에서조차 300만여 석의 이에야스 공에 맞서 거의 이길 뻔하였다. (중략) 다이코 히데요시가 5년만 늦게 돌아가셨다면 약속대로 이시다 미쓰나리가 곧 규슈와 쓰시마·이키, 이 두 섬을 관리하는 직책에 임명되었을 것이다. 그렇게 되었다면 위엄이 갖추어지고 법령이 정해지면서 미쓰나리는 천하 다이묘들의 우두머리로 올라섰을 것이다. 깊이 허혜虛慧로서 영웅의 마음을 가진다면 세력이 서해로 기울어졌을 것이다. 그런 뒤에 다이코가 돌아가셨다면 미쓰나리가 (도요토미 히데요리의) 후견인 중의 하나가 되어 도요토미 씨의 천하는 천년 동안 안녕하지 않았겠는가. 또한 미쓰나리의 천하로 바뀌었을지도 모를 일이다. 어떤 경우이든 도쿠가와 씨가 천하를 장악하는 일은 절대로 없었을 것이며, 운이 좋으면 50만~70만 석의 다이묘로 끝났을 것이다. 그러나 일이 되고 되지 않음은 하늘에 달린 것이다.

호리 바쿠스이의 이러한 '세키가하라론'이 역사의 법칙성을 이해하지 못하는 소설가의 한낱 궤변이라고 폄하하는 사람도 있을 것입니다. 하지만 저는 합리적인 이유로 역사를 해석하는 사람들이야말로 결론을 알고 있는 상태에서 억지로 과정을 꿰맞추는 것이며, 인간의 감정적인 측면과 인간 세상의 우연적인 측면을 무시한 기계적인 세계관의 소유자라고 생각합니다. 그리하여 저는 바쿠스이의 말에 감탄하는 것입니다.

바쿠스이는 도요토미 정권에서 도쿠가와 정권으로 넘어가는 과정을 다루고 있는 《게이초 중외전》 이외에도 규슈 사쓰마번 시마즈 가문이 류큐왕국을 정복하는 과정을 다룬 《류큐속화록琉球属和録》,

1637~1638년에 가톨릭교 피지배층이 일으킨 시마바라 봉기를 그린 《간에이 남도변寬永南島變》과 같은 장편소설도 썼습니다. 저에게는 16~17세기 일본의 전환기를 다룬 호리 바쿠스이의 이 장편소설 시리즈가, 시바 료타로의 《료마가 간다竜馬がゆく》나 야마오카 소하치의 《도쿠가와 이에야스徳川家康》보다 훨씬 더 흥미진진합니다.

바쿠스이가 이렇게 열심히 옹호했지만, 에도시대의 여론은 압도적으로 이시다 미쓰나리는 물론이고 그와 함께 서군을 이끌었던 고니시 유키나가를 비난하고 폄하하는 쪽으로 기울었습니다. 이 두 사람은 전투에서 패한 뒤 체포되어 처형당했습니다. 특히 가톨릭 다이묘인 고니시 유키나가는 산속에서 마주친 세키가하라 마을의 장로 린조스林藏主가 얼른 도망치라고 권했지만 "나를 도쿠가와 이에야스에게 데려가서 포상을 받으시오. 자살하는 것은 쉬운 일이지만, 나는 가톨릭 신자입니다. 가톨릭 신자는 자살을 하지 않는 법입니다"[78]라고 말하고는 스스로 체포되어 10월 1일에 참수되었습니다. 마치 한국의 어떤 사람들이 사업에 필요한 인맥을 마련하기 위해 프로테스탄트 교회에 다니듯이, 일찍이 상인 출신으로서, 정치적 기반을 마련하기 위한 목적으로 가톨릭을 믿은 고니시 유키나가가, 인생 말기에는 신앙을 위해 무사로서의 정체성까지 버린 것은 상당한 극적인 변화입니다.[79]

무사가 스스로 할복하지 않았다는 이유로, 그리고 불교나 신도를 믿지 않고 서양 종교인 가톨릭을 믿었다는 이유로 일본에서는 고니시의 존재가 거의 말살되다시피 했습니다. 1980년에는 고니시 유키나가의 영지였던 구마모토현 우토시에 그의 동상을 세웠다가 반대파의 공격이 두려워 하루 만에 가림막으로 감춘 일도 있습니다. 하지만 최근 들어 일본의 지방 구석까지 국제화 바람이 불면서, 요즘 야쓰시로시(고니시의 옛 영지)에서는 고니시 유키나가를 이 지역의 상징 인물로 내세울 만큼 그에 대한 평가가 달라졌습니다.

한 예로, 고니시 유키나가 연구의 일인자인 도리즈 료지 선생이 야쓰시로시에서 시민 강좌를 열었는데, "고니시 유키나가는~"이라고 했더니 어느 노인이 "고니시 공公이라고 해야지!"라고 호통을 쳤다고 합니다. 이러한 시민의 반응에 대해 도리즈 선생은 '고니시에 대한 이미지가 십 년 사이에 이렇게나 바뀌었구나' 싶어서 감탄했다더군요.

다카야마 우콘과 함께 일본 가톨릭을 대표하는 고니시 유키나가가 처형당한 다음 달인 1600년 11월 7일(양력 12월 12일), 교황 클레멘스 8세가 조건을 붙여 탁발수도회가 일본에 가는 것을 허가합니다. 하지만 이미 탁발수도회 가운데 하나인 프란치스코회가 일본에서 활발한 활동을 전개한 끝에 순교 사건까지 일어난 뒤였습니다. 이듬해인 1601년 7월 27일에는 이에야스가 제로니모 데 제수스 신부 등을 만나 후시미에 땅을 내주었고, 8월 26일에는 나가사키에서 기무라 세바스티안(Sebastian Kimura, 1565~1622) 등이 일본인으로서 첫 사제가 되었습니다. 히라도에서 태어난 그는 히젠 지역 아리마와 마카오의 신학교에서 수학한 뒤 사제가 되었습니다. 1614년에 가톨릭 금지령이 내려졌을 때에도 일본을 떠나지 않고 규슈 지역에서 활동했으나, 1621년 밀고에 의해 체포되어 이듬해 1622년 나가사키 니시자카에서 다른 54명의 신부·신도들과 함께 화형당합니다. 뒤에서 다시 설명하겠지만, 이 탄압을 '겐나 대순교元和大殉教'라고 부릅니다.

구마모토현 우토시에 있는 고니시 유키나가 동상.

1600년,
네덜란드와 영국의 등장

세키가하라 전투가 일어난 1600년은 유럽 남서부의 이베리아반도 국가를 대체할 유럽 국가로서 네덜란드와 영국이 일본에 등장한 획기적인 해이기도 합니다. 히데요시에게는 이런 선택지가 없었습니다. 도쿠가와 이에야스에게는 1599년에 마에다 도시이에가 죽은 것과 더불어 또 하나의 행운이 찾아온 것입니다.

1600년 3월 16일, 1598년에 네덜란드 로테르담에서 출항한 네덜란드의 리프데호가 태평양을 횡단하던 중에 분고 지역의 우스키에 표착합니다. 배에 탄 110여 명 가운데 선장 야콥 콰케르낵Jacob Quaeckernaeck과 항해장인 영국인 윌리엄 애덤스William Adams, 얀 요스텐Jan Joosten, 멜키오르 판 산트포르트Melchior van Santvoort 등 24명만이 살아남았습니다. 포르투갈 예수회 측에서는 이들이 해적이므로 처형해야 한다고 주장했지만, 이에야스는 이들을 오사카성으로 불러서 세계정세에 관해 질문했습니다. 이후 야콥 콰케르낵은 귀국했고, 윌리엄 애덤스와 얀 요스텐은 귀국하지 않고 일본에 남아 도쿠가와 막부의 외교 고문이 됩니다.

일본에 온 최초의 영국인인 윌리엄 애덤스는 간토 지역의 미우라군三浦郡에 영지를 받고 일본인 여성과 결혼하여 미우라 안진三浦按針이라는 이름으로 활동하며, 도쿠가와 막부에서 조선술·기하학·지리학을 가르쳤습니다. 그가 일본에서 건조한 유럽식 범선인 산 부에나 야콥 콰케르낵, 윌리엄 애덤스 등이 일본에 표착한 모습을 그린 기념비.

벤투라San Buena Ventura호는 1610년 로드리고 데 비베로 이 벨라스코(Rodrigo de Vivero y Velasco, 1564~1636) 필리핀 임시 총독을 태우고 멕시코에 도착했고, 그 후 갈레온 무역 항로에서도 이용되었습니다.

윌리엄 애덤스가 1611년에 자바에 거주하는 영국인에게 편지를 보내자, 이 편지에 자극받은 영국 동인도회사가 1613년에 국왕 제임스 1세의 국서를 가지고 일본에 도착하여 이에야스로부터 무역을 허가한다는 주인장朱印状을 수령합니다. 하지만 3년 뒤 1616년에 막부 측에서 영국도 스페인과 마찬가지로 그리스도교 국가가 아니냐고 힐문하자, 초대 영국 상관장 리처드 콕스(Richard Cocks, 1566~1624)는 영국이 그리스도교 국가이기는 하지만 가톨릭은 아니며 스페인과는 적대 관계라고 강조해서 주인장을 갱신받습니다.

1 2

1 도쿠가와 이에야스가 영국 국왕 제임스 1세에게 선물로 보낸 갑옷.

2 윌리엄 애덤스가 1613년에 영국 동인도회사 런던 본부에 보낸 편지.

그때까지 콕스는 슨푸·에도·오사카·쓰시마에 상관원商館員을 주재시키고 나가사키에 대리점을 두어 조선과의 통상을 시도했으며 시암·코친·통킹 등과의 사이에서 중개무역을 해왔습니다. 그러나 일본 막부로부터 앞으로는 히라도에서만 교역을 하라는 조건을 제시받습니다. 게다가 네덜란드와의 무역 경쟁에서도 패하면서 영국 동인도회사는 1623년 히라도 상관을 폐쇄합니다. 그리고 콕스는 영국으로 귀국하던 중에 해난 사고로 사망합니다. 이에야스가 죽은 뒤 막부와의 관계가 멀어진 미우라 안진 역시 히라도로 가서 그곳에서 죽음을 맞이합니다.[80]

얀 요스텐도 일본인 여성과 결혼해 야요스耶楊子라는 이름으로 시암·코친차이나·통킹 등지와의 국제무역에 종사하다가, 1623년 바타비아에서 일본으로 돌아오던 중에 배가 난파되어 죽음을 맞이합니다. 1627년에 제주도에 표착해 조선에 귀화한 박연(朴淵, 1595~?)의 이름도 얀 야너스 벨테브레이Jan Jansz Weltevree이니, 비슷한 시기에 조선과 일본 두 나라에 '얀'이라는 이름을 가진 두 명의 네덜란드인이 살고 있었던 것입니다.

한편 1605년에 이에야스로부터 네덜란드 동인도회사 총독에게 친서를 전달하라는 명을 받은 야콥 콰케르낵과 멜키오르 판 산트포르트는 주인선을 타고 히라도를 출항하여 말레이반도 파타니에 갔는데, 일본으로 돌아오던 길에 말라카 해협에서 포르투갈인의 습격을 받고 콰케르낵이 살해됩니다. 일본과의 무역에서 얻는 이익을 두고 포르투갈·스페인·네덜란드·영국 네 나라가 충돌하는 와중에 희생된 것입니다. 산트포르트는 살아 돌아와서 일본과 동남아시아 사이에서 무역 활동을 계속하다가 1639년 외국인 추방 때 타이완으로 떠난 뒤 다시 바타비아(자카르타 북부)로 건너가 그곳에서 생을 마칩니다.

1605년 항해 당시 콰케르낵은 네덜란드 선박이 히라도에 와주기를 바라는 히라도 영주 마쓰라 시게노부의 희망을 네덜란드 동인도회사 총독에게 전달합니다. 총독은 약속대로 1609년에 선박 두 척을 일본으로 보내준 바 있습니다. 사실 이 두 척의 배는 마카오에서 일본으로 향하는 포르투갈 배를 나포하는 것을 첫 번째 목표로 삼되, 이 목적이 달성되지 않을 경우 그다음 목표로서 일본에 가서 통상 교섭을 진행하라는 지령을 받은 상태였습니다. 1609년 5월 31일에 이들 선박이 히라도항에 도착하자, 마쓰라 시게노부는 네덜란드 측 사절단과 함께 도쿠가와 이에야스에게 가서 면담을 가졌습니다. 그러자 이들보다 앞서 나가사키를 통해 슨푸에 와 있던 포르투갈인들은 해적 활동을 일삼는 네덜란드인들을 체포해야 한다고 주장했습니다. 그러나 이에야스는 포르투갈인들의 주장을 물리치고, 네덜란드인들이 어느 항구로 입항해도 좋다는 공문서(주인장)를 내주었습니다.

이에야스의 이러한 긍정적인 신호를 받은 네덜란드 동인도회사는 히라도에 무역사무소인 상관을 열기로 결정합니다. 그러나 당초 히라도의 네덜란드 상관은 무역 거점이라기보다 포르투갈·스페인 세력을 북동 유라시아 동해안 일대에서 몰아내기 위한 군사 거점으로서의 성격이 더 강했습니다. 히라도에서 수출되는 일본 상품은 은·철·조총·도검류·노예·선원·용병 등이었으며, 특히 용병은 네덜란드가 동남아시아에서 스페인과 싸우는 데 동원되었습니다.

1617년에는 네덜란드 함대가 스페인 제국에 대한 견제 차원에서 마닐라 봉쇄작전을 전개했으며, 1619년에는 네덜란드와 영국이 스페인을 물리치기 위해 공동방어협정을 맺고 공동 함대의 모항母港을 히라도에 두기로 협의했습니다. 마카오의 포르투갈, 마닐라의 스페인, 히라도의 네덜란드. 그리고 이 3대 유럽 세력이 충돌하는 무대인 타이완. 이런 구도가 1600년대 초에 북동 유라시아의 동해안에 만들어진 것입니다. 이러한 상황에 위기감을 느낀 포르투갈·스페인·중국은 네덜란드와 영국을 일본에서 추방하라고 막부 측에 요구합니다. 막부는 1621년 7월 28일에 네덜란드와 영국 상관장에게 일본인 노예·용병 수출 금지, 군수품 수출 금지, 일본 근해에서의 해적 행위 금지라는 3개조의 명령을 전달합니다. 이 명령을 순순히 받아들이기 곤란하다고 판단한 영국 동인도회사는 1623년에 히라도에서 철수했고, 네덜란드 동인도회사는 기존의 무역 형식을 바꾸는 것으로 명령에 순응했습니다.

한편 이에야스의 영역인 간토로 향하던 중 폭풍우를 만나 난파된 리프데호에 실려 있던 대포와 갑옷 등이 세키가하라 전투 때 도쿠가와 이에야스 측에서 쓰였다고 선교사들은 전합니다. 또한 선미에 붙어 있던 에라스무스Erasmus의 상像은 오늘날 도치기현 사노시의 류코인龍江院 절에 소장되어 있습니다. 잘 알려져 있다시피 에라스무스는 '인문학자들의 왕자'로 불리는, 르네상스 시기 유럽의 대표적인 학자입니다. 그런 에라스무스의 상이 네덜란드의 배에 붙어 있다가 우연히도 일본에 건너와서 지금껏 남아 있는 것은 의미심장합니다.

도쿠가와 이에야스는 스페인과 포르투갈 대신 영국과 네덜란드를 유럽의 카운터파트로 결정했습니다. 두 나라 가운데 영국은 일찍이

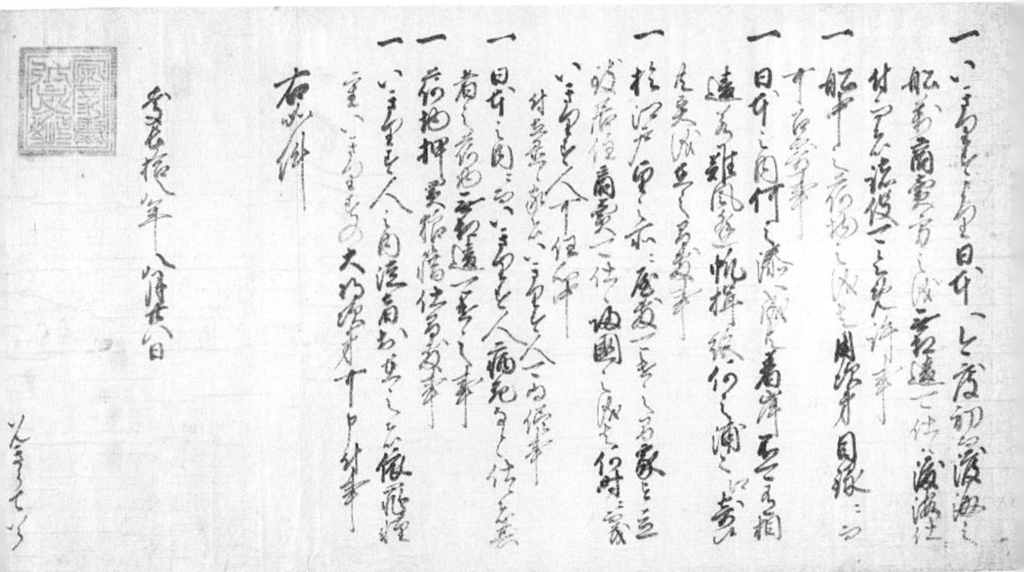

도쿠가와 이에야스가 1613년에 영국 동인도회사에 발급한 주인장.

철수했지만 네덜란드는 메이지유신 때까지 일본에 남아 있었습니다. 이 시기에 서구 세력은 청나라와 일본 양쪽 모두와 교류를 가졌지만, 청나라는 이들을 통해 서구 문명을 배운다는 태도를 좀처럼 취하지 않은 반면, 일본인들은 나가사키 데지마의 네덜란드 동인도회사 상관을 통해 유럽과 세계에 관한 지식을 배웠습니다. 이러한 선택과 집중 덕분에 일본은 같은 시기 동중국해 연안 지역의 다른 나라들보다 세계가 어떻게 돌아가는지를 알 수 있었고, 미흡하나마 대비도 할 수 있었습니다. 그런 의미에서 에라스무스는 유럽뿐 아니라 17세기 일본의 지적인 르네상스도 상징한다고 할 수 있겠습니다.

세키가하라 전투 발발 이듬해인 1601년부터 1604년까지는 앞서 살핀 네덜란드·영국과의 관계를 비롯하여 향후 국제 관계의 기초가 되는 제도들이 갖추어집니다. 먼저 1601년에는 주인선 제도가 실시됩니다. 주인선 제도란 해외 도항을 허가하는 서류(주인장)를 가진 배만 해외로 나갈 수 있게 함으로써 막부가 대외무역을 관리·감독하는 데 용이한 정책입니다. 1601년 10월에 이에야스는 베트남 북부와 필리핀 마닐라 총독에게 각각 서한을 보내어, 앞으로는 주인장이 없는 일본 상선과는 무역하지 말 것을 요청했습니다. 1603년 3월에는 히데요시의 치세 때부터 나가사키 부교(奉行, 봉행)로서 대외무역을 관리·감독하던 데라자와 히로타카寺沢広高를 이에야스 자신의 가신인 오가사와라 이치안小笠原一庵으로 교체하여 나가사키를 직할 통치하기 시작합니다.

뒤이어 1604년 5월에는 포르투갈 상인이 중국에서 구입해와서 나가사키에서 판매하던 중국산 생사生絲를, 막부가 지정한 상인들만 공정 가격으로 일괄 구입할 수 있는 이토왓푸糸割符 제도를 실시합니다. 생사를 판매해온 타이완의 정성공 세력 및 일본의 신흥 상인들이 이러한 독점에 반대했기 때문에 1655년 일시적으로 폐지되었지만, 1685년에 부활되어 에도시대 말기까지 유지되었습니다.

나가사키를 직할 통치하고 한 달 뒤인 1603년 2월 12일에 도쿠가와 이에야스가 정이대장군에 임명됩니다. 이에야스는 1년 전만 해도 히데요리에게 신년 인사를 드리는 예를 차렸고, 1603년 정월에도 자신에게 인사하기 위해 모인 다이묘들에게 먼저 히데요리에게 신년 인사를 드리라고 명한 뒤 2월 8일에 자신도 인사를 했습니다. 그러나

2월 12일에 정이대장군에 임명된 뒤로 이에야스 본인은 물론이고 다이묘들도 더 이상 히데요리를 찾지 않았습니다.

도쿠가와 막부의 거점이 될 에도성 공사도 시작됩니다. 그리고 이 토왓푸 제도가 실시되고 석 달 뒤인 1604년 8월에는 다이묘들에게 각자의 영지에 포함된 마을 단위의 징세 장부인 고초郷帳와 영지의 지도인 구니에즈国絵図를 막부에 제출하라는 명령이 전달되고, 이 명령대로 지도가 제출됩니다. 막부의 권력이 이에야스의 직할령을 넘어 일본 전역에 미치기 시작했음을 보여주는 대목입니다.

네덜란드-포르투갈 전쟁과 일본

도쿠가와 이에야스가 국내 정치를 장악하고 국제 관계를 정비하던 1602년, 일본을 둘러싼 국제 관계의 성격을 바꿀 사건이 일어났습니다. 1602년 3월 20일에 설립된 네덜란드 동인도회사가 포르투갈 제국의 패권에 도전한, 이른바 네덜란드-포르투갈 전쟁이 시작된 것입니다. 네덜란드가 스페인으로부터 독립하기 위해 일으킨 80년전쟁(1568~1648)의 연속선상에서 발생한 것으로 간주되는 이 전쟁은 포르투갈의 식민지가 있는 거의 모든 지역에서 일어나서, 네덜란드령 브라질Nederlands-Brazilië에 대한 포르투갈의 지배권을 인정하는 덴하흐 조역(1661)이 체결될 때까지 60년간 이어졌습니다.

이 오랜 전쟁의 결과 네덜란드는 1630~1654년 사이에 점령한 '니우홀란트'라 불리던 네덜란드령 브라질을 포르투갈에 돌려주는 대신 동남아시아와 스리랑카를 차지하게 됩니다. 일본과의 관계에서는, 가톨릭을 앞세워 영토적 야심을 품고 있는 스페인·포르투갈을 대체할 만한 세력을 찾던 일본 쪽 요구와도 맞물려 네덜란드가 일본 무역을 독점할 기반을 마련하는 데 성공합니다.

여담입니다만, 오늘날 뉴욕의 원형에 해당하는 니우암스테르담도 이 시기에 건설되지만, 브라질의 니우홀란트와는 달리 이곳은 네덜란드인들이 먼저 식민지화한 것을 영국인들이 빼앗은 것입니다. 이 지역을 최초로 탐험한 유럽인 헨리 허드슨(Henry Hudson, 1565?~1611)은 윌리엄 애덤스와 마찬가지로 네덜란드 동인도회사에 소속되어 있던 영국인이었습니다. '하위헌스 네덜란드 역사 연구소Instituut voor Nederlandse Geschiedenis'에 소속된 옐레 판 로툼Jelle van Lottum 선생이 최근 자신의 SNS를 통해 소개한 바에 따르면, 네덜란드 동인도회사는 오늘날 거의 전 유럽뿐 아니라 러시아의 우랄산맥 서쪽 지역, 터키와 북아프리카의 해안 지역, 심지어는 스페인과 포르투갈 지역에서도 선원을 채용했다고 합니다. 즉 당시 네덜란드 동인도회사는 바이킹

네덜란드-포르투갈 전쟁. 당시 네덜란드 포르투갈의 거점 지역.

이나 후기 왜구와도 비교할 수 있는 다국적 기업이었던 셈입니다(저는 이 연구가 곧 논문이나 책으로 나오기를 기대하고 있습니다).

네덜란드-포르투갈 전쟁이 일어난 1602년 6월 25일(음력 5월 6일)에 필리핀의 탁발수도회원 15명이 일본으로 향했습니다. 두 달 뒤인 음력 7월 9일에 도쿠가와 이에야스는 필리핀 총독에게 가톨릭 포교를 엄금할 것이라고 통보했습니다. 이에야스는 이미 네덜란드와 영국이라는 새로운 카운터파트를 알게 된 뒤였지만, 그래도 여전히 스페인이 종교와 무역을 분리한다면 교류를 이어나갈 자세였습니다. 9월 8일에 예수회 일본 주교 루이스 세르케이라는, 필리핀 탁발수도회원이 일본에 오는 것이 대단히 우려스럽다고 보고합니다. 프란치스코회가 일본에 오고 난 뒤에 산 펠리페호 사건이 발생하여 26성인이 순교한 일을 떠올렸기 때문일지 모릅니다.

유럽 국가들에 대한 일본의 정책이 변화하기 시작할 무렵, 1602년 12월 4일에 발리냐노가 일본을 떠나 마카오로 향합니다. 그는 오다 노부나가, 도요토미 히데요시, 도쿠가와 이에야스 세 사람의 치세를 모두 가까이에서 목격했고, 가톨릭을 일본에 정착시키기 위해 현지 적응주의를 강조해왔습니다. 마카오에 간 후 일본에서 들려오는 잇따른 순교 소식을 들으며 자신의 목표가 끝내 달성되지 못하리라는 우울한 예감과 함께 그는 1606년 1월 20일에 마카오에서 병사합니다.

아마도 발리냐노에게 가장 충격적이었을 소식은, 다카야마 우콘 이후 일본 가톨릭계를 대표해온 고니시 유키나가의 옛 영지(야쓰시로)에서 1603~1606년에 가톨릭 신자 처형이 잇따른 사실이었을 터입니다. 고니시 유키나가가 영주일 때 가톨릭으로 개종한 주민들이, 가톨

릭을 배척하는 새로운 영주 가토 기요마사 치하에서 불교 종파인 일련종으로의 개종을 요구받고, 이를 거부하다가 처형된 것입니다. 고니시 유키나가 연구의 일인자인 도리즈 료지 선생에 따르면, 세키가하라 전투 이후 고니시 유키나가의 영지인 우토 지역을 정복한 가토 기요마사는 이곳 백성들이 고니시 유키나가에 대해 쓰거나 말할 때 '쓰노카미 님津の守殿', '유키나가 님行長様'과 같은 존칭을 붙이는 것도 금지시켰다고 합니다.[81]

1603년 12월 25일에는 일본을 대표하는 전통 화가 유파인 가노파狩野派에 속하는 가노 겐스케 페트로를 비롯해 교토와 오사카의 가톨릭 대표들이, 1597년에 순교한 26명을 성인으로 올려줄 것을 청원하는 서한을 교황에게 보냅니다. 가노 겐스케 페트로는 교토 프란치스코회의 재산을 관리하는 임무를 맡고 있었는데, 한때는 예수회를 비난하는 서한을 마닐라에 보내기도 했습니다. 일본의 회화 전통을 대표하는 가노파 화가 가운데 가톨릭 신자가 있었다는 것은, 저명한 유학자 가문의 기요하라 에다카타가 가톨릭 신자였다는 사실만큼이나 저에게 놀라움을 줍니다.

훗날 일본 프란치스코회의 중심인물이 될 루이스 소텔로(Luis Sotelo, 1574~1624) 신부가 1603년에 필리핀에서 일본으로 건너와 도쿠가와 이에야스·히데타다 부자父子를 만나 그들에게 신뢰를 얻습니다. 1600년에 마닐라에 도착한 이래로 마닐라 일본인 마을(니혼마치)에서 추방당한 일본인 가톨릭 신자들을 지도하면서 일본어를 배운 소텔로는, 필리핀 총독의 편지와 선물을 가지고 일본에 와서 당시 일본 최고 지도자 두 사람을 만난 것입니다. 이러한 우호적인 관계를 맺은 덕

하세쿠라 사절단의 항해 경로.

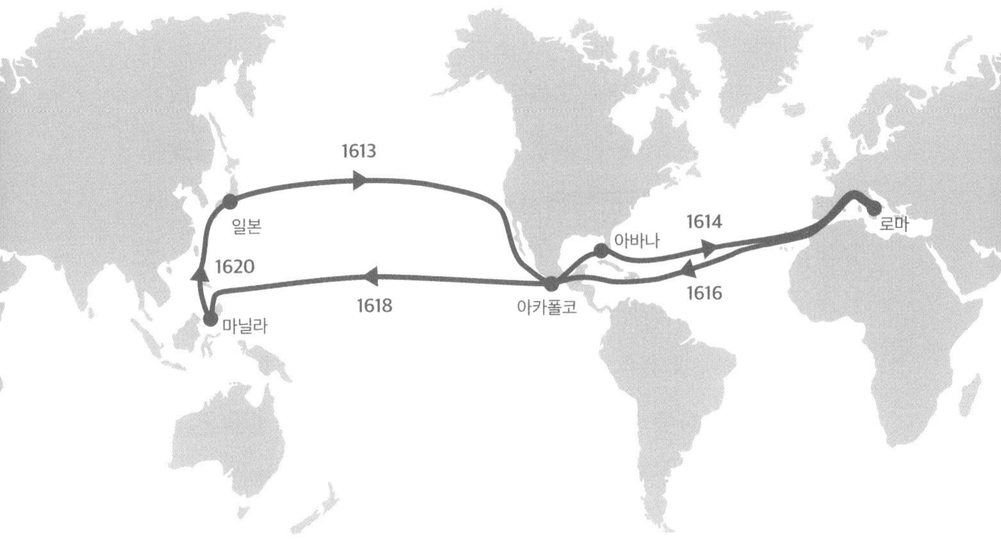

에 소텔로는 에도에서 포교 활동을 벌일 수 있었습니다. 그는 에도 아사쿠사에 한센병을 치료하는 병원을 세우며 활동하던 중 에도 북쪽에 자리한 센다이번의 다테 마사무네와 가까워졌습니다. 1613년에 도쿠가와 히데타다가 에도의 가톨릭 신자들을 탄압할 당시 소텔로는 사형을 선고받기도 했지만, 다테 마사무네가 탄원한 덕분에 간신히 살아남았습니다.

다테 마사무네와의 이러한 인연으로 소텔로는 1613~1620년에 멕시코와 스페인을 거쳐 로마로 항해한 하세쿠라 사절단과 동행하게 됩니다. 하지만 로마에서 센다이로 돌아오던 중 1618년에 필리핀 총독이 소텔로를 억류하는 바람에 하세쿠라만 1620년에 귀국합니다. 그리고 소텔로는 1622년에 가톨릭 신부의 입국을 금지한 법령을 어기고 사쓰마에 잠입했다가 곧바로 체포되어 1624년 오무라에서 화형을 당해 순교합니다. 이 시기 일본에서 활동하던 가톨릭 신부들의 행적을 추적하다 보면, 이들이 일본인들에게 우호적이었든 경멸의 자세를 보였든, 또 자기 수도회 내부에서나 다른 수도회들 사이에서 우호적이었든 경쟁적이었든, 결국 대부분 순교로 생을 마치는 것을 보면서 종교의 힘을 새삼 느끼게 됩니다.

1603년부터 1608년까지 나가사키에서는 16~17세기 일본과 유럽의 교류를 상징하는 중요한 책 두 권이 출판됩니다. 《포르투갈어 설명을 붙인 일본어 사전》(1603~1604), 포르투갈 출신 예수회 신부 주앙 쭈주 로드리게스(João Tçuzzu Rodriguez, 1561?~1634?)가 편찬한 《로드리게스 일본대문전》(1604~1608)이 그것입니다. 《포르투갈어 설명을 붙인 일본어 사전》(일명 《일포사전日葡辭書》)과 《일본대문전》은 일본어를 유럽의 언어학적 관점에서 정리한 최초의 책일뿐더러, 16~17세기 일본의 상황을 극명하게 기록한 책이어서 그 가치가 매우 높습니다. 로드리게스의 이름에 들어 있는 '쭈주'란, 통역관이라는 뜻의 일본어 '쓰지通事'에서 유래한 말입니다. 1577년에 16세의 나이로 일본에 건너온 로드리게스는 일본어에 능통했기에 도요토미 히데요시 및 도쿠가와 이에야스와 가톨릭 신부들 사이의 통역을 맡았을 뿐만 아니라, 일본 최고 지도자들과의 친분을 이용해서 종교 및 무역 문제가 온건하게 처리되는 데 큰 역할을 했습니다.

최근 《일포사전》 네 번째 실물이 브라질국립도서관에서 발견되었습니다. 나폴레옹전쟁 중이던 1807년에 브라질 리우로 피신한 포르투갈 국왕 주앙 6세가 가져온 도서 컬렉션 속에 있었다고 합니다.[82] 16~17세기 일본에서 출판된 가톨릭 관련 서적을 '기리시탄판'이라고 하는데, 이후 일본에서 자행된 극심한 가톨릭 탄압으로 인해 현재 기리시탄판은 전 세계적으로 남아 있는 것이 많지 않습니다. 중세 일본과 이베리아반도 세력과의 교섭을 상징하는《일포사전》이, 16~17세기 당시 일본인 노예들이 팔려간 브라질에 보존되어 있었다는 사실

일명《일포사전》으로 불리는《포르투갈어 설명을 붙인 일본어 사전》.

포르투갈에서 브라질로 출항하는 주앙 6세.

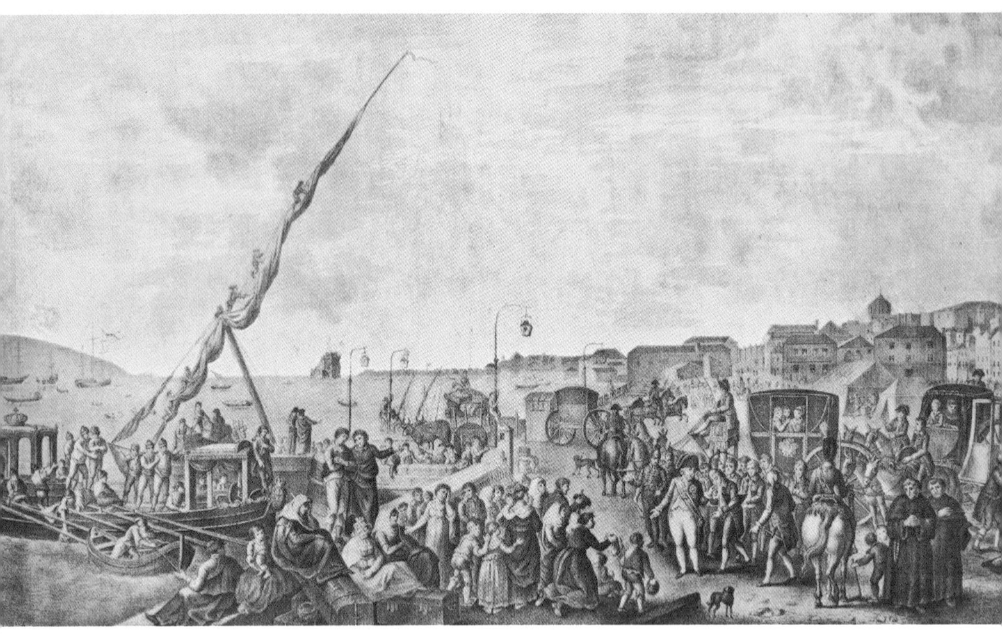

은 상징하는 바가 큽니다. 일본 역사, 동중국해 연안 지역의 역사, 북동 유라시아 지역의 역사를 알기 위해서는 전 세계를 통찰하는 눈이 필요하다는 사실을 보여주는 사례라 하겠습니다. 2015년 12월 25일에 화재가 난 포르투갈어박물관이나 2018년 9월 2일에 화재가 나서 소장 유물 2천만 점이 불에 타버린 브라질국립박물관에 이 책이 있지 않았던 것이 그나마 다행입니다.

도쿠가와 막부의 국제무역 규칙인 이토왓푸 제도가 실시된 1604년, 조선에서는 일본과의 국교 재개에 앞서 제반 상황을 살피기 위한 사절(탐적사)로 저명한 승려 사명대사(유정)를 일본에 파견합니다. 사명대사는 임진왜란 때에도 불교도인 가토 기요마사와 교섭을 가진 바 있습니다. 사명대사를 파견한 이유로는, 동아시아 지역에서는 승려들이 외교사절로서 활동한 경우가 많았으며, 불교를 깊이 숭앙하는 일본인들과 교섭하기에는 주자학자 관료보다 승려가 낫고, 또 정식 국교를 맺기 전에 조선 정부 관료를 보내는 것이 부담되었으리라는 등의 이유를 생각할 수 있습니다.

사명대사는 1605년 3월에 도쿠가와 이에야스와 면담을 갖고, 임진왜란 때 일본으로 끌려간 포로들을 데리고 귀국합니다. 사명대사와 만난 다음 달인 4월 16일에는 도쿠가와 이에야스가 아들 히데타다에게 정이대장군 직을 물려줍니다. 도쿠가와 가문이 쇼군 직을 세습한다는 질서가 확립되는 순간입니다. 그 후 이에야스는 일찍이 자신의 거성이던 슨푸에 새로운 성을 짓고 그곳에 거주하며 막후에서 일본을 통치합니다. 이를 오고쇼大御所 정치라고 합니다(오고쇼란 쇼군이 정이대장군 직을 물러나 은거한 뒤에 불리는 호칭으로, 에도시대에는 여러 명의 쇼군이 오고쇼로서 막후에서 실권을 장악한 사례가 확인됩니다).

1606년 7월 국교 재개를 위해 파견한 '회답 겸 쇄환사(回答兼刷還使, 일본에 포로로 잡혀간 이들을 쇄환하기 위해 파견한 사신)'도, 1607년 윤4월에 에도에서 도쿠가와 히데타다를 만나고 돌아오는 길에 슨푸에서 이에야스를 만나 최종적으로 국교 재개에 합의합니다. 그리하여 조선과 일본은 1609년 5월에 기유약조己酉約條를 체결해, 공식적으로 국교를 재개하고 안정적인 외교 관계를 맺게 됩니다. 그리고 기유약조에 따라 부산에 왜관을 설치함으로써 이곳이 두 나라 간의 공식 교역지가 도쿠가와 이에야스의 거성인 슨푸성.

됩니다.

에도시대 이래로 일본의 일부 인사들은 왜관이 일종의 식민지라고 주장해왔습니다만, 일본과 청나라가 나가사키와 광둥에 각각 설치했던 공식 대외무역 장소와 같은 성격으로 보는 것이 타당하다고 하겠습니다. 기유약조를 전후하여 지금의 부산시 동구에 두모포왜관豆毛浦倭館이 설치되었고, 1678년에는 부산시 중구에 초량왜관草梁倭館을 만들어 왜관을 옮겨갔습니다. 이들 왜관의 존재를 증명하는 문서는 많지만 유적과 유물은 그동안 거의 확인되지 않고 있다가, 2018년 8~9월에 옛 초량왜관 터에서 도자기 파편 수백 점이 나와 화제가 되었습니다.[83]

도쿠가와 이에야스가 일본 국내외의 지배 질서를 정비해가던 1605년 4월 12일, 고요제이 덴노가 도요토미 히데요시의 아들 히데요리를 내대신內大臣에서 좌대신左大臣으로 승진시켰습니다. 쇼군이 된 히데타다가 이보다 한 등급 아래인 내대신이었으니, 덴노로서는 도쿠가와 가문의 쇼군 직 세습을 인정하는 한편으로, 도요토미 가문에 대해서도 정치적으로 배려를 해야 한다는 판단을 한 것입니다. 중세와 근세 일본에서 덴노와 쇼군, 그리고 실권을 가진 그 밖의 영주들 간의 관계는 꽤 미묘했습니다. 덴노가 쇼군을 비롯한 무사 집단에 모든 실권을 빼앗기고 형식적인 존재로만 남아 있었던 것은 아니었습니다.[84]

급변하는 일본의 정세 속에서 가톨릭계도 세력을 유지하고 확대하기 위해 바삐 움직였습니다. 1606년에는 예수회 일본 주교 루이스 세르케이라가 5월과 10월 사이에 후시미에서 이에야스를 만났고, 이듬해 1607년 4월 10일에는 예수회 일본 관구장 프란시스코 파시오가 도쿠가와 이에야스와 아들 히데타다를 만나기 위해 나가사키를 출발했습니다. 1600년에 3대 일본 준관구장이 된 파시오는 1604년에 '구로다 간베에'라는 이름으로 더 유명한 가톨릭 다이묘 구로다 요시타카와 호소카와 가라샤의 장례를 치른 바 있습니다. 평소에도 '요스이 시메온IOSUI SIMEON'이라는 알파벳과 십자가가 새겨진 인장을 이용하던 구로다 요시타카는 임종 때에도 묵주(로사리오)를 가슴 위에 올려두었다고 합니다. 아들인 구로다 나가마사黒田長政에게는 후쿠오카번의 신부들에게 호의를 베풀라고 당부하고, 자신의 시체를 하카타의 신부들에게 가져갈 것을 부탁하면서 예수회가 하카타에 교회를 지을 수 있는 건축 자금을 유산으로 남겼습니다.

같은 해인 1607년 8월 14일에는 프란치스코회 일본 포교장 알론조 무뇨스(Alonzo Muños, ?~1620)가 후시미에서 이에야스와 만남을 갖습니다. 1606년에 입국한 무뇨스는 오사카 지역에서 포교 활동을 펼치다가, 이에야스의 사신으로서 필리핀 임시 총독인 벨라스코와 함께 스페인으로 떠납니다. 이에야스는 아들에게 정이대장군 직을 물려준 뒤에도 오고쇼로서 예수회와 프란치스코회의 수장급 인물들을 잇따라 만나며, 이베리아반도의 두 가톨릭 국가인 포르투갈·스페인과 무역 관계를 유지하고자 했습니다. 그러나 최종적으로 이 두 나라가 탈락하고 네덜란드만 남게 된 것은, 스페인과 포르투갈이 종교와 무역이라는 두 개의 목표 가운데 어느 한쪽만을 추구하는 것을 끝내 거부했기 때문입니다. 도쿠가와 막부 역시 이들 국가와의 무역을 포기하게 되었습니다.

1609년,
결정적인 해

1609년은 전국시대와 오다 노부나가, 도요토미 히데요시 시대를 거치면서 만들어진 외교 관계를 도쿠가와 막부가 전체적으로 재조정한 해였습니다. 비非군사적으로는 ①조선과는 기유약조를 맺어 임진왜란으로 끊긴 국교를 재개하는 한편, ②네덜란드 상관을 히라도에 설치하고, ③가톨릭 다이묘인 아리마 하루노부에게 타이완과의 무역 가능성을 탐색케 했습니다. 군사적인 방법으로는, ④규슈 남부의 시마즈 가문이 류큐왕국을 정복하는 것을 허락하고, ⑤나가사키의 아리마 세력에게 포르투갈 상선 '노사 세뇨라 다 그라사Nossa Senhora da Graça호'를 침몰시키게 했습니다. 도쿠가와 막부는 필요할 때는 군사력을 동원하는 것도 주저하지 않았습니다. 이는 1521년 툰먼전투에서 명나라 군대가 포르투갈 군대를 격퇴하고, 1623~1624년에 명나라가 네덜란드 동인도회사 세력을 펑후제도에서 몰아낸 것과 마찬가지라고 하겠습니다.

우선 포르투갈과 일본의 관계를 살펴보겠습니다. 1608년에 아리마 하루노부는 도쿠가와 이에야스의 의향을 반영하여 베트남 남부의 참파에 교역을 요구하는 주인선을 파견했습니다. 그런데 일본으로 돌아오던 길에 잠깐 정박한 마카오에서 일본인 선원들이 소동을 일으킵니다. 마카오의 포르투갈 총사령관인 안드레 페소아Andre Pessoa가 이 소동을 진압하는 과정에서 많은 일본인이 사망하고 물품은 몰수되었으며, 살아남은 사람들만 이듬해 1609년에 귀국했습니다.

1609년에는 거꾸로 포르투갈의 노사 세뇨라 다 그라사호가 나가사키에 들어옵니다. 이 배에 타고 있던 안드레 페소아는 슨푸로 가서 1년 전 마카오 사건의 전말을 도쿠가와 이에야스에게 보고하려 했습니다. 그러나 대외무역을 관리하는 나가사키 부교 하세가와 후지히로(長谷川藤広, 1567~1617)가 여차하면 포르투갈과의 무역이 단절될 수도 있겠다고 생각해 마카오 사건을 덮으려 했습니다. 이후 복잡다단한 상황이 전개되고 페소아와 하세가와 사이에 갈등이 깊어지자, 하세가와는 1608년 마카오 사건으로 아직 앙금이 남아 있는 아리마 하루노부를 부추깁니다. 이들은 페소아를 체포하고 포르투갈 상선을 포획하자고 이에야스에게 청원합니다. 하지만 이에야스는 포르투갈과의 무역이 단절될 것을 우려하여 허락하지 않았습니다.

10월 29일, 도쿠가와 이에야스가 일본에 표류한 로드리고 데 비베로 이 벨라스코 필리핀 임시 총독과 면담을 가졌습니다. 비베로는 1608년에 스페인의 필리핀 임시 총독으로서 마닐라에 부임한 뒤로도 도쿠가와 이에야스 및 히데타다와 서한을 주고받은 바 있습니다. 그런데 이듬해인 1609년에 멕시코로 가기 위해 탄 '산 프란치스코호'가 동부 일본에 표착하는 바람에 당시 일본의 최고 실력자 두 사람을 직접 만나게 된 것입니다. 이 면담에서 비베로는 이에야스에게 포르투갈과의 무역 단절로 생기는 생사生絲의 부족분을 스페인이 채워주기로 약속합니다. 여기에다 향후 네덜란드와의 교역 전망도 밝아지자 이에야스는 아리마 하루노부 등의 청원을 받아들여서 포르투갈 배의 하물 압류를 허가합니다. 이에 아리마 하루노부가 이에야스의 명령을 실행에 옮깁니다. 하지만 페소아가 하물을 실은 채 출항하려고 하는 바람에 하루노부가 군대를 동원해서 포르투갈 배를 공격했고, 결국 페소아는 선박 화약고에 불을 붙이고 자폭했습니다. 이후 한동안 일본과 포르투갈 사이의 무역은 중지됩니다.

나중에 비베로는 영국인 외교 고문인 윌리엄 애덤스가 만든 유럽식 범선(산 부에나 벤투라호)을 타고 1610년 6월 13일 우라가 항구를 출발해서 원래 목적지인 멕시코까지 무사히 돌아갑니다. 그리고 비베로를 보내준 데 대한 답례로 멕시코 총독 사절 세바스티안 비스카이노(Sebastián Vizcaíno, 1551?~1615)가 1611년 에도 근처 우라가 항구에 입항합니다. 소텔로 신부와 함께 도쿠가와 이에야스를 면담한 비스카이노는 이후 스페인 선박이 입항할 수 있도록 일본의 해안을 측량하고 선박의 하물을 자유롭게 판매할 권리를 이에야스로부터 허락받습니다. 사실 그가 일본 해안을 측량하려 한 것은, 당시 서구권에서 북태평양 어딘가에 금과 은의 섬이 있다는 소문이 있었기 때문입니다(훗날 네덜란드도 이 금과 은의 섬을 찾기 위해 북태평양을 북상하다가 유럽 최초로 쿠릴열도에 도착합니다). 비스카이노는 1613년에 다테 마사무네가 누에바에스파냐(오늘날 멕시코)로 파견한 하세쿠라 사절단과 함께 일본에서 제작한 산 후안 바우티스타호를 타고 귀국합니다.

이상의 교섭 사례를 통해 알 수 있는 것은, 도쿠가와 이에야스는 네덜란드와 영국의 등장에도 불구하고 포르투갈 및 스페인과의 무역 관계를 완전히 단절할 의사가 없었다는 사실입니다. 도쿠가와 이에야스는 참을 수 있는 마지막 순간까지 가톨릭 세력의 활동을 묵인하면서, 마닐라와 아카풀코 간의 대외무역에 일본도 자체 제작한 대양

항해용 배를 이용해서 참가하겠다는 목표를 갖고 있었던 것으로 보입니다.

노사 세뇨라 다 그라사호 침몰 사건이 있은 뒤 오카모토 다이하치(岡本大八, ?~1612)라는 가톨릭 다이묘가 아리마 하루노부에게 접근합니다. 다이하치는 하루노부가 노사 세뇨라 다 그라사호를 침몰시킨 공을 막부에 보고해, 그 대가로 예전에 아리마 가문의 영지였던 히젠 지역의 일부를 돌려받게 해주겠다고 약속하고 하루노부에게 뇌물을 받았습니다. 그러나 이 사건이 막부에 발각되자 다이하치는 1612년 2월 23일에 투옥되고 3월 21일에 화형에 처해졌습니다. 그런데 죽기 직전에 다이하치가, 노사 세뇨라 다 그라사호 사건 당시 나가사키 부교인 하세가와 후지히로를 아리마 하루노부가 암살하려 했다는 사실을 폭로함에 따라 아리마 하루노부도 3월 22일에 사형을 언도받습니다. 일본 측 기록에는 아리마가 할복한 것으로 되어 있지만, 가톨릭 측 자료에 따르면 가톨릭 신자로서 자살할 수 없다고 하여 부하에게 목을 베게 했다고 합니다.

오카모토 다이하치 사건을 계기로 가톨릭 신자들 간의 유착관계를 국가적 불안 요소로 여긴 도쿠가와 이에야스는 가톨릭 금교령을 발표합니다. 아리마의 영지에서는 5월 21일부터 가톨릭에 대한 박해가 시작되었고, 8월 6일에는 막부가 직할령에서 가톨릭 탄압을 시작했습니다. 그사이인 6월에 멕시코 총독에게 보내는 편지에 이에야스는 일본 내에서 가톨릭은 금지하지만 양국 간의 무역 왕래는 인정한다고 적었습니다. 노사 세뇨라 다 그라사호 침몰 사건과 오카모토 다이하치 사건의 중간 시점인 1610년에는 예수회의 지도를 받는 일본 가톨릭 신자가 22만 명에 이르렀고, 1613년에는 최대치인 29만 명에 이르렀습니다(당시 일본 인구는 3천만 명 안팎으로 추정됩니다). 정확한 수는 파악할 수 없지만, 짐작하건대 명·청 시대 중국의 가톨릭 신자 수와 비슷한 정도일 것입니다. 처음에 예수회 인도 관구에 속해 있던 일본 포교구는 1609년에 독립 관구가 되어 중국 포교구를 산하에 둘 정도였습니다. 18세기 말에 조선인들이 자발적으로 가톨릭을 믿기 시작한 것은 전 세계에서 유일한 사례라고 합니다만, 16세기 중반에 일본이 유럽 세력에 군사적으로 정복된 게 아님에도 이 정도로 가톨릭을 믿은 것 역시 당시 세계에서 흔한 일은 아니었습니다.

한국에서는 마테오 리치(Matteo Ricci, 1552~1610)와 요한 아담 샬 폰 벨(Johann Adam Schall von Bell, 1591~1666)처럼 중국에서 포교 활동을 펼친 유럽 가톨릭 신자들이 주로 알려져 있는 반면, 하비에르를 비롯하여 일본에서 포교한 가톨릭 신부들의 행적에 대해서는 잘 알려져 있지 않습니다. 물론 조너선 스펜스Jonathan D. Spence의 《마테오 리치, 기억의 궁전》(이산, 1999)이나 히라카와 스케히로平川祐弘의 《마테오 리치》(동아시아, 2002)와 같은 책에서 잘 밝혀놓았듯이 유럽 선교사들은 중국의 지배계급과 교류하며 많은 문헌을 남겼고, 이들 문헌은 조선과 일본으로 건너가 상당한 독자를 확보했습니다.

그러나 가톨릭을 받아들인 피지배층이, 이를 자신의 정치적 이데올로기로 삼아 반란을 일으키거나 대규모로 순교하는 일은 중국이 아니라 일본에서 먼저 일어났습니다. 역사를 바라볼 때 지배층의 동향이 더욱 중요하다고 생각하는 사람이 있고 피지배층의 동향이 더욱 중요하다고 생각하는 사람이 있을 터입니다. 이 가운데 후자 쪽에 속하는 사람인 저는, 16~17세기 중국과 일본을 비교할 때 가톨릭이 사회적으로 더욱 중대한 의미를 띤 곳은 중국이 아니라 일본이었다고 생각합니다. 16~17세기 일본의 피지배층 가톨릭 신자들 가운데에는 자진해서 가톨릭을 받아들인 경우도 많고, 영주가 강제 개종시킨 사례 또한 많았습니다. 출발점이 어떠했든 일본 전역에서 숱한 순교자가 나오고 19세기 말까지 가톨릭을 버리지 않은 사람들 또한 많았습니다. 그러므로 16~17세기 일본을 다른 비유럽권 국가들과 구분하는 중요한 특징의 하나가 가톨릭 신앙이라고 하는 것은 결코 과장이 아닙니다. 더욱이 중국과 일본 두 나라의 인구를 고려하면, 상대적으로 얼마나 많은 일본인이 가톨릭을 깊이 믿었으며 이것이 일본 지배자들을 얼마나 불안하게 만들었을지 짐작할 수 있습니다.

1613년에 이르러 막부의 태도는 명확해졌습니다. 조선·명과는 기존 방식대로 교류하되, 가톨릭 국가와는 관계를 줄이며, 프로테스탄트 국가들과는 새로이 관계를 만들어가겠다는 입장이었습니다. 급변하는 상황에 적응하지 못한 센다이의 다테 마사무네는 9월 4일에 로마 교황에게 보낼 편지를 쓰고, 9월 15일에는 하세쿠라 쓰네나가와 소텔로 신부 등을 유럽으로 파견하여 독자적으로 가톨릭 국가들과 교섭하려 했으나, 이 사절단의 임무는 처음부터 실패로 끝날 운명이었습니다. 12월 23일 이에야스는 임제종臨済宗 승려인 이신 스덴(以心崇伝, 1569~1633)에게 가톨릭 금교령의 초안 〈가톨릭 신부 추방문伴天連追放之文〉을 쓰게 했습니다. 스덴은 1608년에 슨푸에서 도쿠가와 이에야스를 도와 막부의 외교 관계를 담당하고 귀족·무사·사찰 관련 제도의 기초를 작성한 인물입니다.

아타나시우스 키르허(Athanasius Kircher)의 《삽화본 중국(China Illustrata)》(1667)에 실린 그림.
위에는 일본에 포교한 하비에르와 예수회 창시자 로욜라가,
아래에는 중국에 포교한 아담 샬 폰벨과 마테오 리치가 그려져 있다.

이듬해 1614년 1월 6일에는 교토의 가톨릭 신부들이 막부로부터 추방 통보를 받습니다. 때를 같이하여 1월 9일에는 일본 주교 세르케이라가 사망합니다. 1월 13일이 되면 교토의 신부들 가운데 지하에서 비밀리에 계속 활동할 사람들 말고는 모두 나가사키로 떠나버립니다. 뒤이어 막부가 파견한 오쿠보 다다치카(大久保忠隣, 1553~1628)가 1월 18일 교토에 도착하여 가톨릭교회를 파괴하고, 개종하지 않은 사람들을 혼슈의 동북쪽 끝인 무쓰 쓰가루 지역으로 유배 보냅니다.

9월에는 나가사키의 교회들도 파괴되고 맙니다. 9월 24일 일본에 머물던 선교사의 3분의 2가 신도들과 함께 포르투갈 배 세 척에 나눠 타고 일본을 떠납니다. 예수회 선교사와 신도들을 실은 두 척의 배는 마카오로 향하고, 나머지 한 척은 그 밖의 수도회 선교사 및 신부들을 태우고 마닐라로 향합니다. 이 배에는 다카야마 우콘과 나이토 조안을 비롯한 가톨릭 장군들도 타고 있었습니다. 임진왜란 당시 명과 일본 사이에서 실무 교섭을 담당했던 나이토 조안은 이때 가족과 함께 마닐라로 추방되어 그곳에서 죽음을 맞이합니다.

일본·조선·명·필리핀 땅을 밟은 나이토 조안, 그리고 조선·명·만주 땅을 밟았고 또 임진왜란 때는 조선·명 측에 투항한 일본인 부대를 이끈 김응서 같은 사람들이 16~17세기 동중국해 연안 지역에는 많이 있었습니다. 스페인 극작가 로페 데 베가Lope de Vega가 쓴《1614년과 1615년에 일본 왕국에서 거둔 신앙의 승리Triunfo de la fee en los reynos del Japón: por los años de 1614 y 1615》(1618)에서는, 이 시기의 순교자인 미겔 데 코레아Miguel de Corea와 페드로 데 코레아Pedro de Corea를 언급하고 있습니다. 이 작품을 비롯하여 예수회 관계자들이 이 시기 비극을 주제

17세기 초 일본의 순교 사건을 다루고 있는 스페인 극작가 로페 데 베가의 희곡 《1614년과 1615년에 일본 왕국에서 거둔 신앙의 승리》.

TRIUNFO
DE LA FEE

EN LOS REYNOS DEL JAPÓN,
por los años de 1614. y 1615.

AL ILUSTRISSIMO,
y Reverendiſsimo ſeñor el Cardenal
de Sandovál, Dean de Toledo.

POR LOPE DE VEGA CARPIO,
Procurador Fiſcal de la Camara
Apoſtolica en el Arçobiſpado
de Toledo.

Año  1618.

CON LICENCIA.

Madrid : *Por la Viuda de Alonſo Martin.*

A coſta de Alonſo Perez, Mercader de Libros.

로 쓴 17~18세기 작품들이 많이 있지만, 아직 이 작품들에 대한 연구는 충분하지 않습니다.[85]

유럽인과 일본인 가톨릭 신자들을 대거 국외로 추방함으로써 장차 펼쳐질 도요토미 히데요리 세력과의 전쟁에 이들이 개입할 가능성을 막은 도쿠가와 이에야스는, 드디어 1614년 11월 19일에 '오사카 겨울 전투'를 일으킵니다.

호코지 절 종명.

오사카 겨울 전투의 발단은 이로부터 4개월 전에 일어난 '종명사건鐘銘事件'이었습니다. 도쿠가와 이에야스는 히데요시가 남겨놓은 재산을 없애버리기 위해, 도요토미 히데요리에게 아버지 히데요시와 관련 있는 호코지 절을 재건하라고 권유합니다. 문제는 이 절에 설치할 종의 표면에 새겨져 있는 '국가안강国家安康'과 '군신풍락君臣豊楽'이라는 두 구절에 있었습니다. 이에야스는 어용 주자학자인 하야시 라잔(林羅山, 1583~1657)을 시켜서 두 구절에 대해 시비를 걸게 했습니다. 이른바 '이에야스家康'라는 이름이 '국가안강国家安康' 속에서 나뉘어져 있고, '도요토미豊臣'라는 성씨가 '군신풍락君臣豊楽' 속에 붙어 있는 것은 도쿠가와 이에야스를 저주하고 도요토미 가문을 다시 일으키기 위한 술책이라는 억지 주장이었습니다. 히데요리 측의 변명에도 불구하고 처음부터 작정하고 시비를 건 이에야스 측은 사태를 전쟁으로 몰아갔습니다. 오사카 겨울 전투의 명분이 된 호코지 절 종명사건은, 말하자면 나뭇잎에 '주초위왕走肖爲王'이라는 글자 모양대로 꿀을 발라 벌레가 파먹게 한 뒤, 이것이 조광조가 모반을 일으킬 징조라고 주장하여 사림 세력을 제거한 것과 상통하는 발상이라 하겠습니다.[86]

그리하여 1614년 12월 21일 양측 사이에 강화가 성립되었습니다. 난공불락의 요새인 오사카성의 해자를 메우고 인질을 교환하는 것 등이 조건이었습니다. 그러나 전투의 결말에 불만을 품고, 또 오사카성의 해자를 너무 많이 메운다는 사실에 불안감을 느껴, 도요토미 측은 메운 해자를 다시 파고 무너진 성벽을 수리했으며, 군량미를 모으고 떠돌이 무사인 로닌浪人들을 모으기 시작했습니다. 병자호란 이후 1637년 1월 28일에 맺은 정축화약丁丑和約에서 후금 측이 조선에 대해

"새 성벽을 쌓거나 옛 성벽을 수리하는 것을 허락하지 않는다新舊城垣, 不許繕築"라는 요구를 한 것과 마찬가지입니다. 다만 당시 조선은 후금의 요구를 받아들였고, 히데요리 측은 이에야스 측의 요구를 거부한 것이 다른 지점입니다. 오사카 여름 전투 이후 막부가 발령한 〈부케쇼핫토武家諸法度〉 제6조에도 "본거지가 되는 성을 수리할 때는 반드시 신고하고 새로운 성을 짓는 것은 금지한다"라고 나와 있어서, 이 문제에 대해 도쿠가와 막부가 일관된 입장을 취하고 있음을 확인할 수 있습니다.

여담입니다만, 〈부케쇼핫토〉 제1조에는 "오직 문文과 무武, 활과 말 다루는 법을 익혀야 한다"라고 나와 있는데, 이 조항에는 "문을 좌左에 두고 무를 우右에 두는 것은 예부터 법이므로 문과 무를 아울러 갖추어야 한다. 활과 말을 다루는 것은 무사 계급의 핵심이다. 병兵은 곧 흉凶이니, 어쩔 수 없을 때에만 병을 이용하는 것이다. 세상이 잘 다스려질 때 어지러운 시절을 잊으면 안 되니, 어찌 평소에 훈련하지 않을 수 있겠는가?"라는 해설이 붙어 있습니다. 3백여 년 전인 남북조시대에 남조 측에 속해 있던 기타바타케 지카후사(北畠親房, 1293~1354)가 쓴《신황정통기神皇正統記》에는 "세상이 어지러울 때에는 문을 좌에 두고 무를 우에 두며, 나라가 잘 다스려질 때에는 문을 우에 두고 무를 좌에 둔다"라고 적혀 있습니다. 이를 감안하면, 당시 도쿠가와 이에야스는 "지금이 어지러운 세상이며 무가 문보다 우선한다"는 입장이었으리라고 근세사 연구자 후지이 조지 선생은《천하인의 시대》에서 추정하고 있습니다.

이처럼 글과 학문보다 병술·군사학이 우선한다는 도쿠가와 이에야스의 입장은, 만주족 무사들에게 되도록 과거에 응시하지 말고 병술·군사학 수련에 전념할 것을 당부하는 청나라 건륭제의 입장과도 상통합니다. 마크 엘리엇의 《만주족의 청제국》(푸른역사, 2009)에는 건륭제가, 병사들에게 과거에 응시하도록 허락한다면 병사들은 문인학사들과 명성만 다투느라 훈련을 소홀히 하고 말타기와 활쏘기를 할 줄 모르게 될 거라고 했다는 말이 나옵니다. 이 점만 봐도 17~19세기 동중국해 연안 지역에서 중국과 일본의 지배층은 지향점이 비슷했고, 조선의 지배층은 아주 달랐다는 사실을 알 수 있습니다.

도요토미 히데요리가 다시 방어 태세를 갖추는 것을 본 도쿠가와 이에야스는, 히데요리 측에게 오사카성에서 나가든지 로닌들을 내보내든지 하라고 요구하지만 거부당합니다. 이에 1615년 5월 6일에 오사카 여름 전투가 시작되어 8일에 오사카성이 함락됩니다. 참가한 병력은 도쿠가와 측이 15만 5천 명, 히데요리 측이 5만 5천 명이었습니다. 임진왜란 당시 일본군의 병력에 육박하는 병력 규모입니다.

도쿠가와 이에야스는 삶의 마지막에 자신의 위업을 후손들에게 남겨주기 위해 억지를 부리면서까지 오사카 전투를 일으켜 도요토미 가문을 제거했습니다. 그는 임시로 일본을 관리하다가 히데요리가 자란 뒤에 권한을 넘겨주라고 한 히데요시의 유언을 뒤집어, 처음부터 이에야스 자신에게 일본을 다스릴 권한을 주었다는 권력 승계의 내러티브를 만들어냈습니다. 또 어용학자 하야시 라잔(林羅山, 1583~1657)을 시켜 호코지 절의 종명을 왜곡한 데 이어, 오사카 겨울 전투 이후에 화친 조건을 일부러 애매하게 설정해서 오사카성의 해자를 메우게 한 뒤 최후의 전투에 대비하기도 했습니다.

오사카 여름 전투.

사실상 이 모든 것이 정치입니다. 오다 노부나가는 무조건 밀어붙이는 정치를 펴다가 부하에게 배신당했고, 도요토미 히데요시와 도쿠가와 이에야스는 군사력과 계략을 총동원해서 일본을 차지했습니다. 두 사람의 차이는, 히데요시는 조카에게 권력을 물려줄 준비를 하다가 갑자기 아들이 태어나는 바람에 모든 과정이 엉켜버린 상태에서 죽은 것이고, 이에야스는 아들에게 통치권을 물려줄 수 있는 충분한 시간적 여유를 갖고 있었다는 점입니다. 또한 히데요시에게는 새로운 세계와 접할 수 있는 통로가 포르투갈과 스페인 두 나라뿐이었지만, 이에야스에게는 네덜란드와 영국이라는 좀 더 입맛에 맞는 상대가 나타나주었습니다. 이것이 이에야스의 행운이었습니다. 이에야스는 후손들에게 일본을 물려줄 준비를 모두 마치고 나서 1년 뒤인 1616년 4월 17일에 죽음을 맞이했습니다.

어떤 이들에게는 평화,
어떤 이들에게는 탄압

여름과 겨울, 두 차례의 오사카 전투 이후 일본에는 안정의 시기가 찾아왔습니다. 하지만 이 시기는 동시에 가톨릭을 믿는 이들에게는 탄압의 계절이기도 했습니다. 이제 우리의 이야기는 16~17세기 일본 역사상 핫 이슈라 할 가톨릭 문제의 최종 국면에 접어들게 됩니다.

다테 마사무네가 파견한 하세쿠라 사절단이 오사카 겨울 전투와 여름 전투 사이인 1615년 1월 30일에 마드리드에서 스페인 국왕 펠리페 3세를 만났습니다. 사절단은 여름 전투가 끝난 뒤인 10월 20일에 로마에 도착해서 교황과도 만났습니다. 그러나 일본에서는 이미 가톨릭 금지령이 내려져 탄압이 진행 중이었습니다.

도쿠가와 이에야스가 죽고 4개월 뒤인 1616년 8월 20일에는 프란치스코회 소속 디에고 데 산 프란치스코Diego de San Francisco 신부 등을 태운 배가 일본을 출발했습니다. 1612년에 일본에 파견된 디에고는 1615년에 체포되어 1년간 투옥된 뒤 이날 멕시코로 국외 추방된 것입니다. 그는 1618년에 다시 나가사키로 건너왔다가 1620년에 도쿠가와 막부의 정치 중심지인 에도로 건너가 그곳에서 체류했습니다. 그러다가 1632년 오사카 체류 사실이 확인된 이후 소식이 끊깁니다. 아마도 순교했을 것입니다. 그가 일본 바깥으로 보낸 보고서와 편지들은 17세기 초기 상황을 잘 보여주고 있습니다.

앞서 1602년에 일본에 와 있던 예수회 소속 지롤라모 데 안젤리스(Girolamo de Angelis, 1567~1623) 신부는 1615년에 혼슈 동북쪽 끝으로 유배 간 가톨릭 신자들을 위문하고, 1618년에는 홋카이도로 건너갑니다. 그는 오호츠크해 연안에 도달한 최초의 유럽인입니다. 네덜란드 동인도회사가 '금과 은의 섬(네덜란드어로 Goud-en Zilvereilanden)'을 찾으라고 파견한 드 브리스De Vries호가 오호츠크해의 쿠릴열도 남단에 도달한 것은 이로부터 25년 뒤인 1643년입니다.[87]

1621년에 다시 홋카이도로 건너간 안젤리스는 금광에서 일하는 가톨릭 신자들을 만나고, 홋카이도에 대한 보고서와 지도를 작성합니다. 이 보고서는 유럽의 여러 언어로도 번역되었습니다. 이처럼 홋카이도와 오호츠크해 연안 지역에 대한 최초의 유럽 측 기록은 남유럽의 이탈리아 출신 가톨릭 신자가 남겼지만, 이후에는 네덜란드인과 러시아인이 기록을 작성하기 시작합니다. 지리상 발견의 시대적 주인공이 포르투갈·스페인·이탈리아에서 네덜란드·영국·프랑스·러시아로 바뀌어가고 있음을 느끼게 해줍니다. 이후 안젤리스는 에도에서 포교 활동을 하다가 1623년 화형으로 죽음을 맞이합니다.

1617년 4월 18일에는, 10년간 일본에 머문 프란치스코회 소속 페드로 데 라 아순시온(Pedro de la Asuncion, ?~1617) 신부와 예수회 소속 주앙 밥티스타 마샤두(João Baptista Machado, 1580~1617) 신부가 오무라에서 처형을 당합니다. 당시 오무라 지역에선 가톨릭을 버린 오무라 스미요리(大村純頼, 1592~1619)가 막부의 독촉에 따라 가톨릭 탄압 정책을 펼치고 있었습니다. 마찬가지로 배교자가 되어 가톨릭 신자 색출을 담당하던 아사나가 지로베이(朝長次郎兵衛, 세례명 리노)가 교회에 재산을 화형당하는 지롤라모 데 안젤리스.

바친다고 거짓말을 해서 아순시온 신부의 은신처를 찾아냈습니다. 마차도 신부는 고토열도 가운데 가톨릭을 믿는 한센병 환자들이 많이 모여 사는 섬에 위문차 갔다가 체포되었습니다. 그런데 두 신부가 처형당하는 모습을 본 아사나가 지로베이가 마음을 바꾸어 다시 가톨릭에 귀의하고 같은 해 11월 4일에 처형됩니다. 지로베이의 순교에 자극받은 에지리 미에몬 조안江尻ミエモン·ジョアン이라는 사람도 나가사키에서 세례를 받고 귀향해서 순교합니다.[88] 그야말로 영화나 소설에서나 묘사될 만한 순교의 행렬이 펼쳐진 것입니다. 고대 로마에서 그랬듯이, 가톨릭 신자들의 죽음이 또 다른 죽음을 부르는 모습을 보고 막

부와 다이묘들은 이들에 대한 경계심을 더욱더 키웠을 터입니다.

아순시온과 마차도 두 신부가 처형당하고 이틀 뒤 탁발수도회 신부 두 명도 스스로 정체를 드러내고 오무라에서 순교합니다. 이들이 순교한 1617년 8월 11일, 예수회 관구장이 교토를 비롯하여 일본 전국에서 가톨릭 신자들의 증언을 수집하기 시작했습니다. 이에 1618년 10월 나가사키 부교가 가톨릭 선교사들을 색출하기 위해 가택수사를 실시했고, 11월에는 선교사의 소재를 알려주는 사람들에게 은 30매를 주는 포상제도가 도입되었습니다.

1619년 8월 29일에는 제2대 쇼군 도쿠가와 히데타다가 교토에서 가톨릭 신자 52명을 화형에 처했습니다. 이를 '교토 대순교'라고 합니다. 이는 선교사뿐 아니라 일본 가톨릭 신자 역시 처벌 대상이 될 수 있음을 대대적으로 알리는 계기가 되었습니다. 쇼군과 함께 교토에 와 있던 다이묘들도 이 사건을 통해 막부의 단호한 입장을 확인하고 각자의 영지에서 가톨릭 탄압을 본격화했습니다. 1619년 10월 13일에는 일본인 예수회 수도사인 기무라 레오나르도(木村レオナルド, 1576~1619) 등 5명이 나가사키에서 화형을 당했습니다. 1616년에 체포된 기무라는 3년간 나가사키의 감옥에서 86명의 죄수를 가톨릭으로 개종시켰다고 합니다.

1620년 1월 17일에는 가톨릭 신자였다가 변절한 후칸사이 하비안(不干斎巴鼻庵, 1565~1621?)이 가톨릭을 비판하는 책《하다이우스破提宇子》를 집필하기 시작해서 10월에 출판합니다. 1583년 쯤에 가톨릭 신자가 되어 1593년경 수도사의 지위까지 오른 그는 1605년에 가톨릭을 옹호하는《묘테이몬도妙貞問答》를 집필하기도 했던 열렬한 신자였습니다. 그러나 1608년에 어용 주자학자 하야시 라잔과 논쟁을 벌이고, 또 외국인 가톨릭 신부들과 갈등한 끝에 1608년에 배교하고 12년 뒤 《하다이우스》를 쓴 것입니다. 이 책은 16~17세기에 일본인이 쓴 가톨릭 비판서로는 유일한 것으로, 에도시대에 집필된 가톨릭 비판 서적을 총칭하는 '하이야쇼排耶書' 서적들에 영향을 주었을 뿐 아니라, 19세기에 다시 한 번 복간되는 등 일본 사회에 큰 영향을 미쳤습니다.

1620년 8월 26일, 사절단으로 로마에 갔던 하세쿠라 쓰네나가가 센다이로 귀국했습니다. 그러나 이틀 전인 24일에 그의 주군 다테 마사무네가 영지 내에 가톨릭 금지령을 발표하고, 10월 12일에 가톨릭 신자들을 처형했습니다. 이로써 하세쿠라 쓰네나가 사절단의 노력은 무의미하게 끝나버렸습니다. 아무리 뜻이 좋고 의지가 강하고 외부 상황이 도와준다고 해도, 시대의 물결이 갑자기 바뀌면 그 모든 것이 순식간에 헛되이 될 수도 있음을 잘 보여주는 사례입니다.

하세쿠라 쓰네나가가 로마에서 받은 명예 로마시민증을 비롯해 관련 문헌은 이순신의 《난중일기》와 함께 2013년에 유네스코 세계문화유산에 등재되었습니다. 16~17세기에 북동 유라시아 동해안에서 있었던 일들을 대표하는 《난중일기》와 하세쿠라 사절단 관련 유물이 같은 해에 세계유산으로 인정받은 것은 상징적인 사건입니다.

1621년 7월 4일에는 선장 히라야마 조친平山常陳이 지휘하는 주인선이 타이완 근해에서 네덜란드-영국 연합함대에 나포되었습니다. 배 안에는 아우구스티노회 신부 페드로 데 주니가(Pedro de Zuniga, 1580~1622), 도미니크회 신부 루이스 플로레스(Luis Flores, 1563?~1622)가 타고 있었습니다. 주니가 신부는 1618년에도 일본에 왔다가 체포되어 마닐라로 추방되었으나 다시 입국해서 체포된 것입니다. 일본-네덜란드-영국이 협력해서 가톨릭 세력을 단속하는 시스템이 실제로 작동한 사례입니다.

두 신부는 극심한 고문을 받으면서도 자신들의 정체를 드러내지 않았지만, 영국과 네덜란드 측이 증거를 제출하고 배교한 가톨릭 신자들이 증언함에 따라 1622년에 마침내 사실을 자백했습니다. 두 신부와 선장 히라야마 조친은 1622년 7월 13일에 화형당했고, 나머지 선원 12명은 참수되었습니다. 그리고 한 달 뒤인 1622년 8월 5일에는 신부들과 이들을 숨겨준 사람들의 가족 55명을 나가사키의 니시자카에서 처형했습니다. 25명은 화형, 30명은 참수당했습니다. 당시의 연호를 따서 이 탄압을 '겐나 대순교'라고 부릅니다. 겐나 대순교는 일본 전국에서 철저한 가톨릭 탄압을 촉발하는 한편, 이 소식을 들은 마닐라의 신부들이 앞다퉈 일본에 잠입해서 순교 또는 배교하게 만든 촉매제 역할도 했습니다.

이 겐나 대순교 때 조선인 안토니오가 화형당했고, 그의 아내 마리아와 세 살짜리 아들 페트로가 참수되었습니다. 이들은 아마도 임진왜란 당시 포로로 일본에 끌려갔다가 서로 알게 되어 가족을 이루고, 통신사와 함께 귀국하지 않고 일본에 남아서 가톨릭 신앙을 지키다가 순교했을 것입니다. 1592~1598년에 임진왜란이 일어났고, 1622년 당시 아들 페트로가 세 살이었다고 하니, 안토니오와 마리아는 아마도 십수 년을 각자 포로로서 살다가 1610년대 후반에 만났을 것으로 짐작됩니다.

이처럼 조선인 포로들 가운데에는 이미 일본에서 삶의 기반을 마

1622년 겐나 대순교.

련했다거나, 고국으로 돌아가봤자 오히려 더한 냉대를 받을 수 있다는 이유로 귀국을 포기하고 일본에 정착한 사례가 많습니다. 이들 상당수는 가톨릭을 믿다가 순교했다고 합니다. 물론 구마모토 혼묘지 절의 제2대 주지승인 고라이쇼닌高麗上人 니치요日遙와 같이 불교에 귀의한 조선인 포로들도 많았습니다.

가해자이거나 피해자,
일본인 용병

네덜란드 동인도회사는 동남아시아에서 일본인을 비롯해 여러 민족을 용병으로 고용하여 현지 주민을 학살하고, 중국인과 인도인의 이주를 장려했습니다. 일본인 용병이 동남아시아로 나가는 출구는 히라도의 네덜란드 상관이었습니다. 네덜란드가 동남아시아에서 벌인 학살 가운데 가장 유명한 것은 반다 학살(1621)과 암보이나 학살 사건(1623)입니다. 네덜란드 동인도회사에 고용된 일본인 용병은 반다 학살 때 가해자 측에 서서 주민들을 학살했고, 영국 동인도회사에 고용된 일본인 용병은 암보이나 사건 때 네덜란드의 공격을 받아 살해되었습니다.

먼저, 반다 학살은 네덜란드 동인도회사가 너트메그(육두구)를 확보하기 위해 말루쿠제도의 반다섬을 무력 점령한 사건입니다. '반다의 학살자'[89]라 불리던 얀 피터르스존 쿤(Jan Pieterszoon Coen, 1587~1629) 총독은 1621년에 1천여 명의 병사와 수백 명의 죄수 그리고 백여 명의 일본인 용병을 데리고 반다섬에 쳐들어가서 주민 1만 5천 명을 거의 모두 학살했습니다. 살아남은 섬 주민은 1천 명도 되지 않았습니다. 남아메리카·동남아시아 등에서 폭력을 자행하던 스페인·포르투갈 세력이 일본에서 서서히 그 모습을 감추어가던 시기, 동남아시아에서 네덜란드가 새로이 폭력의 주인공으로 나타난 것입니다. 반다 학살은 이 책 첫머리에 소개한 "전투 없이 거래 없다"라는 네덜란드 동인도회사의 정신이 잘 드러난 사건입니다.

반다 학살 이듬해인 1622년 4월, 네덜란드는 명나라와의 교역망을 개척하고 포르투갈이 우세를 보이던 명·일 무역의 이익을 빼앗아오기 위해 직접 마카오를 공격합니다. 마카오를 점령하지 못하면 곧바로 명나라 영토를 점령하고, 점령 지역 주민을 동남아시아로 이주시켜서 노동력으로 쓸 구상이었습니다. '반다의 학살자' 쿤 총독은 이때 조선 원정도 함께 계획했습니다. 조선이 후금에 항복했다는 정보가 있어서 자신들도 쉽게 정복할 수 있을 것이라는 계산이었습니다. 아마도 이 정보는 1619년 만주 남서부 사르후에서 명·조선·여허Yehe여진 연합군과 누르하치의 건주여진 사이에 일어난 사르후 전투에서 누르하치 측이 승리한 것을 가리키는 듯합니다.

마카오 전투(1622).

1616년에 후금을 건국한 누르하치는 1618년 명나라에 대해 '일곱 가지 한스러운 일七大恨'이 있다고 선언하고, 이듬해 1619년에 사르후 전투를 일으켰습니다. 명·조선·여허 연합군(10만) 대 후금(6만)이라는 군사력 차이에도 불구하고 누르하치 측이 승리합니다. 후금은 1621년에 랴오양·선양을 정복하고 1625년에 선양(한때 봉천으로 불림)을 수도로 삼는 등 세력을 키워나갔습니다. 쿤 총독이 1622년 4월 9일 자로 원정대에 보낸 명령서에는 ('코레아'를 포함한) 중국 해안에 연계된 모든 지역을 점령하라는 내용이 실려 있습니다.

그러나 마카오의 포르투갈 측이 네덜란드의 공격을 잘 막아내어, 네덜란드는 자국인과 반다인 그리고 일본인 용병을 합쳐서 3백 여 명의 사상자를 내고 후퇴합니다.

마카오 공격에 실패한 네덜란드는 이번에 명나라와 타이완 사이에 놓인 펑후제도를 점령하여 군사·무역상의 거점으로 삼으려 했습니다. 이곳에 거점을 구축하면 마카오의 포르투갈, 마닐라의 스페인을 모두 견제할 수 있으리라는 계산이었습니다. 하지만 펑후제도를 자국의 영역으로 간주하던 명나라는 1624년에 네덜란드에 승리했고, 네덜란드 측은 최종적으로 1624년 8월에 펑후제도에서 타이완으로 후퇴함으로써 중국 원정은 실패로 끝나게 됩니다. 명나라의 군사력을 과소평가한 네덜란드 측의 무모한 실책이었습니다.

여기서, 포르투갈과 명나라가 마카오와 펑후제도에서 네덜란드 군에 승리한 덕분에 조선은 '반다의 학살자'가 파견한 네덜란드 원정대의 공격을 받지 않은 것이라고 생각할 수도 있습니다. 하지만 1622년 바타비아에서 히라도로 가던 드 혼트De Hondt호가 표류하는 바람에 조선 해안에 접근했다가 강력한 공격을 받고 후퇴하는 등 조선의 방어력도 네덜란드가 전해들은 것 이상으로 강했습니다.

그리고 얀 얀스 벨테브레이(한국명 박연)가 제주도에 표착하는 것은 이로부터 5년 뒤인 1627년의 일입니다.

한편 네덜란드 동인도회사는 마카오 전투(1622)와 펑후제도 전투(1624) 사이에 암보이나 학살 사건(1623)을 일으킵니다. 암보이나 학살 사건이란 암본에 주재하던 네덜란드 병사들이 영국 상관을 습격해서 그곳에 있는 영국인 10명, 일본인 9명, 포르투갈인 1명을 고문하고 처형한 사건으로, 이 배경에는 동남아시아의 향료 무역을 둘러싼 양측의 갈등이 있었습니다. 이 사건 이후 영국 동인도회사는 동남아시아에서 손을 떼고 인도 경영에 전념함으로써 동남아시아에서 네덜란드 동인도회사가 우위를 점하게 됩니다. 이처럼 17세기 초기는 포르투갈·스페인·네덜란드·영국·중국·일본이 북동 유라시아 동해안 지역의 군사적·상업적 이익을 확보할 수만 있다면 상대편을 학살하는 것쯤은 아무렇지도 않게 생각하던 시기였습니다.

이 같은 국제 전쟁에서 일본인 용병은, 마치 같은 시기 유럽의 용병들처럼 주인을 가리지 않고 전쟁을 직업으로 삼았습니다. 1621년 반다 학살 때는 네덜란드 동인도회사에 속한 일본인 용병이 학살의 가해자였고, 1622년 마카오 공격 때는 네덜란드 동인도회사에 속한 일본인 용병이 전사했습니다. 1623년 암보이나 학살 사건에서는 영국 동인도회사에 속한 일본인 용병이 학살의 피해자였습니다.

1624년에 펑후제도에서 철수한 네덜란드는 오늘날 타이완 남부의 타이난 안핑지구에 해당하는 타요우안Tayouan에 성을 쌓았습니다.

암보이나 학살(1623)을 묘사한 영국 측 팸플릿.
네덜란드인에게 고문을 받고 있는 영국인들의 모습을 그렸다.

이 타요우안을 한자로 대원大員, 대원臺員, 대만臺灣 등으로 표기한 것이 오늘날 타이완 섬 전체를 가리키는 이름이 되었습니다. 네덜란드인들이 처음 세운 이 성은 점점 확장되어 1627년에 젤란디아 요새Fort Zeelandia가 되었습니다. 또 명나라와 청나라의 왕조 교체기에 타이완으로 도망온 한인들이 정착해서 1653년에 쌓은 것이 프로빈티아 요새Fort Provintia입니다. 1662년에 정성공이 타이완을 정복한 뒤에는 프로빈티아 요새를 동도명경東都明京으로 개칭하고 지배 거점으로 삼았습니다.

'우두머리의 대부분이 중국인'[90]이던 왜구에 의한 밀무역이 성행함에 따라, 타이완은 이 시기에 북동 유라시아 동해안의 지리상 주요한 거점으로 주목받고 있었습니다. 처음에는 포르투갈인이 타이완을 노렸고, 네덜란드와 스페인이 섬의 남과 북에 각각 거점을 만들었습니다. 네덜란드가 스페인을 밀어내기도 했고, 일본이 네덜란드에 도전하기도 했습니다. 그러다가 중국인과 일본인 혼혈인으로 명나라 부흥을 꾀하던 정성공이 네덜란드를 밀어냈지만, 정성공의 손자 때 청나라가 타이완의 정씨 왕국을 정복함으로써 이러한 각축전은 일단락됩니다.

결국 네덜란드는 명나라의 영역 바깥에 있는 타이완을 정복하는데 만족해야 했습니다. 이들 전투를 통해 명나라는 네덜란드를 해적집단으로 간주하여 정식 무역 관계를 맺지 않기로 결정합니다. 이와 달리 포르투갈은 마카오와 말라카를 지배하는 데 성공함으로써 유일하게 이익을 얻을 수 있는 중국과 일본 간의 무역로를 유지할 수 있었습니다. 그러나 1637년에 일본이 자국 내 포르투갈인을 모두 추방하고, 네덜란드가 1641년에 포르투갈령 말라카를 함락함으로써 이러한 상황도 끝이 납니다.

이러한 일련의 사건을 통해 알 수 있는 것은, 북쪽에서 만주·몽골의 연합 정권인 후금국과 싸우던 명나라도, 그리고 백 년간 내전을 치러 국력이 피폐해진 일본도 유럽 국가들을 군사적으로 물리칠 정도의 역량을 지니고 있었다는 점입니다. 명과 일본이 포르투갈과 네덜란드 동인도회사에 승리한 뒤에 마카오와 히라도·데지마를 열어준 것은, 일종의 유화 전략이었습니다. 세종 시대의 조선이 한편으로는 1419년에 쓰시마를 공격하고, 다른 한편으로는 1426년에 웅천 내이포, 부산포, 울산 염포의 삼포를 열어준 것과 비교할 수 있는 전략이었습니다.

처음에 마카오나 명나라 남부를 점령해 거점을 만들고 그곳에서 명나라와 무역 관계를 맺으려고 했던 네덜란드는, 이러한 시도가 실패하자 타이완 남부에 거점을 둔 채, 일본 히라도에 거점을 둔 한족 상인 이단(李旦, Andrea Dittis, ?~1625)에게 중개무역을 시켰습니다. 이단은 명나라 추안저우泉州에서 필리핀 루손섬으로 건너가 화교들의 우두머리로 있다가, 스페인인이 이들을 몰아내자 일본 히라도로 가서 다시 화교들의 우두머리가 된 사람입니다. 도쿠가와 막부의 주인장을 얻어 타이완·베트남·필리핀 등과 주인선 무역을 수행했습니다. 1613년에 영국 동인도회사가 일본에 오자 자기 집을 영국 상관으로 제공하기도 했지만, 영국 상관장 리처드 콕스의 부탁을 받고 명나라 무역 루트를 개척하려다가 실패해 오히려 영국 동인도회사에 타격을 입히기도 했습니다.

타이완의 네덜란드 동인도회사가 정성공에게 항복하는 모습을 묘사한 회화(위)와 동상(아래).

이단은 네덜란드 동인도회사를 위해서도 명나라와의 중개무역에 나섰는데, 이 또한 실패해서 네덜란드 측을 실망시켰습니다. 일본 거주 한인 대장이라는 이단의 지위는 이후 정성공의 아버지인 아우구스틴 잇칸Augustin Iquan 정지룡에게 넘어갔습니다. 이단이 죽자 네덜란드 동인도회사는 이단의 부하 허심소許心素에게 중개무역을 맡겼는데, 이때부터 중국산 생사를 대량으로 수입할 수 있었습니다. 그러나 정지룡이 1628년에 허심소의 거점인 아모이를 공격하고 허심소를 살해하자 명나라-네덜란드 무역은 또다시 중단되었습니다.

그러던 중 네덜란드 동인도회사가 타이완에 입항하는 일본 선박에 무역 관련 세금을 부과하기로 결정합니다. 이에 그전부터 타이완을 드나들며 중개무역을 해오던 일본인 주인선 상인들이 반발하고 나섭니다. 항구를 관할하는 나가사키 다이칸長崎代官인 스에쓰구 헤이조의 지시를 받으며 주인선 무역에 종사하던 선장 하마다 야효에는, 1625년에 타이완에 갔다가 네덜란드 동인도회사의 이 같은 조치로 무역에 실패하자 타이완 현지인을 데리고 귀국해서 막부에 탄원했습니다. 이에 네덜란드 타이완 총독인 피테르 나위츠Pieter Nuyts가 2년 뒤 도쿠가와 쇼군에게 직접 이러한 상황을 설명하고 당분간 일본의 주인선이 타이완에 오지 못하게 해달라고 요구하기 위해 일본을 방문했습니다. 그러나 막부 측에서는 나위츠가 네덜란드 국왕의 사절이 아닌 것 같다며 쇼군과의 면담을 불허했습니다.

아무런 성과도 거두지 못한 채 타이완으로 돌아온 나위츠는, 이듬해 1628년 군대를 끌고 타이완으로 건너와 무력시위를 하던 하마다 야효에를 억류합니다. 그러나 젤란디아 성에 억류되어 있던 야효에가 빈틈을 노려서 되려 나위츠를 인질로 삼자, 쌍방은 인질을 교환하고 야효에는 7월에 나가사키로 돌아옵니다. 이를 '하마다 야효에 사건' 또는 '타이완 사건'이라고 합니다. 훗날 일본의 식민지 시대에 타이난 안핑安平에는 하마다 야효에의 '무용武勇'을 기리는 비석이 세워졌는데, 나중에 타이난 시장이 이 비석을 '안핑고보安平古堡' 비석으로 바꾸었습니다.

타이완 네덜란드 동인도회사의 조치에 불만을 품고 있던 도쿠가와 막부도 일본에 오는 네덜란드 선박을 억류하고 네덜란드 상관을 폐쇄하는 보복 조치를 단행합니다. 1632년에 이르러 네덜란드 측이 이 사태의 책임자인 피테르 나위츠를 막부에 넘겨주고 나서야 막부는 네덜란드의 일본 무역을 재개하도록 했습니다. 이때부터 네덜란드는 다른 나라와 다르게 일본에서만큼은 저자세 외교를 펼치며 종교와 무관하게 무역상 이익만을 얻는 길을 택했습니다.

이런 태도는 유럽 다른 나라는 물론 네덜란드 내부에서도 비판의 대상이 됐습니다. 심지어 조나단 스위프트는 《걸리버 여행기》에 나가사키 데지마의 네덜란드인들이 막부가 시키는 대로 마리아와 아기 예수가 새겨진 동판을 밟는, 이른바 후미에踏み絵 의식을 치른다는 이야기를 쓰기까지 했습니다.[91] 나위츠는 5년간 일본에 억류되어 있다가 1636년에 풀려나서 바타비아로 돌아간 뒤, 회사에 손실을 입혔다는 이유로 재판을 받아 지위와 자격을 박탈당하고 배상금을 지불한 뒤 네덜란드로 돌아갔습니다.[92]

하마다 야효에 사건이 일어난 1628년에는 태국 남부 아유타야항에서 일본의 주인선이 스페인 함대의 공격을 받아 무역 허가장인

1 하마다 야효에 기념비. 현재는 '안핑고보'로 바뀌었다.

2 모리시마 주료(森嶋中良)가 1789년에 출간한《만국신화万国神話》에 실린 '하마다 야효에 사건' 삽화.

데지마 입체 모형도(네덜란드 왕립박물관 소장).

주인장을 빼앗기는 일이 발생했습니다. 체면을 손상당했다고 생각한 도쿠가와 막부는 나가사키에 있던 포르투갈 선박을 억류합니다. 1580년부터 스페인과 포르투갈이 연합왕국Unión Ibérica 상태였기 때문에 막부가 이런 조치를 취한 것입니다. 동군연합同君聯合이라 부르기도 하는 두 나라의 상태는 1640년에 포르투갈 독립전쟁을 통해 주앙 4세가 새 국왕에 취임하면서 해소됩니다. 아무튼 막부는 주인장 제도를 1631년 봉서선奉書船 제도로 변경해서, 도쿠가와 쇼군이 아니라 나가사키 부교가 도항 허가증을 발급하는 형태를 갖춥니다. 이 제도는 1635년에 어떤 일본 선박도 해외로 나갈 수 없다는 명령이 시행되면서 중단됩니다. 봉서선 제도가 갖춰지고 이듬해인 1632년 1월 24일에 도쿠가와 막부의 제2대 쇼군 히데타다가 사망합니다.

아유타야항에서 일본 선박이 스페인 선박에 주인장을 빼앗기고 2년 뒤인 1630년, 일본인 용병 대장 야마다 나가마사(山田長政, ?~1630)가 아유타야 왕국 내의 왕위 계승 갈등에 휘말려 살해당하는 일이 발생합니다. 오늘날 시즈오카에 해당하는 스루가駿河에서 태어난 야마다는 1612년 무렵에 무역선을 타고 아유타야로 건너가 일본인 용병 대장으로 활동하면서 정치세계에 입문했습니다. 그를 신임하여 일본인임에도 불구하고 오캬 세나피묵Okya Senaphimuk이라는 관직까지 준 국왕 송탐Songtham이 1628년에 사망한 뒤 왕위 계승 전쟁이 일어나자, 야마다 나가마사는 여기에 휘말려서 독살되고 아유타야의 저팬타운도 파괴됩니다.[93]

당시 아유타야의 저팬타운에는 일본에서 추방된 가톨릭 신자들이 많았습니다. 외국에 개방적인 나라이Narai왕 치세에 일본인 가톨릭 신자들은 프랑스 외방선교회 예수회 신부들의 보호를 받았습니다. 그러나 그리스 출신으로 나라이왕 재임 시절에 수상이 되었고 포르투갈인과 일본인 혼혈인을 아내로 둔 콘스탄틴 파울콘(Constantine Phaulkon, 1647~1688)이 아유타야 왕국을 가톨릭으로 개종시키려는 움직임을 보이자 이러한 분위기가 바뀝니다. 우여곡절 끝에 파울콘이 프랑스 군대까지 불러들이자, 나라이왕이 수도를 비운 틈에 귀족과 불교 승려들이 1688년 쿠데타를 일으켜서 파울콘을 처형하고 프랑스와의 관계를 끊어버립니다. 도요토미 히데요시와 도쿠가와 이에야스 시대의 일본 지배층과 마찬가지로, 아유타야 역시 종교와 무역을 분리하라는 명확한 요구를 예수회와 유럽 세계에 제시한 것입니다. 아유타야에서 보인 것과 같은 반反예수회, 반反유럽 움직임은 16~17세기 일본 각지에서도 확인된 바입니다. 아유타야가 파울콘 사건 이후에도 유럽과의 관계를 끊지 않은 것 역시, 도요토미 히데요시와 도쿠가와 이에야스가 취한 정책과 궤를 같이합니다. 이처럼 16~17세기 일본에서 일어난 일들을 좀 더 깊이 이해하기 위해서는 같은 시기 동남아시아·남아시아 각지에서 일어난 사건들과 비교해보는 작업이 필요합니다.

또 다른 사례로 1275년 일본에 온 몽골 사신을 막부가 처형한 것은, 1273년 버마의 역대 왕조 가운데 하나인 파간Pagan에게 보낸 몽골 사절을 깐쑤 4세가 처형한 것과 비교할 수 있습니다. 이 사절을 막부가 처형했는지 아닌지에 대해서는 증언이 엇갈리는데, 이것 역시 히데요시가 1597년에 명에서 보낸 일본 국왕 책봉서를 찢었는지 아닌지에 대해 증언이 엇갈리는 것과 비교할 수 있습니다. 단순하게 중

1 

 2

3 

1 프랑스에서 그린 아유타야 나라이왕의 상상도.

2 1685년 10월에 프랑스의 루이 14세가 보낸 사절이 나라이왕의 궁전에 도착해 콘스탄틴 파울콘을 만나고 있다.

3 콘스탄틴 파울콘 부부가 살았던 집터. 태국 롭부리에 있다.

국이나 한국과만 비교해서는 일본의 특성이 잘 보이지 않습니다(실제로 파간에게 보낸 몽골 사신은 처형되지 않았고, 히데요시는 명의 국서를 찢지 않았습니다).

유라시아 차원에서 물질 교류를 연구하는 야마우치 신지山内晋次는, 규슈 남쪽의 화산섬에서 채굴한 유황을 수입해 송나라가 이를 화약무기로 만들어 내륙 아시아의 여러 민족들과 전쟁을 치렀으며, 그 전쟁의 여파가 서아시아까지 미친 사실을 증명하였습니다. 실크로드(비단길)에 빗대어 이를 '유황의 길'이라 부르고 있습니다. 야마우치 선생은 과거와 같이 일본 또는 동아시아라는 틀로 역사를 보는 것만으로는 이와 같은 글로벌한 움직임을 이해할 수 없다고 주장합니다. 이런 지적은 일본에만 해당되는 것이 아닙니다. 저는 일본에서 만들어졌으나 현재는 일본에서도 가급적 쓰지 않는 '국사國史'라는 개념을 여전히 버리지 못하고 있는 한국 사회에, 야마우치 선생의 주장과 같은 글로벌한 관점이 더욱 필요하다고 생각합니다.

> 바다를 통해 폭넓게 이어지는 역사는 기존의 〈일본사(국사)〉 연구 틀에 갇혀서는 결코 보이지 않는다. 또한 일본·한반도·중국이라는 범위로 거의 한정되어 있는 듯한 지금의 〈동아시아 세계사〉 연구만으로도 잘 보이지 않는다. 그러한 종래의 연구 틀을 뛰어넘어 가일층 다이내믹하게 역사의 관련성을 파악하기 위해서는 개별 연구자가 한층 노력하고 의식을 개혁하는 것은 물론이거니와, 기존 역사학 연구의 전공 구분 및 그와 불가분의 관계에 있는 연구, 교육 체제를 대담하게 개편하는 것이 반드시 필요할 것이다.[94]

참고로 콘스탄틴 파울콘의 아내인 마리아 구요마르 데 피냐Maria Guyomar de Pinha의 어머니는 일본에서 추방당한 가톨릭교도 일본 여성 우르술라 야마다Ursula Yamada이고, 아버지 파닉 구요마르Fanik Guyomar는 일본인과 포르투갈인의 혼혈로서 인도 고아의 포르투갈 식민지에서 태어났습니다. 파울콘 사건은 17세기 일본과 동남아시아가 인종적·문화적으로 얼마나 복잡하고 다양하게 얽힌 사회였는지를 보여줍니다. 오늘날 마리아는 포르투갈식 디저트를 아유타야 궁정에 소개한 인물로 기억되고 있습니다.

역사의 한 장이 끝나다

1623년 7월 27일 제2대 쇼군인 도쿠가와 히데타다의 아들 도쿠가와 이에미쓰(德川家光, 1604~1651)가 정이대장군에 올라 도쿠가와 쇼군 직이 3대째 계승되고, 영국이 히라도에서 철수하면서 에도시대의 국내외 질서가 확립됩니다. 동시에 가톨릭에 대한 탄압은 계속되었는데, 이는 체제 안정을 위한 마무리 작업이었습니다.

1623년에 막부는 포르투갈인이 일본에 정착하는 것, 포르투갈인을 일본 배의 항해사로 고용하는 것, 일본인이 필리핀에 건너가는 것, 일본의 가톨릭 신자가 출국하는 것을 금지했습니다. 이해 5월 22일에는 탁발수도회원들이 필리핀에서 사쓰마로 잠입했습니다. 10월 13일에는 에도에서 프란치스코 갈베스(Francisco Galvez, 1575?~1623) 신부와 하라 몬도(原主水, 1587~1623) 등 55명이 화형되어 순교했습니다.

갈베스는 신학생 시절부터 일본 포교를 원해 필리핀에서도 일본어를 공부하다가 1606년에 일본에 파견되었습니다. 1614년에 추방되었다가 4년 뒤인 1618년에 다시 일본에 들어와서 활동하던 중에 체포되어 1623년에 처형당한 것입니다. 하라 몬도는 도쿠가와 이에야스의 부하로서 1600년에 세례를 받았고, 1615년에 체포되어 손발의 근육이 잘리고 이마에 십자가 낙인이 찍혀 추방되었습니다. 그 후 다시 에도로 돌아온 것이 발각돼서 화형당했습니다.

이듬해 1624년에 막부는 스페인 배가 일본에 들어오는 것을 금지하고, 포르투갈 배의 승선자 명부를 제출할 것을 명했습니다. 이해 1월 4일에는 도호쿠 지역의 센다이에서 칼바류 신부 등이 물고문 끝에 순교했습니다. 1609년에 일본에 들어와서 활동하다가 1614년에 마카오로 추방된 칼바류 신부는, 다시 일본에 입국해서 도호쿠·홋카이도에서 포교 도중에 옛 신자의 밀고로 체포되었습니다. 그는 함께 고문받는 신자들을 위로하며 그들이 죽은 것을 모두 확인한 뒤 마지막으로 죽었습니다. 2~3월 사이에는 히로시마에서 순교가 있었고, 7월 12일에는 오무라에서 루이스 소텔로 등이 순교했습니다.

이처럼 일본에서 탄압이 갈수록 심해지자 유럽의 가톨릭 신부들은 베트남과 타이완에서 새로운 가능성을 찾기 시작했습니다. 그리고 그 과정에서 두 개의 문자가 만들어집니다. 1624년에는 베트남 호이안에 도착한 알렉상드르 드 로드(Alexandre de Rhodes, 1591~1660) 신부가 베트남어를 로마자로 표기하는 방법을 개발했습니다. 호이안은 중국·일본·포르투갈·네덜란드 상인들이 모여드는 국제도시로, 차이나타운과 저팬타운, 네덜란드 상관이 자리잡고 있었습니다. 특히 1593년에 세워진 '일본다리日本橋'가 유명합니다. 1687년에 표류한 제주 사람들도 이곳 호이안에 표착했다가 중국 배를 타고 귀국한 바 있습니다. 그러나 도쿠가와 막부가 일본인의 해외 도항을 금지하면서 일본인의 발길이 뚝 끊기고, 네덜란드 상관도 1639년에 폐쇄되고, 청나라와 타이완 정씨 왕국 간의 대립이 격해져 호이안도 점차 쇠퇴하게 됩니다.

같은 1624년에는 네덜란드가 타이완 남부를 지배하기 시작합니다. 1627~1637년 사이에 타이완에 머무른 선교사 죠지 칸디디우스

호이안의 상징인 일본다리.

(Rev. Georgeius Candidius, 1597~1647)는 타이완 원주민의 언어를 기록하기 위해 라틴어 음을 기반으로 한 신항어新港文書를 개발했는데, 이 문자는 네덜란드 통치가 끝난 뒤로도 한동안 계약 문서를 작성하는 데 이용되었습니다.

1627년 6월 17일에는 루이스 베르트란(Luis Bertrán, 1596~1627) 신부 등이 오무라에서 순교하고, 7월 27일에는 일본인 신부 쓰지 토마스(トマス辻, 1570~1627) 등이 화형되어 순교자가 계속 발생했습니다. 목격자들의 증언에 따르면, 쓰지 토마스가 땅에 쓰러진 뒤에 가슴에서 불꽃이 5분 동안 피어올랐다고 합니다. 베르트란·쓰지 신부를 포함하여 이 시기에 일본에서 순교한 사람들 가운데 205명이 1867년에 복

네덜란드어-신항어 대역(對譯)《마태복음》.

MATTHEI.

Het eerſte Capittel.

1 HET Boeck des Geſlachtes JESU CHRISTI, des ſoons Davids / des ſoons Abrahams.
2 Abraham gewan Iſaac. ende Iſaac gewan Jacob. ende Jacob ghewan Judam / ende ſijne broeders.
3 Ende Judas ghewan Phares ende Zara by Thamar. ende Phares ghewan Eſrom. ende Eſrom gewan Aram.
4 Ende Aram gewan Aminadab. ende Aminadab gewan Naaſſon. ende Naaſſon gewan Salmon.
5 Ende Salmon ghewan Boöz by Rachab. ende Boöz gewan Obed by Ruth. ende Obed ghewan Jeſſe.
6 Ende Jeſſe ghewan David den Koningh. ende David de Koningh gewan Salomon by de ghene die
Urias

MATTHEUS.

Naunamou ki lbægh ki ſoulat.

1 SOulat ki kavouytan ti JEZUS CHRISTUS, ka na alak ti David, ka na alak ti Abraham.
2 Ti Abraham ta ni-pou-alak ti Iſaac-an. ti Iſaac ta ni-pou-alak ti Jakob-an. ti Jacob ta ni-pou-alak ti Juda-an, ki tæ'i-a-papar'appa tyn-da.
3 Ti Judas ta ni-pou-alak na Fares-an na Zara-an-appa p'ouh-koua ti Thamar-an. Ti Fares ta ni-pou-alak ti Eſrom-an. Ti Eſrom ta ni-pou-alak ti Aram-an.
4 Ti Aram ta ni-pou-alak ti Aminadab-an. Ti Aminadab ta ni-pou-alak ti Naaſſon-an. Ti Naaſſon ta ni-pou-alak ti Salmon-an.
5 Ti Salmon ta ni-pou-alak na Boös-an p'ouh-koua ti Rachab-an. Ti Boös ta ni-pou-alak na Obed-an p'ouh-koua ti Ruth-an. Ti Obed ta ni-pou-alak ti Jeſſe-an.
6 Ti Jeſſe ta ni-pou-alak ti David-an ka na Mei-ſaſou ka Si bavau. Ti David ka na Mei-ſaſou ta ni-pou-alak ti Salomon-an p'ouh-
A koua

자福者로서 시복되었습니다. 그중 조선 출신자는 15명입니다.

이렇게 가톨릭 신자들을 잇따라 처형하면서 막부의 가톨릭 금지 정책은 점점 더 형태를 갖춰가기 시작합니다. 1629년에는 나가사키에서 후미에 제도가 시작됩니다. 후미에 제도란 아기 예수를 안고 있는 성모마리아가 새겨진 동판을 밟음으로써 스스로 가톨릭 신자가 아님을 증명하는 절차입니다. 이 제도의 도입으로 가톨릭 신자가 적지 않게 적발되었고, 일본에서 가톨릭 신자가 거의 사라진 뒤에는 일종의 신년 풍습처럼 정착되었습니다. 이듬해 1630년에는 가톨릭에 관한 책을 수입하는 것도 금지되었습니다.

1632년 7월 19일에는 이시다 안토니오(アントニオ石田, 1570~1632) 신

부 등이 시마바라의 운젠雲仙 화산에서 열탕 고문을 당한 끝에 나가사키의 니시자카에서 화형을 당합니다. 그는 불 속에서 "크리스천을 향한 신앙이여, 만세"라고 외쳤다고 합니다. 이시다 신부 등에게 열탕 고문까지 가했으나 배교하는 사람이 한 명도 없자 1627년부터 이어져온 열탕 고문은 이때부터 중지됩니다. 같은 해 9월 16일에는 1582~1590년에 로마에 다녀온 덴쇼 소년사절단 가운데 한 명인 나카우라 줄리안이 순교합니다.

가톨릭 신자를 색출해내기 위해 사용한 동판을 '후미에'라고 한다.

1633년에는 이 같은 순교 흐름과 구분되는 움직임이 보이기 시작합니다. 이해 가을 예수회 신부 크리스토방 페레이라(Cristóvão Ferreira 1580~1650)가 고문을 받고 배교한 것입니다. 그는 사와노 주안沢野忠庵이란 이름으로 일본에 정착하여 가톨릭을 비판하는《현위록顯僞録》을 집필하는 한편,《천문비용天文備用》,《남만류 외과비전서南蛮流外科秘伝書》 등의 책을 쓰고, 일본인 제자를 육성하여 네덜란드 학문, 즉 난학으로 향하는 길을 엽니다. 페레이라 신부가 배교한 사실이 일본 바깥에 전해지자, 이에 자극받은 가톨릭 신자들이 일본에 입국해 포교하려다 체포되기도 했습니다. 페레이라는 먼 훗날 엔도 슈사쿠遠藤周作의 소설《침묵》(1966)에 등장하는 주요 인물이기도 합니다.

이듬해인 1634년에 막부는 나가사키에 쇄국정책의 일환으로 부채꼴 모양의 인공섬인 데지마를 건설해 해외 무역과 왕래를 이곳으로만 제한하는 조치를 취합니다. 네덜란드 동인도회사도 이곳에 상관을 설치하고 막부의 지시에 따라야 했습니다. 처음에는 데지마 바깥으로 나오는 것조차 허락받지 못했고, 남자만 거주를 허락했기 때문에 네덜란드에서 아내를 데리고 온 사람들은 생이별을 하기도 했습니다만, 이후 조금씩 제한이 완화되어 데지마 바깥으로 나가서 활동하는 사례가 늘어났습니다. 이해 6월 11일에는 세바스티앙 비에이라(Sebastião Vieira, 1573~1634) 신부가 에도에서 화형당해 순교합니다.

1635년에는 막부가 일본인의 해외 도항을 금지하는 동시에 재외 일본인의 귀국도 금지합니다. 부분적 쇄국정책이 전면적으로 확대된 것입니다. 또한 이해부터 데라우케寺請 제도가 시작됩니다. 이 제도는 피지배민을 특정한 절에 등록시켜서, 결혼·양자·취직 등 인적 변동

이 있을 때마다 그 사람이 가톨릭 신자가 아님을 증명하는 서류를 작성하게 하는 것입니다. 지금으로 말하면 주민등록제도와 같은 것입니다. 이 제도가 생기면서 일본의 절은 막부로부터 제도적·경제적으로 안정을 보장받는 대신 철저히 체제 순응 노선을 취하게 됩니다. 이는 가톨릭 세력을 억압하는 수단인 동시에 체제 저항적이었던 잇코잇키와 같은 불교 세력을 회유하는 정책이기도 했습니다. 이때 작성하는 문서를 〈슈몬오쿠리잇사쓰宗門送り一札〉라고 합니다.

막부가 가톨릭 문제의 최종 해결책을 완성한 1635년에는, 조선 문제도 마지막 국면을 맞이합니다. 이해 야나가와 잇켄柳川一件이라 불리는 외교 문제가 발생한 것입니다. 조선과 일본 사이에 국교 재개가 논의될 때, 양국 간 의견 차이를 무마하기 위해 쓰시마번에서 여러 차례 국서를 위조한 일이 있었습니다. 그런데 쓰시마번 번주 소 요시나리(宗義成, 1604~1657)와 그의 가신 야나가와 시게오키(柳川調興, 1603~1684) 사이에 논쟁이 붙으면서 이 국서 위조 사건이 탄로 난 것입니다. 제3대 쇼군인 도쿠가와 이에미쓰는, 번주 가문에는 죄가 없고 가신 가문에 죄가 있다고 판정하여 야나가와 시게오키를 귀양 보냅니다. 그리고 이후부터 막부가 조선과의 외교를 직접 관리하는 제도가 정착됩니다.

하지만 다음 해에 병자호란이 발발하고 조선이 청나라에 철저하게 패하면서 조선은 임진왜란의 복수를 실현할 가능성을 최종적으로 상실하게 됩니다. 병자호란에서 인조가 항복한 뒤에 맺은 정축화약(군신관계를 골자로 청과 맺은 11가지 항목의 조약)에는 "신구新舊의 성벽은 수리하거나 신축하는 것을 허락하지 않는다"는 규정이 포함되어 있었

〈슈몬오쿠리잇사쓰〉. 옆 마을로 결혼하러 가는 다케라는 여성이 불자이며 가톨릭 신자가 아님을 증명하기 위해 작성되었다.

쓰시마번 번주 소 요시나리.

습니다. 북방 오랑캐가 천자국이 되고 남쪽 오랑캐와는 정식 국교를 맺은 데다 후금에 의해 군사적 활동을 제약받으니, 조선의 군사·외교는 이전 시기와 같을 수가 없었습니다.

북동 유라시아의 동부 내륙부에서 한인漢人·만주인·몽골인·조선인의 싸움이 계속되고 그 와중에 조선이 만주의 후금국으로부터 최종 공격을 받은 1636년. 일본에서도 16세기 중기부터 이어지던 가톨릭 문제의 최종 국면이 박해·추방·반란이라는 형태로 펼쳐지고 있었습니다. 일본에 잠입했다가 가톨릭을 버리고 사와노 주안이라는 일본 이름을 쓰던 옛 예수회 신부 크리스토방 페레이라가 1636년에 가톨릭을 논박하는《현위록》을 간행합니다. 그는 일본에 잠입하는 가톨릭 성직자와 신자들을 심문하고 논박하는 데에도 탁월한 능력을 발휘합니다.

같은 해 포르투갈인들이 나가사키 데지마로 옮겨가고, 포르투갈인과 일본인 사이에서 태어난 혼혈아 및 혼혈아를 양자로 둔 일본인 287명이 마카오로 추방되었습니다.[95] 1637년 8월 26일에는 마닐라에서 류큐왕국을 거쳐 사쓰마에 상륙한 예수회 신부 마르셀로 마스트릴리(Marcello Mastrilli, 1603~1637)가 휴가 지역에서 체포되어 몸이 거꾸로 매달리는 아나쓰루시穴吊し 고문을 받은 뒤 참수되었습니다.

1637년 9월에는 네덜란드 동인도회사 측에서 막부 외교 담당관인 나가사키 부교 사카키바라 모토나오(榊原職直, 1586~1648)에게 마카오·마닐라 및 타이완 지룽基隆을 두 나라가 연합해서 공격하자는 제안을 합니다. 이에 나가사키의 행정을 담당하는 스에쓰구 시게사다(末次茂貞, ?~1651)가 1년 뒤 1638년에 필리핀을 공격하자고 네덜란드 상관장인 니콜라스 쿠케바케르Nicolaes Coeckebacker에게 수정 제안합니다. 이 제안은 1637년 11월에 규슈 시마바라의 가톨릭 신자들이 반란을 일으켜 실현되지 않지만, 쿠케바케르는 하라성原城에 농성하고 있던 가톨릭 봉기군을 향해 2주에 걸쳐 함포사격을 가함으로써 막부 군을 후원합니다. 막부는 네덜란드 측에 대포 제작을 의뢰하는 한편, 막부에 협조 의사를 내보인 네덜란드를 외교상의 파트너 국가로 인정하게 됩니다.

본래 시마바라 지역은 가톨릭 다이묘인 아리마 하루노부와 고니시 유키나가의 영지였습니다. 그런데 세키가하라 전투 이후 데라사와寺沢·마쓰쿠라松倉 등의 집안이 이 지역을 지배하면서 가혹한 수탈을 일삼고 가톨릭을 탄압하자, 아리마·고니시 치세 때 가톨릭 신자가 된 피지배민들이 신앙을 내세워 잇키를 일으킨 것이었습니다. 무사 집단만이 무력을 독점해서 일본을 다스린다는 도쿠가와 막부의 방침에 맞서, 16세기의 잇코잇키에 이어 또다시 피지배민들이 종교를 무기 삼아 저항을 시작한 것입니다. 잇코잇키 때는 그 신앙의 중심이 일본 내부에 있었지만, 이번 시마바라 봉기의 정신적 배경이 된 가톨릭 신앙의 중심지는 포르투갈·스페인 같은 해외 제국이었습니다. 그래서 도쿠가와 막부로서는 오다 노부나가나 도요토미 히데요시 이상으로 신경이 곤두섰을 터입니다. 1587년에 〈가톨릭 신부 추방령〉이 발표된 이듬해에 세스페데스 신부가 쓴 편지에서는 시마바라 지역의 상황을 다음과 같이 언급하고 있습니다.

> 들리는 바로는 시마바라의 오래된 천주교도들이 아주 괄목할 만큼 협조를 했다고 하였으며, 전쟁과 그 지방 영주의 수년 동안의 탄압으로 인하여 그곳에 13~14년 동안이나 들어갈 수가 없었습니다. 그래서 그곳 천주교도들은 신부들의 방문을 받을 수도 또한 도움을 받을 수도 없었다고 합니다. (중략) 시마바라의 승려들은 늘 우리의 가장 큰 적들이었고 천주교의 원수였으며 그들은 그 땅에서는 대단한 오만과 교만으로 승리를 거두어왔습니다.[96]

시마바라의 가톨릭 봉기를 이끈 것은 아마쿠사 시로天草四郎라 불리는 소년이었습니다. 요즘에도 가톨릭 봉기군이 군자금으로 쓰려고 감추어두었다고 전해지는, 이른바 '아마쿠사 골드'를 찾는 사람들이 이 지역을 드나듭니다. 유명한 만화 《긴다이치 소년의 사건부金田一少年の事件簿》에도 '아마쿠사 골드' 전설이 등장한 바 있습니다. 아마쿠사

시로가 군기軍旗로 쓴 깃발의 성배 그림은 야마다 에몬사쿠(山田右衛門作, ?~1655)가 그린 것입니다. 그는 시마바라 봉기군이 진압된 1638년 2월에 유일하게 살아남아 하라성 안의 상황을 증언했으며, 이후 다시 한 번 가톨릭을 포교하다가 종신 금고형을 선고받은 후 만년에 풀려났다고 전해집니다.

시마바라 봉기가 진압되고 이듬해인 1639년에는 막부가 전국의 다이묘들에게 가톨릭 금지를 명하고 포르투갈 배의 도항을 금지했습니다. 네덜란드인이나 영국인 사이에서 태어난 혼혈아와 일본인 어머니 32명은 네덜란드 동인도회사의 영토였던 바타비아(지금의 자카르타)로 추방되었습니다.[97]

시마바라의 가톨릭 봉기군에 의해 목이 잘린 지장보살들.

하라성 전투도. 그림 아래의 바다에 네덜란드 함선이 보인다.

바타비아에서 고국으로 '자가타라부미ジャガタラ文'라 불리는 편지를 보낸 것으로 유명한, 이탈리아인 아버지와 일본인 어머니 사이에서 태어난 혼혈 여성 자가타라 오하루(じゃがたらお春, 1625?~1697?)도 이때 추방됩니다. 애초에는 해외에 추방된 일본인 또는 혼혈 일본인이 고국에 연락을 취하는 것조차 일절 금지되어 있었지만, 쇄국정책의 규제가 약간 완화되면서 이러한 편지가 일본으로 들어온 것입니다.

같은 1639년에는 네덜란드 동인도회사의 직원으로 있던 프랑스인 프랑소와 카론(François Caron, 1600~1673)이 히라도 네덜란드 상관장이 되어 1641년까지 일합니다. 1619년에 히라도에 처음 도착한 카론은 일본과 네덜란드가 국제무역상의 이익을 둘러싸고 충돌한 타이완 사건(1628년)을 해결하려고 노력하는 등 네덜란드가 다른 유럽 국가들을 제치고 일본과 독점적으로 무역 관계를 맺는 데 기여했습니다. 특히 그의 역량이 평가받은 것은, 1639년 히라도 네덜란드 상관 창고에 새겨진 서력西曆이 가톨릭과 관련된 것이라며 도쿠가와 막부가 히라도 상관 전체를 파괴시킬 때였습니다. 이때 막부는 네덜란드와의 관계도 완전히 단절할 생각이었던 것으로 보입니다. 하지만 카론은 막부의 의사를 최대한 존중하는 자세를 취한 덕분에 막부의 호감을 얻어, 1609년부터 기능해온 상관 폐쇄 대신에 1641년 5월 나가사키 데지마에 새로운 네덜란드 상관이 설치될 수 있도록 했습니다.

1641년 상관장 임무를 마친 카론은 가톨릭교도인 일본인 아내와 함께 바타비아로 돌아갔습니다. 그는 1644~1646년에 네덜란드 동인도회사령 타이완 장관을 맡았으며, 프랑스 동인도회사의 이사도 역임하여 평생을 북동 유라시아 해상무역에 종사했습니다. 그가 바타비아 총독의 질문에 답한 내용을 기록한《일본대왕국지》는 일본에 대한 상세한 정보를 담은 책으로 유럽에서 널리 읽혔습니다.

막부는 가톨릭 국가인 포르투갈·스페인과의 관계를 일절 단절하고 국내 가톨릭 신자를 말살하는 쇄국 정책을 펼칩니다. 그러면서도 프로테스탄트 국가인 영국·네덜란드를 새로운 무역 상대국으로 선택하여 두 나라를 견주어보다가 최종적으로 네덜란드를 무역 상대국으로 결정하는데, 이런 일련의 과정을 통해 이른바 쇄국 체제가 완성됩니다. 제가 여기서 '이른바'라는 말을 쓴 것은, 이 말이 그동안 숱한 오해를 불러왔기 때문입니다. 도쿠가와 일본이 이른바 쇄국을 했다는 기존의 주장은 어디까지나 유럽에서 보았을 때의 관점일 뿐입니다. 당시 일본은 쓰시마를 통해서는 조선과, 나가사키를 통해서는 유럽 및 청나라와, 사쓰마를 통해서는 류큐왕국과, 홋카이도 최남단의 마쓰마에를 통해서는 아이누 및 북방 민족들과 활발한 교섭을 가졌습니다. 그래서 최근 일본 역사 교과서에서는 '쇄국'이라는 단어가 완전히 빠져버렸습니다. 그 대신 쓰시마·나가사키·사쓰마·마쓰마에를 '네 개의 창구四つの窓口'라고 일컬으며, 도쿠가와 시대 일본의 외교·무역 관계를 설명하고 있습니다.

'쇄국'이라는 단어가 탄생된 과정은 이렇습니다. 1690~1692년에 일본에 머물던 독일인 의사 엥겔베르트 캠퍼는 아시아에 관해 집필한 책에서 일본 부분만 떼어내어 1727년에《일본사The History of Japan》라는 제목을 붙여 영어로 번역·출판합니다. 이 책이 1729년에《일본지De Beschryving van Japan》라는 제목으로 다시 네덜란드어로 번역되고, 이 책을 네덜란드어 통역관이자 난학자인 시즈키 다다오가 번

프랑소와 카론이 쓴《일본대왕국지》의 표지.

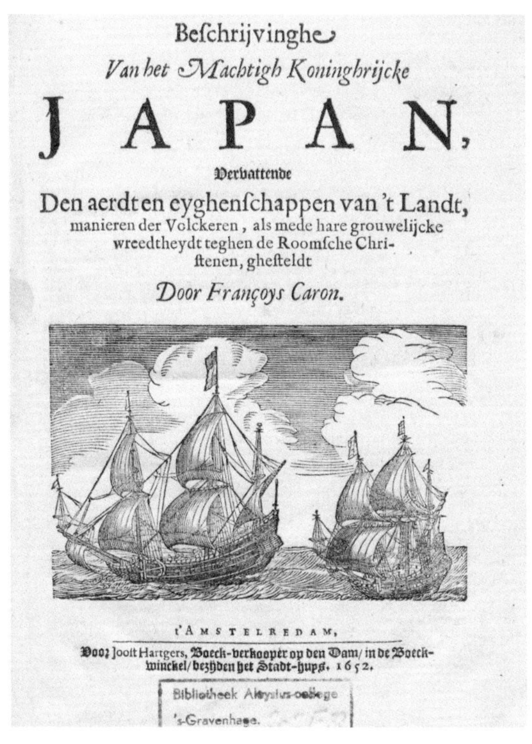

Beschrijvinghe
Van het Machtigh Koninghrijcke
JAPAN,
Verbattende
Den aerdt en eyghenschappen van 't Landt,
manieren der Volckeren, als mede hare grouwelijcke
wreedtheydt teghen de Roomsche Chri-
stenen, ghesteldt
Door Françoys Caron.

t'AMSTELREDAM,
Voor Joost Hartgers, Boeck-verkooper op den Dam/ in de Boeck-
winckel/ bezijden het Stadt-huys. 1652.

역하면서《쇄국론鎖国論》이라는 제목을 붙여 '쇄국'이라는 단어가 탄생했습니다.[98] 일본이라는 나라가 이 시기에 이미 글로벌 네트워크에 편입되어 있었다는 것을 보여주는 사례입니다. 이런 사례를 접할 때마다, 일본의 역사와 문화를 이해하기 위해서는 도대체 얼마나 많은 나라의 언어와 문화를 알고 있어야 하는 것인가 하는 감탄과 막막함이 밀려옵니다. 이런 느낌은 전근대 중국 역사와 문화에 대한 서구권

엥겔베르트 캠퍼가 쓴《일본사》영어판 표지와 본문에 수록된 에도 지도.

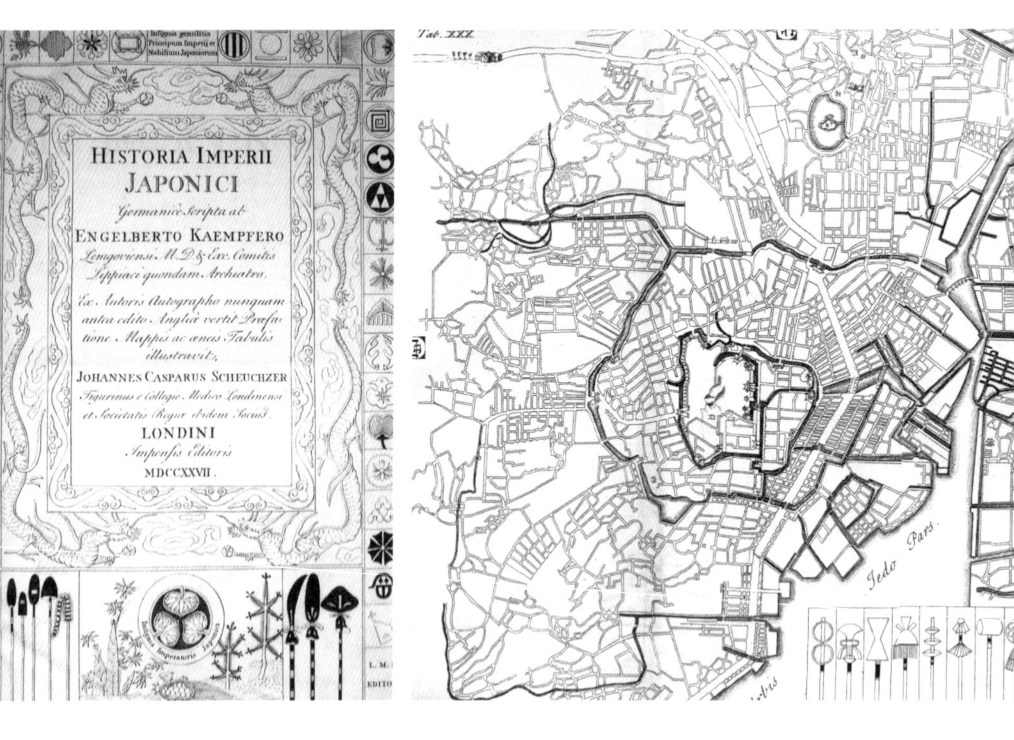

의 연구서를 읽을 때에도 마찬가지입니다.

1640년, 막부의 직할령에서는 가톨릭 신자를 색출하는 정책인 슈몬아라타메宗門改를 도입합니다. 한때 가톨릭 신자였다가 40대에 배교한 이노우에 마사시게(井上政重, 1585~1661)가 책임자로 취임합니다. 그는 막부의 가톨릭 탄압 당시 선봉에 서 있었습니다. 한때 신도였기 때문에 가톨릭에 관해 누구보다 잘 알고, 이를 탄압에도 활용했을 터입니다. 심지어 그의 저택 가운데 하나는 가톨릭 신자를 수감하는 감옥인 '기리시탄야시키切支丹屋敷'로도 이용되었습니다(다른 번에는 1644년부터 슈몬아라타메 제도가 도입되었습니다). 또한 이해에는 막부의 직할령에서 가톨릭 신자를 색출하기 위해 〈슈몬아라타메초宗門改帳〉라는 인구대장이 작성되기 시작했습니다(다른 번에서도 1671년부터 작성되었습니다).

〈슈몬아라타메초〉는 본래 가톨릭 신자를 색출하고 가톨릭 개종을 막기 위한 자료였지만, 20세기 와서 뜻밖의 목적으로 쓰이게 됩니다. 바로 에도시대 일본의 인구 추이를 보여주는 중요한 자료로서 활용된 것입니다. 유럽에서는 같은 목적으로 교회의 '교구 장부parish register'를 활용하고 있습니다. 이들 자료는 왕족이나 지배자만 기록된 게 아니라 전 국민이 기록되어 있기 때문에 자료의 특성상 모든 인간이 평등하게 다루어집니다. 이처럼 교구 장부나 〈슈몬아라타메초〉를 이용하여 장기적인 인구 추세와 개인·가족의 생애사를 추적하는 학문을 역사인구학이라고 합니다. 일본의 역사인구학자인 하마노 기요시浜野潔에 따르면, 기존 역사연구에서도 일반인을 다루고 있기는 하지만 모든 사람이 역사 사료에 이름을 남기는 것은 아니기에 근본적인 한계가 있었다고 합니다. 그는 "역사인구학은 일부 특수한 사람들뿐 아니라 모든 사람을 평등하게 다룬다는 점에서 기존의 역사연구와는 근본적으로 다르다"라고 강조합니다.[99]

일본 역사인구학 자료인 〈슈몬아라타메초〉는 농촌과 도시 피지배민의 것은 잘 남아 있는 데 반해 무사 계급의 것은 상대적으로 현존 상태가 좋지 않기 때문에 이를 보완하기 위해서는 한국의 족보에 해당하는 무사 계급의 '계도系圖'를 함께 살펴봐야 합니다. 조선의 경우에는 농촌과 도시 피지배민의 인구 추이를 알 수 있는 자료가 지배집단인 양반에 비해 턱없이 부족하다는 점에서 일본과 다릅니다. 다만 양반의 족보를 이용해 양반 집단의 인구 추이를 연구할 수 있다는 점에서는 일본과 같습니다.[100]

기토 히로시鬼頭宏, 세키야마 나오타로関山直太郎, 하마노 기요시 같은 역사인구학자들의 연구 결과에 따르면, 에도시대 당시 일본의 전체 인구는 3천만에서 3천200만 명 사이를 오르내리다가 메이지유신을 맞이했고, 정치 중심지였던 에도의 인구는 110만 명을 넘어선 것으로 추정합니다. 여러 가지 문제로 당시 조선시대의 인구가 얼마나 되는지는 정확히 알기 어렵지만, 여러 학자들은 같은 시기 한반도의 인구가 1천100만에서 1천800만 명 사이를 오간 것으로 추정합니다.

1641년에는 네덜란드 상관을 히라도에서 데지마로 옮깁니다. 네덜란드 동인도회사의 배는 일본에 들어올 때마다 '뉴스Nieuws', 일본어로는 '네덜란드 풍설서和蘭風說書'라 불리는 해외 정보 보고서를 막부 측 외교 담당자인 나가사키 부교에게 제출했습니다. 막부는 이 보고서를 읽고 해외 정세를 파악하거나 대책을 마련하기도 했습니다. 미

1 가톨릭 신자를 수감했던 기리시탄야시키 터. 도쿄 분쿄구에 있다.

2 1822년 노르웨이 호르달란드(Hordaland) 오스 교구의 사망자 명단.
역사인구학에서는 이런 교구 장부가 중요한 자료로 이용된다.

국의 해군 제독 매튜 페리가 일본으로 올 것이라는 사실도 '네덜란드 풍설서'를 통해 미리 파악하고 있었습니다.

이리하여 도쿠가와 막부는 '네 개의 교역 창구' 시스템을 완성했습니다. 이 과정을 보면서 저는, 도요토미 히데요시가 망상에 빠져서 망쳐놓은 국가를 도쿠가와 이에야스가 수습했다기보다는, 오다 노부나가와 도요토미 히데요시의 치세 덕분에 한껏 넓어진 일본의 국제적 활동을 도쿠가와 이에야스가 제한함으로써 무사 집단의 이익을 지키려 했다고 생각합니다. 대외적으로는 무역이 번성하고 일본인들이 화교처럼 일본 바깥에 집단으로 거주하는 한편, 대내적으로는 경제성장에 따라 정치적 자유를 요구하기 시작하는 가운데 피지배민들이 무사 집단에 도전하는 상황을 도쿠가와 이에야스가 끝내려 한 것입니다. 대런 애쓰모글루와 제임스 로빈슨이 쓴 《국가는 왜 실패하는가》에서 설명하는 방식으로 말하자면, 도쿠가와 이에야스는 지배 엘리트인 무사 집단의 이익을 보장하기 위해 일본이라는 나라의 성장을 중단시켰습니다.

'네 개의 창구' 시스템이 수립되기 전에 일본이 국제적으로 벌여놓은 사업의 양태를 살펴보면, 일본은 포르투갈·스페인·네덜란드와 때로 협력하고 때로 갈등하면서 북동 유라시아 연안 지역에서 최소한 현상 유지는 할 수 있었습니다. 아직 영국·프랑스 세력이 이 지역에 본격 진출하지 않은 상황에서 어느 정도 세력 확장도 기대할 수 있었습니다. 그러나 무사 집단이 일본 국내를 독점적으로 지배하기 위해 유럽과 통하는 문을 걸어 잠그고 더 이상 교류하지 않은 것입니다. 도쿠가와 막부가 전쟁 없는 2백 년의 치세를 만들어낸 것은 물론 대단한 일이지만, 그 후로도 계속 전쟁을 치르면서 기술을 개발하고 효율적인 정치·경제 시스템을 만들어낸 유럽과는 격차가 더욱더 벌어질 수밖에 없었습니다.

역사학자 윌리엄 맥닐은 《전쟁의 세계사》(이산, 2005)에서, 유럽 역사상 변경 지역의 국가가 누릴 수 있었던 가능성에 대해 언급하고 있습니다. 유럽 중심부에 위치한 서로 엇비슷한 실력의 나라들보다 영국·러시아처럼 변경에 있는 국가들이 때를 잘 만나 급속히 팽창할 기회를 차지했다는 것입니다.

> 이와 같은 대규모 대외 팽창은 유럽 내부의 세력 균형에도 대대적인 변화를 가져왔다. 유럽권의 가장자리에 자리한 국가들(특히 영국과 러시아)이 유럽의 중심부에 밀집해 있는 국가들보다 훨씬 빠르게 각종 경제자원에 대한 장악력을 확대해갔다. 이처럼 변경 국가가 융성하여, 애초에 중요한 혁신이 집중되었던 중심부 근처의 오랜 역사를 가진 비교적 작은 국가들보다 우세해지는 것은 문명세계의 역사에서 가장 오래되고 가장 자주 반복되었던 패턴 가운데 하나다.

16~17세기 북동 유라시아의 동쪽 끝에서 중화 문명권·인도 문명권·유럽 문명권의 경계 지역에 위치한 일본은, 맥닐 선생의 말처럼 변경 국가로서의 가능성을 누릴 기회를 잠시 가졌습니다. 그러나 16세기에 경제적으로 성장한 피지배집단이 불교 이념을 내세워 잇코잇키를 일으켰던 것처럼, 17세기 일본이 변경 국가로서 계속 성장했다면, 오히려 경제적으로 성장한 피지배층이 그리스도교 이념을 내세워 무

사 계급의 독점적 지배를 전복시켰을지도 모릅니다. 실제로 가톨릭 반란인 시마바라 봉기가 일어난 것이 이런 의심을 뒷받침해줍니다. 오다 노부나가의 손자인 오다 히데노부의 포교 사례에서 보듯이 당시 일본 지배층 구석구석까지 가톨릭 신앙이 침투되어 있었던 상황에서, 도쿠가와 이에야스는 무사 집단의 권력 독점을 위해 일본의 국가 성장을 멈추는 길을 택한 것입니다.

나오며

이제 《일본인 이야기》 제1권의 마지막 이야기를 할 때가 되었습니다. 도쿠가와 막부가 '네 개의 창구' 시스템을 완성한 뒤인 1642년, 크리스토방 페레이라 신부가 가톨릭을 버린 데 자극받은 이탈리아 신부 안토니오 루비노Antonio Rubino가 신부 5명, 종자 3명과 함께 사쓰마에 상륙했다가 곧바로 체포되었습니다. 아이러니하게도 사와다 주안으로 이름을 바꾼 페레이라가 직접 그들의 심문을 맡았습니다. 그런데 심문을 받던 신부들 가운데 한 명이, 지금 중국에서 신부들이 활발하게 활동하고 있으며 가톨릭 관련 서적을 대거 인쇄하여 일본에 가져오려 한다고 실토해버리면서 문제가 커졌습니다. 나가사키 데지마의 네덜란드 상관에 있던 사람들은 중국인이 일본에 오는 것을 금지해야 한다고 막부를 부추겼습니다. 중국과 일본을 오가는 무역에서 생기는 이익을 자신들이 독점하기 위함이었습니다.

그리하여 막부 관료인 나가사키 부교는 중국에서 오는 상선에 대해 철저히 조사하기 시작합니다. 가톨릭 내용이 담긴 서적은 물론이거니와 가톨릭 신자가 쓴 책, 심지어는 단순히 자기 지방의 가톨릭교회에 대해 언급하고 있는 중국의 지방지까지도 검열 대상이 되었습니다. 해를 거듭하며 중국 배에서 검열한 서적의 제목과 분량을 기록한 장부가 쌓여갔고, 20세기 들어 이 장부가 뜻밖의 목적으로 활용되기 시작했습니다. 에도시대에 중국에서 어떤 책이 일본에 수입되었는지를 극명하게 보여주는 자료로서 말입니다. 마치 가톨릭 신자를 색출하기 위해 기록한 〈슈몬아라타메초〉가 20세기 들어 일본의 역사적 인구 추이를 연구하기 위한 둘도 없이 귀중한 자료로 이용되는 것과 마찬가지입니다.[101]

1642년에 일본에 잠입한 프란치스코 마르케스(Francisco Marques, 1608~1643) 신부는, 포르투갈인 비센테 마르케스와 가톨릭 다이묘인 오토모 소린 집안의 일본인 여성 사비나 사이에서 태어난, 나가사키 출신의 혼혈아입니다. 어릴 때 고아가 되어 동생인 페드로 마르케스(Pedro Marques, 1612~1670?)와 함께 마카오로 보내졌다가 예수회 신부가 되어 일본으로 돌아온 것입니다. 그는 9일 동안 거꾸로 매달려 있는 아나쓰루시 고문을 받은 뒤 참수되어 순교했습니다. 동생 페드로 마르케스도 예수회에 가입해서 인도·마카오·코친차이나 지역에서 포교하다가 1670년 바다에서 소식이 끊기고 맙니다.

프란치스코·페드로 형제의 삶을 들여다보면, 중국인 해적 정지룡과 히라도의 사무라이 다가와 시치자에몬田川七左衛門의 딸 다가와 마쓰 사이에서 태어난 정성공을 떠올리게 하는 부분이 있습니다. 그들은 수많은 인종 집단이 만나서 섞이던 동중국해와 남중국해 연안 지역에서 혼혈아로 태어났습니다. 프란치스코·페드로 형제는 자신이 충성하는 대상이자 아버지 나라의 종교인 가톨릭을 어머니 나라에 전파하려다 처형되었고, 정성공은 자신이 충성하는 대상이자 아버지 나라인 명나라를 부활시키기 위해 어머니 나라인 일본 무사 집단에게 원조를 요청했으나 목적 달성에 실패했습니다.

1643년 1월 26일에는 미리 잠입해 있던 루비노 신부 등이 고문받고 순교했습니다. 2월 20일에는 도쿠가와 막부 제3대 쇼군인 도쿠가와 이에미쓰가, 센다이에서 체포된 신부 4명이 수감되어 있는 곳까지 일부러 찾아와서 심문받는 상황을 지켜보았습니다. 그는 이후에도 여러 차례 가톨릭 신자의 심문 장소를 방문했습니다. 5월 12일에는 일찍이 1609년에 일본에 왔다가 5년 뒤에 마카오로 추방된 적 있는 마르케스(Marques, 1575~1657) 신부 일행(신부 5명, 종자 5명)이 후쿠오카에 상륙했다가 곧바로 체포되었습니다. 이들을 가두기 위해 이노우에 마사시게의 저택 가운데 하나를 가톨릭 신자용 감옥인 기리시탄야시키로 활용했습니다. 이들은 앞서 일본에 잠입한 가톨릭 신자들과 달리 거의 모두가 가톨릭을 버리는데, 마지막으로 사망한 사람은 코친 출신의 시종 이관二官입니다. 이때가 1700년이었습니다.

그로부터 8년 뒤인 1708년 10월 12일, 이탈리아 선교사 지오반니 바티스타 시도티(Giovanni Battista Sidotti, 1688~1714?)가 마닐라를 거쳐 일본 규슈 서남부의 야쿠시마섬에 잠입했다가 곧바로 체포됩니다. 일본에 들어올 당시 시도티는 일본식으로 머리를 깎고 일본 옷을 입고 일본 칼을 차고 있었습니다. 그 정도 위장이면 충분하다고 생각했던 것 같습니다. 마닐라의 신부들이 일본에 가면 죽을 거라고 만류하는 것을 뿌리치고 홀로 용감히 바다를 건너온 것 치고는 다소 맥 빠지는 전개입니다. 그는 1년 뒤 1709년에 도쿠가와 막부에 고용된 유명한 주자학자 아라이 하쿠세키(新井白石, 1657~1725)의 심문을 받았습니다.

하쿠세키는 죽을 것을 빤히 알면서도 저 멀리에서 바다 건너 일본에 잠입한 시도티를 '용감한 사나이'라고 평가하며 우호적으로 대했다고 합니다. 그는 시도티를 어떻게 처분할지에 대해 "상책은 본국으로 송환하는 것인데 이것은 어려운 듯하지만 가장 쉽고, 중책은 죄수로서 유폐시키는 것인데 이것은 간단한 듯하지만 실제로는 어렵고, 하책은 처형하는 것인데 이것은 간단한 듯하고 실제로도 간단합니다"라는 의견을 제시합니다. 막부 측은 시도티를 죽일 생각이 없었는지 하쿠세키의 세 가지 제안 가운데 중책을 택해서 유폐시킵니다. 하지만 시도티가 자신을 감시하는 임무를 맡은 노부부를 개종시키고 세례를 준 것이 발각돼서 세 사람은 지하 감옥에 수감됩니다. 그리고 1715년에 모두 병사합니다. 3백 년이 흐른 2014년에 기리시탄야시키 터를 발굴했을 때 세 사람의 인골이 나왔는데, 이 가운데 한 사람의 인골이 서양인의 것이라는 결과가 나왔습니다.

아라이 하쿠세키는 시도티와의 대화에서 얻은 세계 지식을 정리해서 《채람이언采覽異言》(1713)과 《서양기문西洋紀聞》(1715) 등의 책을 씁니다. 이는 난학이 정치 중심지인 에도로 소개되기 이전에 있었던 일입니다. 또 하쿠세키는 이러한 세계 지식을 조선에서 온 통신사 일행과의 대화에 활용함으로써 자신의 박식함을 뽐내는 한편 조선 주자학자들이 세계가 돌아가는 모습을 잘 알지 못한다고 야유하곤 했습니다.

이후 1790년에 나가사키 우라카미에서 '잠복 가톨릭교도'들이 발견되어 체포되기 전까지 일본에서 더 이상 가톨릭 신자가 살해되는 일은 없었습니다. 지금도 전 세계 가톨릭계에서는 중·근세 일본의 가톨릭 탄압이 얼마나 잔인하고 비극적이었는지 강조하는 경향이 있습니다. 그러나 중세 일본-유럽 교류사 연구자인 마쓰다 기이치는《남만의 선교사》말미에서, 당시 유럽에서 가톨릭·프로테스탄트 두 파가 이단 심문과 마녀재판을 통해 숱한 사람들을 고문하고 처형했음을 상기시켜주고 있습니다.

시도티가 죽고 75년 뒤인 1790년, 나가사키 우라카미에서 잠복 가톨릭교도, 일명 '가쿠레 기리시탄隠れキリシタン' 19명이 체포됩니다. 완전히 사라진 줄 알았던 가톨릭 신자가 여전히 일본에 남아 있다는 사실이 처음으로 밝혀진 것입니다. 이를 '우라카미의 첫 번째 탄압浦上一番崩れ'이라고 부릅니다. 50년 뒤인 1839년에 두 번째 탄압, 1856년에 세 번째 탄압, 그리고 1865년에는 나가사키에 와 있던 파리 외방선교회의 베르나르 타데 프티장(Bernard-Thadée Petitjean, 1829~1884) 신부에게 우라카미의 가톨릭 신자들이 자신들의 정체를 드러내고 나서 '우라카미의 네 번째 탄압浦上四番崩れ'이 시작됩니다.

메이지 정부는 외국의 항의에도 불구하고 1869년에 우라카미 가톨릭 신자 3천394명을 유배시킵니다. 1873년에 그리스도교 금지령이 풀릴 때까지 662명이 사망했고, 살아남은 사람들은 귀향해서 우라카미 천주당浦上天主堂을 세웠습니다. 일본의 가톨릭 신자는 조선에 가톨릭이 포교되기 전인 1586년부터, 조선에서 마지막 대규모 박해

19세기 후반에 가톨릭 생존자들이 세운 우라카미 천주당이 원폭 투하로 파괴된 모습.

가 일어나는 1866년 이후까지 거의 3백 년간 박해를 받으면서도 꿋꿋하게 살아남았습니다. 우라카미 천주당은 1945년 8월 9일에 미군 폭격기가 나가사키에 원자폭탄을 투하할 때 파괴되었습니다. 폭탄이 떨어질 당시 우라카미 천주당에는 8월 15일 성모승천일을 앞두고 고해성사를 하기 위해 많은 신도가 모여 있었는데, 주임 사제와 신도 모두가 사망했습니다. 막부의 모진 탄압 속에서 살아남은 일본 가톨릭 신자들이, 그리스도교 나라인 미국 측 공격으로 대량 학살된 것입니다.

우라카미의 네 번째 박해 때에는, 일본이 서구의 그리스도교 국가들과 국교를 맺는 동시에 국내에서 그리스도교 신자를 박해한 일이

가쿠레 기리시탄들이 비밀리에 신앙하던 예수상 '기리시탄 석등'.
현재 도쿄 메구로의 오토리 신사 안에 있다.

문제시됩니다. 오늘날 이러한 모순을 가장 잘 보여주는 나라가 중화인민공화국입니다. 이를테면 중국은 전 세계 거의 모든 그리스도교 국가들과 국교를 맺고 있으면서도 중국 내 교회와 성당을 철거하고 신도들을 탄압하였습니다. 최근에는 일대일로一帶一路 프로젝트를 위해 중앙아시아·동남아시아의 이슬람 국가들과 활발히 교류하면서 신장위구르 지역의 이슬람교도들을 탄압하고 있습니다.[102]

2백 년 이상 자기 마을 바깥의 일본인들로부터 고립되어 비밀리에 신앙을 지켜오던 가쿠레 기리시탄들은, 《구약성경》과 일본의 신화가 결합된 《천지 시작에 대하여天地始之事》라는 독특한 내용의 문헌을 남겼습니다. 일본 바깥에서 온 외래 종교가, 당시 신자들이 직접 원전原

典을 읽을 수 없었던 상황에서, 일본의 신화와 합쳐져서 새로운 신화 체계를 만들어냈다는 점에서, 가쿠레 기리시탄의《천지 시작에 대하여》는 중세 일본 승려들이 만들어낸 중세 신화와도 상통합니다. 외래 신앙인 불교가 일본에 토착화된 결과물이 중세 신화라면,《천지 시작에 대하여》는 외래 신앙인 가톨릭이 일본에 토착화된 결과물입니다. 근현대 한국에서 탄생한 프로테스탄트 계열의 각종 신흥 종교와 이들 종교에서 제작한 경전들에 대해서도, 저는 이《천지 시작에 대하여》와 마찬가지로 프로테스탄트가 한국에 토착화되는 과정을 보여주는 흥미로운 문건들이라고 생각합니다.

《천지 시작에 대하여》로 대표되는 가쿠레 기리시탄의 신화 전설이 워낙에 독특하고 흥미롭다 보니 이에 대해 20세기 초부터 수많은 연구와 조사가 이루어져왔습니다. 그 가운데 한국인인 제 눈을 끄는 것은 이들이 숨어 있던 고토열도에 전해지고 있는 고려섬(高麗島, 고라이지마) 전설입니다.

고토열도 앞바다에는 고라이소네高麗曾根라 불리는 수심이 얕은 지점이 존재합니다. 가쿠레 기리시탄의 전설에 따르면, 원래 이곳에는 고라이지마라 불리는 섬이 있었다고 합니다. 이 섬사람들은 도자기를 만들어 팔아서 부자가 되었는데, 이 도자기를 고라이야키高麗焼라 불렀습니다. 이 섬에는 영험한 돌 지장보살이 있었는데, 하루는 지장보살이 신앙심이 남다른 사람의 꿈에 나타나서는 "내 얼굴이 빨갛게 되면 큰 난리가 날 징조이니 빨리 도망쳐서 목숨을 구하여라"라고 말해주었습니다. 그 신앙심 깊은 사람이 잠에서 깨어 이 이야기를 섬사람들에게 해주었지만 모두 비웃을 뿐이었습니다. 그 가운데 한 사람이 장난으로 지장보살의 얼굴을 빨갛게 칠했는데, 그걸 본 신앙심 깊은 사람은 꿈속 계시대로 도망치기 시작했고, 그 섬은 계시대로 정말 가라앉아버렸습니다. 그리고 지금도 때때로 어부의 그물에는 고라이야키가 걸려 올라온다고 합니다.

가쿠레 기리시탄은 언제부터인가 이 고려섬 전설을《구약성경》〈창세기〉에 나오는 롯의 아내의 전설과 함께 윤색하기 시작했습니다. 롯의 아내의 전설이란, 타락한 두 도시 소돔과 고모라를 멸망시키기 위해 야훼가 천사를 보내, 선한 자인 롯과 가족들에게는 절대 뒤를 돌아보지 말고 도망가라고 했으나 롯의 아내가 경고를 어기고 뒤를 돌아보았다가 소금기둥이 되어버렸다는 이야기입니다.

《천지 시작에 대하여》에도, 인간들의 악행이 늘어나는 것을 슬퍼한 데우스(신)가 '팟파마루지はつは丸じ'의 꿈에 나타나서 "절의 돌사자(狛犬, 고마이누) 눈이 빨개지면 쓰나미가 와서 이 세상이 멸망할 것이다"라고 알려준 것으로 되어 있습니다. 다음 날부터 팟파마루지가 매일같이 돌사자의 눈을 살피자 이를 본 아이들이 장난으로 돌사자의 눈을 빨갛게 칠했습니다. 돌사자 눈이 빨개진 걸 본 팟파마루지는 미리 준비해둔 통나무배에 아이들을 태웠습니다. 그러자 곧바로 쓰나미가 몰려왔고, 그들 가족을 뺀 나머지 인류는 바닷속으로 가라앉아버렸다고 합니다.[103] 팟파마루지란 교황을 가리키는 '파파papa'와 순교자를 가리키는 '마르티르martyr'가 합쳐진 말로, 가톨릭 용어의 원래 뜻을 알 수 없게 되어버린 가쿠레 기리시탄들은 이 단어를 사람의 이름이라고 생각했습니다.

마찬가지로 이들은 성모마리아(산타마리아)를 '산타마루야さんた丸屋'

산타마루야와 주스키리비토를 그린 가쿠레 기리시탄의 성화(聖畫).

라고 불렀고, 예수그리스도를 '주스키리비토じゆすきり人'라고 불렀습니다. 에도시대 2백 년간 외부로부터 고립되어 있던 가쿠레 기리시탄들은, 16~17세기에 대양을 건너 일본으로 온 가톨릭 신부들이 가르쳐준 성경의 내용을 입에서 입으로만 전승해오다가 본래 뜻을 잊어버렸습니다. 그러다가 자연스럽게 가톨릭과 다른 신앙 체계를 익히게 되었고, 수백 년간 고립된 채 자신들의 존재와 신앙을 지키기 위해 말 그대로 목숨 걸고 노력했습니다. 그런 만큼 자신들의 존재에 대한 자부심도 컸습니다. 오늘날에도 일부 가쿠레 기리시탄들은 자신들의 신앙이 가톨릭과 다르다고 생각하고, 가톨릭과 통합되는 것을 거부

가쿠레 기리시탄들은 중국에서 만든 자모관음(慈母觀音) 상을 성모마리아와 아기 예수상으로서 신성시했다. 이를 '마리아 관음'이라고 한다.

하고 있습니다.

16~17세기 일본이 경험한 유럽과의 접촉은 그 후 일본 역사를 근본적으로 바꾸어놓았습니다. 한때는 절대적인 영향을 미쳤던 중화문명이, 이제는 일본이 선택할 수 있는 여러 문명들 가운데 하나로서 상대적인 존재가 된 것입니다. 에도시대 일본이 아무리 유럽과의 접촉을 최소화하는 길을 택했다고 해도, 한 번 열린 세계관이 다시 예전처럼 닫히는 일은 불가능했습니다. 다른 한편으로, 일본은 대륙 정복 야망을 둘러싼 경험을 축적했습니다. 오다 노부나가가 구상하고 도요토미 히데요시가 시도했으며 도쿠가와 이에야스가 마무리한 일련

의 과정은, 그 후 상당 기간 일본인들의 정치·군사적 행동을 제약했습니다.

동부 유라시아 동해안에서 일어난 일본과 유럽과의 접촉이 새로운 세계관과 과학기술을 일본에 제공했다면, 그리고 유럽인이 전해준 가톨릭이라는 종교가 피지배민들에게 통치자에 저항할 수 있는 이데올로기를 제공해주었다면, 한반도에서 전개된 임진왜란은 일본의 능력에 한계가 있음을 확인시켜주었습니다. 가톨릭을 이데올로기 삼아 자신들을 탄압한 도쿠가와 막부에 맞서서 살아남은 가쿠레 기리시탄의 경전《천지 시작에 대하여》에서, 고토열도의 고려섬 전설과《구약성경》의 소돔과 고모라 전설이 합쳐진 것은 16~17세기 일본의 역사를 상징합니다.

에도시대의 가쿠레 기리시탄은 16~17세기 일본과 유럽의 접촉이 일본 사회에 얼마나 중대한 영향을 미쳤는지를 보여주는 기념비적인 존재입니다. 다만 가톨릭이 너무나도 극심한 탄압을 받은 탓에,《천지 시작에 대하여》와 같은 독특한 문헌은 외부적으로 아무런 영향력도 발휘하지 못했고, 이 문헌을 만들어낸 가쿠레 기리시탄들도 에도시대 사회에서는 아무런 발언권도 갖지 못한 채 철저히 침묵을 지켜야 했습니다. 이들의 존재와 사상이 재발견된 것은 19세기 말에 이르러서였습니다. 이를 대신해 17~19세기 일본 사회를 이끌어간 것은 ①고대와 중세로부터 근세로 이어진 불교의 각 종파 ②일본의 전통적인 시가詩歌인 와카를 짓고 감상하는 학문을 총칭하는 가학歌學 ③주자학과 양명학 ④병학兵學 ⑤가톨릭 신앙이 소멸한 자리를 메우듯이 새로 등장한 네덜란드 학문인 난학蘭學 ⑥일본적 학문이라는 뜻의 국학國學을 들 수 있습니다.

17~19세기 일본에서 다양한 사상이 나타날 수 있었던 것은 무엇보다 당시 일본에 획일적인 교육을 지향하는 과거제도가 없었고 경제 상황이 괜찮았기 때문입니다. 국가 공무원 시험에 합격해서 돈과 권력과 명예를 얻는 시스템이 갖추어지지 않은 이 시기의 일본 사람들은, 다양한 분야에서 자신의 능력을 발휘하여 생계를 꾸렸습니다. 그리고 이 사람들을 먹여 살릴 수 있을 만큼 당시 일본의 경제력은 전반적으로 양호했습니다. 쌀을 월급으로 받는 사무라이들은 2백 년간 지속적으로 하락하는 쌀값 때문에 생활고에 시달렸지만, 사무라이 이외의 계급들은 점차 물질적인 풍요로움에 익숙해졌습니다. 이러한 환경에서 탄생한 것이, 오늘날 전 세계 사람들이 '일본' 하면 떠올리는 일본적인 예의와 정중함입니다.

물론 유럽 국가들과 경쟁하면서 해외 시장을 확보하는 길을 스스로 포기한 일본의 경제력에는 근본적인 한계가 있었습니다.《일본인 이야기》 제2권에서는 이 같은 이야기를 중심으로 해서, 17세기 중반부터 18세기 후반까지 약 백 년 사이의 일본에 대해 말씀드리려 합니다.

Corea Indigenis Caoli Iaponensibus Cor
dicitur, quæ an sit insula an pars continentis nondum
Indigenæ candidi sunt proceraq; statura, in bello sun
strenui sed crudeles et barbar

Corij

Punta dos ladronas

Ilhas dos ladrones

Vuoqui

Foquy

Inaba

IA

Argenti fodinæ

Hizumi

Hivami

Nagato

Suro

Agay

Vi

Ceixuma

FON GO

Buge

Figen

all

Checugen

IAS

Bungo

Hyo

Sa

Ito

Firando

P. Bom

Duco

Ogoto

Oviuro

Xiqui

BVN

Chicugo

Figi

Fumay

Xa

ganoxeque

GO

Finga

Cangaxuma

Vsuqi

Mino

Fango

Meaxuma

Cula ma

Cosura

S. Clara

Nangaxuma

Osumi

Tenora

Saceuma

Minato

Tomaruin

Iunaxuma

Ciambo

Isla do Fogo

부록

등장인물

수도회

일본과 대항해시대

가노 겐스케 페트로 狩野源助平渡路

가노파 화가이자 교토 프란치스코회의 재산관리인.

가토 기요마사 加藤清正

어린 시절부터 도요토미 히데요시를 따랐고 훗날 그의 중진이 된 장수. 야마자키 전투, 시즈가타케 전투 등에서 공적을 쌓았고, 임진왜란 때는 선봉에 나섰다. 히데요시 사후인 1600년에 벌어진 세키가하라 전투에서는, 도쿠가와 이에야스와 인척 관계라 동군의 편에 서서 싸웠다.

겐뇨 顯如

정토진종 절 혼간지의 주지. 이시야마 혼간지 절을 요새화시켰다. 오다 노부나가가 이시야마 혼간지를 넘기라고 요구하자 거부하고 노부나가를 불적佛敵으로 공표했다. 다케다 신겐, 우에스기 겐신 등과 함께 '노부나가 포위망'을 만들었지만 노부나가를 저지하는 데 실패하고 이시야마 혼간지는 고립 상태에 빠진다. 결국 겐뇨는 이시야마 혼간지를 노부나가에게 넘기고 떠난다.

고니시 유키나가 小西行長

상인 집안 출신. 원래 우키타 나오이에의 가신이었으나 히데요시의 가신이 된다. 수군을 이끈 그는 히고 남부 지역을 다스렸으며 조선 침략의 선봉장이었다. 히데요시가 죽은 후에는 그의 후계자 편에 서서 세키가하라 전투에서 싸웠지만, 도쿠가와 이에야스의 편이었던 기요마사에 의해 성을 점령당한다. 가톨릭 다이묘로 유명하다.

고바야카와 히데아키 小早川秀秋

히데요시의 양자였으나 히데요리가 태어나자 고바야카와 다카카게의 양자가 된다. 세키가하라 전투에서는 서군에 속했으나 그는 은밀히 도쿠가와 이에야스의 동군 측과 내통하여 동군이 승리하는 데 큰 공을 세운다. 그 상으로 비젠, 미마사카 지역을 수여받아 50만 석의 영주가 된다.

구로다 요시타카 黒田孝高

히데요시의 참모. 가톨릭 세례명은 '돈 시메온.' 1589년에 장남 나가마사에게 집안을 물려주고 은거했으나 이후 임진왜란에 참전하였다. 이시다 미쓰나리와 반목했다. 히데요시의 사후 세키가하라 전투 때는 이에야스의 편에서 싸웠다

구스노키 마사시게 楠木正成

고다이고 덴노를 도와 가마쿠라 막부를 멸망시켜 덴노의 친정을 부활시키는 데 큰 공을 세웠다. 하지만 얼마 후 아시카가 다카우지가 반란을 일으킨다. 1336년 마사시게는 미나토가와에서 다카우지의 군대와 싸우지만 결국 패배해 자결한다.

그레고리오 데 세스페데스 Gregorio de Cespedes

스페인 마드리드 출신. 1569년에 예수회에 입회하였다. 1577년에 나가사키에 도착해 교토를 중심으로 약 34년간 포교 활동을 하였다. 호소카와 가라샤를 가톨릭으로 이끈 인물 중 하나이다. 임진왜란 때 서양인 신부로서는 최초로 조선에 왔다. 경상도에 머물면서 편지 4통을 남겼다고 한다.

기요하라 에다카타 清原枝賢

조부 기요하라 노부카타처럼 뛰어난 유학자로, 1563년 세례를 받은 것으로 알려져 있다. 이후 가톨릭을 버리고 불교에 귀의했다.

나베시마 나오마사 鍋島直正

사가번 10대 번주. 궁핍한 번의 재정을 개혁하였으며, 사가번이 맡고 있던 나가사키의 경비를 강화하기 위해 포대를 증축했다. 1852년에는 일본 최초로 서양식 대포를 만들었다. 또한 서양 문물에 많은 관심을 보이고 난학蘭學을 장려했다. 지병인 폐병으로 1871년에 사망했다.

나이토 조안(다다토시) 内藤如安(忠俊)

가톨릭 장수. 고니시 유키나가의 가신이었고, 임진왜란 때 명나라와의 교섭을 담당했다. 세키가하라 전투에서는 간신히 살아남았고, 이후 이에야스가 가톨릭 신자 추방령을 내리자 필리핀 마닐라로 떠나 그곳에서 숨을 거두었다.

다이코쿠야 고다유 大黑屋光太夫

에도시대에 러시아에 표착한 선장. 1782년 고다유 일행은 일본 연안을 따라 에도로 향하던 중 태풍을 만나 표류하여 1783년에 알래스카의 알류샨 열도에 도착한다. 4년 후에는 캄차카 반도에 도착. 1791년에는 러시아 수도 상트페테르부르크에 가서 예카트리나 2세를 알현한다. 1793년에 아담 락스만의 도움을 받아 일본으로 돌아간다. 난학자 가쓰라가와 호슈는 고다유의 이야기를 듣고 책 11권과 부록 1권으로 구성된《북사문략北槎聞略》을 남겼다.

다카야마 우콘 高山右近

유명한 가톨릭 다이묘. 히데요시의 가신이었으나 '가톨릭 신부 추방령'이 내려진 후에는 쇼도시마에 숨어 산다. 고니시 유키나가와 마에다 도시이에의 비호를 받지만 도쿠가와 막부가 들어선 후 '가톨릭 금지령'이 내려지자 필리핀으로 도피해 마닐라에서 사망했다.

다케다 신겐 武田信玄

아버지 노부토라를 몰아내고 가주가 된 다케다 신겐은 가이 지역을 다스리는 한편 막강한 군사력을 갖추어 명성을 떨쳤다. 일본에서 처음으로 금화를 발행한 다이묘로 알려져 있다. 시나노와 고우즈케를 둘러싸고 우에스기 겐신과 혈투를 벌였으며, 후에 이에야스의 군대와 전투를 벌인 뒤 병으로 사망했다.

다테 마사무네 伊達政宗

센다이번을 다스린 다이묘로, 히데요시 사후에 자신의 딸을 이에야스의 6남과 결혼시켰다. 세키가하라 전투 때도 이에야스의 편에 서서 싸웠다. 스페인에 하세쿠라 쓰네나가가 이끄는 사절단을 보내 통상조약을 맺으려 했으나 실패한다.

로렌소 Lourenço

예수회 일본인 신자. 본명은 불명. 비와호시(비파법사)로서 떠돌아다니다가 야마구치에서 프란치스코 하비에르에게 세례를 받았다. 이후 예수회 신부들의 포교를 도왔다.

루이스 프로이스 Luis Frois

포르투갈 리스본 출신으로 16살 때 예수회에 가입했다. 1563년에 일본으로 와 포교 활동을 했다. 히데요시가 〈가톨릭 신부 추방령〉을 내리자 마카오로 피했지만 다시 일본으로 돌아와 1597년에 나가사키에서 숨졌다. 주요 저작으로《일본사》등이 있다.

마에다 도시이에 前田利家

원래 오다 노부나가의 부하로 도요토미 히데요시와 친했다. 노부나가의 명으로 시바타 가쓰이에의 부하가 되지만, 가쓰이에와 히데요시가 격돌한 시즈가타케 전투에서는 군대를 물린 후 히데요시의 가신이 되었다. 히데요시가 죽은 후에도 충심을 지키지만 곧 병사했다.

마나세 도산 曲直瀨道三

한방의학의 명의로, 처음에는 승려의 길을 걸었다. 1531년에 유명한 의학자 다시로 산키에게서 의학을 배우기 시작했다. 1546년에는 교토로 상경해 환속했고 쇼군 아시카가 요시테루를 진찰하기도 했다. 게이테키인啓迪院이라는 의학 학교를 창설했다.

마나세 요안인 曲直瀨養安院

본명은 쇼린. 고요제이 덴노의 병을 치료해 요안인이라는 호칭을 얻었다. 우키다 히데이에가 조선에서 약탈한 도서들 중 일부를 히데요시가 그에게 하사했고, 그는 이 도서들로 '요안인 문고'를 만들었다.

모리 데루모토 毛利輝元

주고쿠 지방의 다이묘. 1582년에 오다 노부나가가 보낸 히데요시의 군대에 맞서 싸우다 항복하고 히데요시의 가신이 되었다. 세키가하라 전투에서는 서군에 가담했다. 그러나 부하인 깃카와 히로이에가 동군과 내통한 덕에 이에야스의 허락을 받아 가문이 존속하였다.

문순득 文淳得

우이도에 거주하던 홍어 상인으로, 1801년 바다에 나갔다가 풍랑을 만나 류큐에 표착하였다. 거기서 약 8개월 동안 지낸 뒤 고향으로 돌아가려고 배를 탔지만 다시 풍랑을 만나 필리핀에 표착하였다. 필리핀에서 9개월 동안 머무른 뒤 마카오, 난징, 베이징을 거쳐 1805년에 조선으로 돌아왔다. 유배 생활을 하던 정약전이 문순득에게서 그 이야기를 듣고《표해시말》이라는 책을 만들었다.

미요시 삼인방 三好三人衆

미요시 나가야스, 미요시 마사야스, 이와나리 토모미치를 일컫는다. 이들은 마쓰나가 히사히데와 결탁하여 1565년, 쇼군 아시카가 요시테루를 암살하고 막부의 실권을 쥐었다. 하지만 곧 히사히데와 결별한 후 격전을 치렀다. 그 뒤 아시카가 요시아키를 쇼군으로 추대하려는 오다 노부나가와 전쟁을 벌이다가 패배했다.

미우라 안진 三浦按針

영국인 중 최초로 일본에 온 사람. 1564년생. 본명은 윌리엄 애덤스. 1600년 도선사인 그는 네덜란드 배 리프데호를 타고 있다가 표류하여 일본의 분고 지역으로 가게 된다. 거기서 오사카로 보내져 도쿠가와 이에야스를 만났다. 이후 이에야스의 외교 고문이 된 안진은 기하학, 지리학, 수학 등의 지식을 막부에 전한다. 그리고 두 척의 대형 선박을 건조하는 일을 맡는다. 일본인 여성과 결혼하여 1남 1녀를 두었고 1620년에 세상을 떠났다.

삿사 나리마사 佐々成政

오다 노부나가의 가신으로 엣추 지역을 다스렸다. 혼노지의 변 이후 히데요시가 아니라 이에야스의 편을 들었다. 하지만 1585년에 히데요시에게 항복하였고, 이후 규슈 정벌에서 공을 세워 히고 지역을 다스린다. 그러나 백성들이 잇키를 일으키자 그 책임을 지게 되어 할복을 명 받는다.

센노 리큐 千利休

다도의 명인. 쓸데없는 요소들을 모두 배제한 매우 소박한 다도 양식을 탄생시켰다. 오다 노부나가를 모시다가 노부나가의 사후 히데요시를 섬기며 그의 측근이 되었다. 그러나 1591년 히데요시의 분노를 사 할복을 명 받았다.

소 요시시게 宗義調

쓰시마를 다스린 소 가문의 17대 가주. 조선과의 무역으로 많은 이익을 얻었다. 1587년 히데요시가 규슈 정벌을 시작하자 항복하였다. 임진왜란 전에 히데요시의 명으로 조선과의 교섭에 임하다가 병사하였다.

시마즈 나리아키라 島津斉彬

사쓰마번의 11대 번주이자, 시마즈 가문의 28대 가주. 가고시마에 반사로 등을 설치하여 대포를 제작했다. 그리고 유리, 도자기, 농기구, 도검, 탄환 등을 제조하는 공장인 집성관을 마련했다. 서양식 선박인 증기선을 건조하기도 했다.

시바타 가쓰이에 柴田勝家

원래는 오다 노부나가의 동생 노부유키의 가신이었다. 노부유키가 반란을 일으키고 실패한 뒤에 노부나가의 부하가 되었다. 노부나가의 사후에 천하를 쥐려는 히데요시와 반목했고, 노부나가의 3남 노부타카를 옹립하여 전쟁을 벌였다. 하지만 시즈가타케 전투에서 패배해 자결했다.

알레산드로 발리냐노 Alessandro Valignano

예수회 신부. 1579년에 일본 순찰사로서 일본에 도착했다. 규슈의 여러 다이묘들을 교화하였고, '덴쇼 소년 사절단'을 기획하였다. 그리고 인쇄기를 들여와 '기리시탄판'을 출판하였다. 1606년에 마카오에서 병사하였다. 저작으로《일본순찰기》등이 있다.

아마쿠사 시로 天草四郎

1637년에 시마바라, 아사쿠사 지역에서 가혹한 세금과 가톨릭 탄압에 반발해 피지배층의 잇키가 일어난다. 아마쿠사 시로는 당시 16세의 나이로 시마바라 난의 지도자로 추대된다. 잇키에 참가한 무리들은 시마바라의 하라 성에서 약 90일간 농성했지만 결국 1638년 2월에 성이 함락되면서 죽음을 맞이했다.

아사야마 이린안朝山意林庵

에도시대 전기의 유학자. 처음에는 불교에 입문했으나 이후 유학에 빠져들었다. 조선인 이문장에게서 주자학을 배웠고, 고코묘 덴노에게《중용》을 가르쳤다. 그가 썼다고 알려진《기요미즈 이야기清水物語》는 유교와 불교의 사상에 대한 책으로, 당시 2천 부 넘게 팔렸다고 한다.

아시카가 요시아키 足利義昭

형이자 쇼군인 아시카가 요시테루가 암살당하자 유폐를 당했으나 가신들의 도움으로 간신히 빠져나온다. 그 뒤 오다 노부나가의 도움으로 제15대 쇼군이 된다. 하지만 천하를 제패하고 실권을 쥐려는 노부나가의 음모를 막기 위해 모리 데루모토, 다케다 신겐, 우에스기 겐신, 혼간지의 겐뇨 등으로 구성된 '노부나가 포위망'을 만든다. 갑작스럽게 신겐이 죽고 결국 노부나가를 저지하는 데 실패해 교토에서 쫓겨난다.

안지로 Angero

최초의 일본인 가톨릭 신자. 살인을 저지른 뒤 포르투갈 상인 조르제의 도움으로 동남아시아로 건너간 후 말라카에서 프란치스코 하비에르를 만났다. 1548년에 고아의 성 파울로 학원에서 교육을 받고 세례를 받은 뒤 '파울로 데 산타 페'라는 세례명을 얻었다. 1549년 8월에 사쓰마의 가고시마로 하비에르를 안내한 뒤 포교 활동에 힘썼다.

아케치 미쓰히데 明智光秀

출신은 불분명하지만 실력으로 오다 노부나가 군의 유력한 장수가 된다. 1582년에 노부나가로부터 모리 지역을 공격하라는 명을 받지만 미쓰히데는 도중에 발길을 돌려 노부나가가 머물던 혼노지를 친다. 노부나가의 자결 후 히데요시와의 싸움에서 패배하여 도망치다가 농민의 손에 죽음을 맞이한다.

오무라 스미타다 大村純忠

다이묘 중 최초로 가톨릭 신자가 되었다. 1563년에 예수회 포교장 토레스로부터 세례를 받았다. 가톨릭 신부들과 포르투갈 상인들을 우대해 남만 무역을 공고히 하였으며, 영지인 나가사키를 개항하여 나가사키는 이후 남만 무역과 가톨릭 포교의 중심지가 되었다. 스미타다는 알레산드로 발리냐노가 주도한 '덴쇼 소년 사절단'을 로마에 보내기도 했다.

오우치 요시나가 大内義長

오토모 소린의 동생. 오우치 요시타카를 배신한 스에 하루카타에 의해 오우치 가문의 가주가 된다. 1557년에 모리 모토나리 군과의 전투에서 패배해 조후쿠지 절에서 자결한다. 사망 당시 18세.

오우치 요시타카 大内義隆

오우치 가문의 16대 가주. 그가 다스리던 나카도는 '서쪽의 교토'라고 불릴 정도로 번성했다. 하지만 갓산토다 성을 둘러싼 전쟁에서 패배했을 당시 후계자를 잃었고 그 후 정치에서 손을 떼었다. 가신 스에 하루카타가 모반을 일으켜 자결했다.

오타 줄리아 大田ジュリア

임진왜란 때 끌려가 고니시 유키나가의 양녀가 된 조선인. 끌려간 당시 5세로 추정된다. 유키나가가 죽은 뒤에는 이에야스의 시녀가 된다. 이에야스로부터 개종 권유를 받지만 거부하여 외딴 섬으로 추방당했다.

오토모 소린 大友宗麟

한때 규슈 지역을 호령했던 다이묘였지만 시마즈 가문과의 계속되는 전투로 곤경에 처했다. 히데요시가 전투 중단 명령을 내려 곤경에서 벗어났고 소린은 히데요시의 가신이 된다. 서양 문물에 관심이 많았고 가톨릭을 받아들였다. 아리마 하루노부, 오무라 스미타다와 함께 '덴쇼 소년 사절단'을 로마에 보냈다.

우에스기 겐신 上杉謙信

에치고 지역의 대부분을 다스린 다이묘. 불교 신자였으며, 자신을 의지해 도망쳐오는 장수들을 비호하는 등 의리를 중시하는 영주로 널리 알려졌다. 다케다 신겐과 다섯 차례나 벌인 가와나카지마의 전투로 유명하다. 1577년에 오다 노부나가의 병력을 상대해 승리를 거뒀지만 이듬해 병으로 사망했다.

이냐시오 데 로욜라 Ignacio de Loyola

예수회의 창립자. 스페인 로욜라성에서 태어났다. 1521년 팜플로나 전투에서 부상을 당해 치료하던 도중 성자들에 대한 여러 책을 읽고 회심하게 되었다. 명상 생활을 하면서《영신수련》이란 책을 썼다. 이냐시오는 다른 동료들과 함께 1539년에 예수회를 설립하였으며 1540년에 교황 바오로 3세에게 인가를 받았다.

이시다 미쓰나리 石田三成

어린 시절부터 히데요시를 섬긴 장수이자 행정가. 가토 기요마사와 반목했다. 히데요시 사후 군대를 일으켜 이에야스에 맞섰다. 세키가하라 전투에서 패배한 후 붙잡혀 처형당했다.

카운 비센테 Vicente

임진왜란 때 고니시 유키나가에 의해 일본으로 끌려간 조선인으로 당시 13세였다고 전해진다. 시키 지역의 신학교에서 세례를 받은 그는 포교를 위해 마닐라 등을 돌아다녔다. 그리고 베이징을 통해 조선으로 들어가려고 4년 동안 노력했지만 실패한다. 1626년 나가사키에서 화형당한다.

크리스토방 페레이라 Christovão Ferreira

포르투갈 출신 예수회 신부. 1596년에 예수회에 들어갔다. 1609년 나가사키에 도착한 뒤 교토 등지에서 포교하였다. 1633년에 체포되어 닷새간 고문을 받은 뒤 배교하였다. 1636년에 사와노 주안이라는 이름으로 가톨릭을 비판하는 책인《현위록顯僞錄》을 출간하였다. 1650년에 사망했다.

프란치스코 하비에르 Francisco Javier

1506년 나바라 왕국에서 태어나 9세 때 세례를 받았다. 이냐시오 데 로욜라를 포함한 6명의 예수회 창설자 중 한 사람이다. 1542년에 인도 고아에 도착했고, 말레이시아 반도, 말루쿠 제도 등지에서 가톨릭을 포교했다. 1549년에 일본 가고시마에 도착해 처음으로 일본에 가톨릭을 전파했다. 약 2년간 규슈, 교토 등지에서 포교 활동을 했고 이후 고아로 돌아갔다가 중국으로 향하던 도중 병사했다.

하세쿠라 쓰네나가 支倉常長

다테 마사무네의 가신. 1613년에 프란치스코회 신부 루이스 소텔로와 함께 사절단을 이끌고 출발, 1625년 스페인 마드리드에 도착해 펠리페 3세를 알현했다. 이때 통상조약을 원하는 마사무네의 서찰을 건넸다. 하세쿠라는 이곳에서 세례를 받고 '돈 펠리페 프란치스코'라는 세례명을 얻었다. 그 후 로마로 건너가 교황 바오로 5세를 만나 극진한 대접을 받았다. 하지만 통상교섭에는 실패한 뒤 1620년에 귀국했다.

하마다 야효에 浜田弥兵衛

주인선 선장. 1625년에 네덜란드가 지배하는 타이완에 갔을 때 무역 관세를 둘러싸고 갈등이 일어나자 귀국한 뒤 1628년에 다시 병사들을 데리고 타이완으로 향한다. 타이완 총독 나위츠에 의해 젤란디아 성에 감금되지만 오히려 나위츠를 인질로 붙잡는 데 성공한다. 양측은 각각 인질을 5명씩 교환하지만, 이 사건으로 인해 일본과 네덜란드의 무역은 1632년까지 중단된다.

하야시 시헤이 林子平

에도 중기의 사상가로, 센다이 번에 몸을 의탁했다. 난학자들과 친하게 지냈으며, 러시아의 남하정책에 위기감을 느끼고《해국병담》을 지었다. 하지만 막부의 심기를 거슬러 1792년에 책을 모두 몰수당하고 칩거를 명령받는다. 이듬해 병사한다.

호소카와 가라샤 細川ガラシャ

1563년 탄생. 오다 노부나가를 배신한 아케치 미쓰히데의 딸. 1578년 노부나가의 명령으로 호소카와 다다오키와 결혼했다. 1587년 다카야마 우콘과 자신의 시녀의 영향으로 가톨릭을 믿게 되어 세례를 받는다. 세키가하라 전투가 벌어지기 전, 이시다 미쓰나리 군이 인질로 잡으려고 저택을 포위하자 가신에게 자신을 죽여줄 것을 부탁한다.

호소카와 다다오키 細川忠興

오다 노부타다의 부하였다가 혼노지의 변 이후 히데요시의 부하가 되었다. 하지만 이시다 미쓰나리와 반목한 탓에 세키가하라 전투에선 이에야스의 편에 섰다. 아내는 아케치 미쓰히데의 딸 호소카와 가라샤(다마코)이다. 다도의 달인 센노 리큐에게서 다도를 배웠다고 한다.

호조 우지마사 北条氏政

호조 가문의 4대 가주로, 간토 지역 일부를 지배했다. 영지가 인접해 있는 우에스기 겐신, 다케다 신겐과 각각 전쟁을 치렀다. 우지마사의 세력이 점점 커지자 히데요시는 이를 견제한다. 히데요시는 우지마사의 오다와라 지역을 공격하고, 결국 우지마사는 항복한 뒤 할복했다.

예수회

이냐시오 데 로욜라가 창립한 가톨릭 수도회. 16세기 마르틴 루터의 종교혁명이 일어나 가톨릭 세력이 위축되었을 무렵 가톨릭을 혁신하자는 취지로 예수회가 탄생했다. 이웃에게 봉사하며 그리스도를 무조건적으로 따르는 자기헌신적 삶을 지향한다. 1542년 프란치스코 하비에르가 일본으로, 1583년 마태오 리치가 중국으로 건너오면서 아시아 포교가 시작되었다.

코스메 데 토레스, 가스파르 빌렐라, 페드로 마르틴스, 루이스 세르케이라, 페드로 고메스, 프란시스코 파시오, 지롤라모 데 안젤리스, 주앙 밥티스타 마차도, 마르셀로 마스트릴리, 페드로 마르케스 등이 속했다.

탁발수도회

13세기 이후부터 널리 퍼진 수도회. 프란치스코 수도회, 도미니크 수도회, 아우구스티노 수도회 등이 이에 속한다. 청빈한 삶을 목표로 하며 노동의 가치를 강조한다.

1) 프란치스코회

아시시의 성 프란치스코가 창설한 수도회로 '성 프란치스코의 수도 규칙'을 따른다. 이 수도회 회원들을 '프란치스칸'이라 부른다. 주로 거리에서 설교를 하며 가난하고 아픈 사람들을 도왔다.

페드로 바우티스타, 제로니모 데 제수스, 루이스 소텔로, 알론조 무뇨스, 페드로 데 라 아순시온 등이 속했다.

2) 도미니크회

성 도미니크가 창설한 수도회로 청빈하고 엄격한 생활을 중요시한다. 1216년에 교황 호노리오 3세로부터 인가를 받았다. 학문 연구, 교육 등에서 큰 두각을 나타냈다.

후안 코보, 루이스 플로레스, 가스파르 다 크루즈 등이 속했다.

일본과 대항해시대

1492　스페인의 후원을 받은 크리스토퍼 콜럼버스, 아메리카의 바하마에 도착

1498　포르투갈의 바스코 다 가마, 인도 캘리컷에 도착

1500　포르투갈의 카브랄이 브라질의 포르투 세구루 근처 해안에 도착

1511　포르투갈, 동남아시아 이슬람 왕국 말라카를 점령하면서 아시아 침략을 시작

1519　스페인의 후원을 받은 페르디난드 마젤란, 사상 최초로 세계 일주 항해를 시작

1521　마젤란의 선단이 괌과 필리핀 열도를 발견

1543　일본 다네가시마의 영주가 포르투갈인으로부터 철포를 구입
일본에서 남만 무역 개시

1549　프란치스코 하비에르 신부, 일본에 가톨릭 포교 시작

1563　루이스 프로이스 신부, 일본에서 포교를 하며《일본사》집필 시작

1565　스페인의 초대 필리핀 총독 레가스피, 세부에 정착촌을 세워
필리핀 식민지화 개시

1572　스페인이 잉카의 마지막 황제를 잡아 처형함으로써 잉카 제국 멸망 및
남아메리카 식민지화가 시작됨

1582　일본의 덴쇼 소년 사절단이 로마를 향해 출발

1588　영국이 스페인의 무적함대를 격파

1600　영국, 동인도회사 설립

1602　네덜란드, 동인도회사 설립

1641　일본이 네덜란드에게 독점 무역 허용

1642　네덜란드의 아벨 타스만, 뉴질랜드 발견

1650　일본이 도자기를 처음으로 수출

01 영국 식민지였던 가이아나는 영어를 썼는데, 그 때문에 같은 영어를 쓰는 미국의 사이비 종교인 인민사원 신도들이 가이아나의 수도 존스타운으로 대량 이주했고, 1978년 신도들이 집단 자살하는 '인민사원 사건' 또는 '존스타운 학살'이 일어났다. 프랑스령 기아나에는 영화 〈빠삐용〉의 배경으로 유명해진 악마의 섬 수용소가 있다. 수리남은 과거 네덜란드 식민지였기 때문에 지금도 네덜란드에는 수리남 이민자들이 거리에서 파는 수리남 음식을 쉽게 접할 수 있다. 수리남 음식은 아메리칸 인디언·네덜란드·아프리카·인도·중국 요리가 혼합되어서 형성되었는데, 네덜란드의 지배 아래 아메리카·아프리카·아시아·유럽에서 자기 의지로 또는 강제로 끌려와 살던 사람들이 세운 수리남이라는 나라의 복잡다단한 역사를 상징한다고도 볼 수 있다.

02 루시오 데 소자(L'ucio de Sousa)와 오카 미호코(岡美穂子)가 함께 쓴《대항해시대의 일본인 노예(大航海時代の日本人奴隷)》(中央公論新社, 2017)는 멕시코 국립문서관의 이단 심문 기록에서 확인된 가스파르, 미겔, 벤투라라는 3명의 일본인 노예에 대해 검토하고 있다. 가스파르는 1585년 지금의 규슈 오이타현에 해당하는 분고(豊後) 지역에서 일본인 상인이 포르투갈 상인에게 노예로 팔았고, 미겔은 1594년 스페인령 마닐라에서 포르투갈 상인 간에 매매되었다. 가스파르가 일본에서 노예로 판매된 것은 임진왜란 발발 7년 전이고, 미겔은 임진왜란 시기이기는 하지만 일본 현지에서가 아니라 필리핀 마닐라에서 거래되었기에 아마 그전에 마닐라로 건너갔을 것으로 짐작된다.

03 윌리엄 맥닐 지음, 신미원 옮김,《전쟁의 세계사》, 이산, 2005.

04 중세 동남아시아 일대에 형성된 저팬타운(일본어로 '니혼마치')에 대해서는 이와오 세이이치(岩生成一)가 쓴《남양 니혼마치의 연구(南洋日本町の研究)》(이와나미서점, 1996) 시리즈 참고.

05 중세 북동 유라시아 해양사 연구자인 오카 미호코(岡美穂子)가 쓴《상인과 선교사(商人と宣教師: 南蛮貿易の世界)》(東京大學 出版会, 2010) 참고.

06 町泉寿郎,〈漢方医人列伝「曲直瀬道三」〉《ツムラ·メディカル·テュデイ》, 2009년 4월 22일 방송.

07 《가톨릭 다이묘》의 저자 무라이 사나에의 경우도 〈가톨릭 금지령을 둘러싼 덴노와 통일 권력(キリシタン禁制をめぐる天皇と統一権力)〉(《史苑》 40-2, 1980)이라는 논문에서 마나세

도산이 세례를 받았다는 사실에 대해 의문을 제기하고 있다. 다만 예수회 측 기록에는 마나세 도산이 가톨릭 신자로서 등장하고 있으며, 도요토미 히데요시가 1587년에 〈가톨릭 신부 추방령〉을 발표하기 전에 마나세 도산에게 "교회에서 일본의 신들을 악마라고 부르는 것에 주의하지 않으면 일본인의 마음을 어지럽히고 혐오감을 심어주게 될 것"(마쓰다 기이치, 《도요토미 히데요시와 남만인(豊臣秀吉と南蛮人)》, 朝文社, 1992)이라고 경고한 바 있다.

08 최용철, 〈전등신화 주석본과 금오신화 비평본의 전파와 회귀〉, 《민족문화연구》 66, 2015년 2월.

09 町泉寿郎, 〈曲直瀨養安院家と朝鮮本医書〉, 〈近世日本の医學にみる'學び'の展開〉 등.

10 하야미 아키라, 《근세 일본의 경제발전과 근면혁명》, 혜안, 2006.

11 김재호, 《대체로 무해한 한국사》, 생각의힘, 2016.

12 柴田純, 〈思想史による近世〉 《岩波日本文學史 7 変革期の文學 2》, 岩波書店, 1996.

13 《이코노미스트》 2017년 6월 15일자, 〈중국은 중국공산당이 생각하는 것 이상으로 오랫동안 유럽보다 가난했다(China has been poorer than Europe longer than the party thinks)〉 참고.

14 최병욱, 《동남아시아사: 전통 시대》, 산인, 2015.

15 조선에서 회취법이 소개된 이후 이와미 은광을 비롯한 일본 곳곳의 은광에서 생산량이 증가함에 따라 일본 국내외적으로 어떤 현상이 있었는지를 글로벌한 관점에서 접근한 연구로는 야마구치 게이지(山口啓二)의 《일본 근세의 쇄국과 개국(鎖国と開国)》(혜안, 2001)과 기시모토 미오(岸本美緒)의 《동아시아의 근세(東アジアの「近世」)》(와이즈플랜, 2018) 참고.

16 안지로에 관해서는 히가시바바 이쿠오(Ikuo Higashibaba)의 《근세 일본의 그리스도교(Christianity in Early Modern Japan: Kirishitan Belief and Practice)》(Brill, 2002) 참고.

17 이 문제에 관해서는 포르투갈·네덜란드 해상무역 연구자이자 영국 스파이였던 찰스 랄프 복서(C. R. Boxer)의 《The Affair of the Madre de Deus》(1929), 《The Christian Century in Japan, 1549~1650》(1951) 참고.

18 오우치 가문과 조선의 관계에 대해서는 김시덕의 《일본의 대외전쟁》(열린책들, 2016); 스다 마키코(須田牧子)의 《중세 조선: 일본 관계와 오우치 가문(中世日朝関係と大内氏)》(東京大學出版会, 2011) 참고.

19 鹿毛敏夫, 《아시아 속의 전국 다이묘(アジアのなかの戦国大名)》, 吉川弘文館, 2015.

20 John Rennie Short, 《Korea: A CARTOGRAPHIC HISTORY》, 시카고대학출판부, 2012.

21 세스페데스의 생애에 대해서는 박철이 쓴 《16세기 서구인이 본 꼬라이》(한국외국어대학교출판부, 2011) 참고.

22 奥正敬, 〈ニッポナリアと対外交渉史料の魅力(26) 《コインブラ版書簡集》で紹介された「大道寺創建裁許状」の話〉,《Gaidai Bibliotheca》, 2011.

23 五野井隆史, 〈横瀬浦の開港と焼亡について〉《Sapientia》 47, St. Thomas University, 2013 · 3.

24 《한국일보》 2018년 7월 26일자, [정민의 다산독본 21] 〈교회 재건과 10명의 신부〉.

25 이 문제에 대해서는 히라야마 아쓰코(平山篤子)의 《스페인 제국과 중화 제국의 해후(スペイン帝国と中華帝国の邂逅)》(法政大學出版局, 2012); 시미즈 유코(清水有子)의 《근세 일본과 루손(近世日本とルソン)》(東京堂出版, 2012); 비르깃 트레믈 베르너(Birgit Tremml-Werner)의 《마닐라의 스페인 · 중국 · 일본, 1571~1644(Spain, China, and Japan in Manila, 1571~1644)》(Amsterdam University Press, 2015) 참고.

26 하야미 아키라, 《근세 일본의 경제발전과 근면혁명》, 혜안, 2006.

27 중세 일본-유럽 교섭사 연구자인 마쓰다 기이치(松田毅一)가 《남만의 선교사(南蛮のバテレン)》(NHK출판사, 1970)에서 쓴 표현이다.

28 후지이 조지(藤井讓治), 《일본 근세의 역사 1: 천하인의 시대(日本近世の歴史 1: 天下人の時代)》(이하 《천하인의 시대》), 吉川弘文館, 2011.

29 神田千里, 〈大友宗麟の改宗: その実態と背景〉《東洋大學文學部紀要. 史學科篇》, 2014.

30 아사이 나가마사의 성 '아사이(浅井)'를 '아자이(あざい)'로 읽어야 한다는 설이 한때 있었으나, 《천하인의 시대》를 집필한 후지이 조지를 비롯해서 최근의 연구자들은 다시 '아사이(あさい)'라고 읽어야 한다는 입장을 보인다.

31 《천하인의 시대》에서 재인용.

32 《천하인의 시대》에서 재인용.

33 《도요토미 히데요시와 남만인》에서 재인용.

34 발리냐노의 유연한 포교 입장에 대해서는 최근 가톨릭 연구자 김혜경 선생의 연구 발표(〈16~17세기 동아시아 예수회의 선교 정책: 적응주의의 배경을 중심으로〉《신학과 철학》 17, 2010; 〈왜란 시기 예수회 선교사들의 일본과 조선 인식〉《교회사연구》 49, 2016) 참고.

35 《16세기 서구인이 본 꼬라이》에서 재인용.

36 《천하인의 시대》에서 재인용.

37 일본 중세 신화에 대해서는 야마모토 히로코(山本ひろ子)의 《중세신화》(岩波新書, 1998)를 비롯해서 흥미로운 책이 많이 출간되어 있다.

38 《천하인의 시대》에서 재인용.

39 《천하인의 시대》에서 재인용.

40 《천하인의 시대》에서 재인용.

41 이 문제에 대해서는 구바 다카시(久芳崇)가 쓴 《동아시아의 병기혁명: 16세기 중국으로 건너간 일본의 조총(東アジアの兵器革命: 十六世紀中国に渡った日本の鉄砲)》(吉川弘文館, 2010)과 노영구의 논문 〈16~17세기 근세 일본의 전술과 조선과의 비교〉(《군사지》 84,

2012년 9월) 참고.

42 김재호, 《대체로 무해한 한국사》, 생각의힘, 2016.

43 《16세기 서구인이 본 꼬라이》에서 재인용.

44 《16세기 서구인이 본 꼬라이》에서 재인용.

45 《천하인의 시대》에서 재인용.

46 《천하인의 시대》에서 재인용.

47 《천하인의 시대》에서 재인용.

48 《천하인의 시대》에서 재인용.

49 《16세기 서구인이 본 꼬라이》에서 재인용.

50 《천하인의 시대》에서 재인용.

51 《천하인의 시대》에서 재인용.

52 John W. O'Malley, Gauvin Alexander Bailey, Steven J. Harris, T. Frank Kennedy, 《The Jesuits: Cultures, Sciences, and the Arts, 1540-1773》 Vol. 1, University of Toronto Press, 1999.

53 《천하인의 시대》에서 재인용.

54 藤田達生, 《蒲生氏郷》, ミネルヴァ書房, 2012.

55 《도요토미 히데요시와 남만인》에서 재인용.

56 《도요토미 히데요시와 남만인》에서 재인용.

57 《16세기 서구인이 본 꼬라이》에서 재인용.

58 鳥津亮二, 〈小西行長と宇土·八代-行長はこの地で何をしたのか〉《再検証小西行長》, 宇土市教育委員会, 2010.

59 《도요토미 히데요시와 남만인》에서 재인용.

60 《도요토미 히데요시와 남만인》에서 재인용.

61 《16세기 서구인이 본 꼬라이》에서 재인용.

62 鳥津亮二, 〈小西立佐と小西行長〉《高山右近》, 宮帶出版社, 2014.

63 上里隆史, 〈古琉球の軍隊とその歴史的展開〉《琉球アジア社会文化研究》 5, 2002.

64 이 대단히 흥미로운 사건에 대해서는 마쓰다 기이치의 《도요토미 히데요시와 남만인》과 박서(C. R. Boxer)의 《일본의 그리스도교 세기, 1549~1650(The Christian Century in Japan, 1549~1650)》(Carcanet Press Ltd, 1993)를 참고했다.

65 《천하인의 시대》에서 재인용.

66 《도요토미 히데요시와 남만인》에서 재인용.

67 《천하인의 시대》에서 재인용.

68 이케 스스무(池享), 《천하통일과 조선침략(天下統一と朝鮮侵略)》, 吉川弘文館, 2003.

69 이수광, 《지봉집》 제9권 〈류큐사신증답록(琉球使臣贈答錄)〉.

70 《うと學研究 35 ヨーロッパ史料に見る小西行長·ジュリアおたあ》(特集号), 宇土市教育委員会, 2014.

71 山崎信二, 《長崎キリシタン史-附考 キリスト教会の瓦》, 雄山閣, 2015.

72 《16세기 서구인이 본 꼬라이》에서 재인용.

73 김명섭, 《전쟁과 평화: 6·25전쟁과 정전체제의 탄생》, 서강대학교출판부, 2015.

74 《16세기 서구인이 본 꼬라이》에서 재인용.

75 루이스 프로이스 지음, 마쓰다 기이치 외 옮김, 《일본사》 2, 中央公論新社, 1978에서 재인용.

76 《16세기 서구인이 본 꼬라이》에서 재인용.

77 《천하인의 시대》에서 재인용.

78 鳥津亮二, 《小西行長》, 八木書店, 2010.

79 鳥津亮二, 〈小西立佐と小西行長〉《高山右近》, 宮帶出版社, 2014.

80 2018년에는 히라도의 '전 안진 묘립비(伝按針墓立碑)'에서 서양인 남성으로 추정되는 인골이 나와서 화제가 되었다(《아사히신문》 2018년 3월 3일자, 〈히라도의 '안진 무덤'에서 발견된 인골, 서양인의 것일 가능성(平戸の「按針墓」で発見の人骨、西洋人の可能性)〉). 윌리엄 애덤스에 대해서는 탐험사 저술가로 유명한 가일스 밀턴(Giles Milton)의 《사무라이 윌리엄: 일본을 개국시킨 영국인(Samurai William: The Englishman Who Opened Japan)》 (Farrar Straus & Giroux, 2003) 참고.

81 鳥津亮二, 〈"小西行長"とは何者か-その生涯の実像に迫る〉《再検証小西行長》, 宇土市教育委員会, 2010.

82 《닛케이신문》 2018년 10월 10일자, 〈世界で4冊目の日葡辞書発見=白井、田代両氏がリオで=1603年に長崎で出版〉 참고.

83 《국제신문》 2018년 9월 27일자, 〈초량왜관 터 건축 공사 때 전문가 입회조사〉 참고.

84 2018년 11월 현재, 정치적으로 자유주의 내지는 중도 좌파적이라고 할 헤이세이 덴노(平成天皇)와 보수파 아베 신조 정권 사이에서는 치열한 신경전이 벌어지고 있다. 2018년 10월 10일에는 덴노를 노골적으로 비난한 야스쿠니신사의 총책임자 고호리 구니오(小堀邦夫)가 책임을 지고 사직하기도 했다. 고호리는 내부 모임에서, 헤이세이 덴노가 야스쿠니신사를 참배하는 대신에 태평양전쟁 전몰지를 돌아다니며 참배하는 것을 비판하며 "지금의 폐하는 야스쿠니신사를 없애버리려 하고 있단 말이야!"라고 발언했다고 한다(《슈칸 포스트(週刊ポスト)》 2018년 10월 12~19일 합병특대호). 일본에는 좌파와 우익밖에 없고, 덴노는 당연히 우익 측에 속할 거라고 생각하는 많은 한국인에게는 선뜻 이해되지 않는 발언일 터다. 이 고호리 구니오 사건이 상징하는 것과 같이, 덴노와 현실 권력집단 간의 권력 갈등은 수백 년 역사를 지닌 일본의 정치적 전통이다.

85 Makoto Harris Takao, 〈Francis Xavier at the Court of Ōtomo Yoshishige: Representations of Religious Disputation between Jesuits and Buddhists in La conversione alla santa fede del re di

Bungo giaponese(1703)〉《Journal of Jesuit Studies》 3-3, 2016.

86 실제로 인하대학교 민경진 생명과학과 교수 연구팀이 2015년에 여러 가지로 실험을 해봤지만, '주초위왕(走肖爲王)'이라는 복잡한 모양을 만들어놓은 벌레와 나뭇잎은 없었다고 한다(〈Validation of 走肖爲王: Can insects write letters on leaves?〉《Entomological Research》 48-1, 2017 · 8).

87 드 브리스호의 항해와 지리상 발견에 대해서는 지명숙 · 왈라벤의《보물섬은 어디에》(연세대학교출판부, 2013) 참고.

88 《新編大村市史 第3巻 近世編》, 大村市史編さん委員会, 2015.

89 《동남아시아사: 전통 시대》에서 재인용.

90 주완요,《대만》, 신구문화사, 2003.

91 도널드 킨 지음,《일본인의 유럽 발견 1720~1830》 재인용.

92 네덜란드 동인도회사를 둘러싸고 급박하게 전개된 17세기 초기 북동 유라시아 동해안 연안 지역의 상황에 대해서는 숱한 자료와 연구 성과들이 나와 있다. 그 가운데 비교적 평이하게 읽을 수 있는 책이 일본무역사 연구자인 나가즈미 요코(永積洋子)의《히라도 네덜란드 상관 일기(平戸オランダ商館日記)》(講談社, 2000)이다. '네덜란드 상관 일기'란 히라도와 나가사키의 네덜란드 상관장으로 근무하던 사람들이 17세기 초기부터 19세기 후기까지 꾸준히 기록한 일지로, 이 시기 관련 분야를 연구하는 데 토대가 되는 자료다. 비유하자면 부산 왜관의 일본인 장(長)들이 대대로 남긴《관수일기(館守日記)》와 같다고 보면 된다.

93 아유타야의 네덜란드 동인도회사 상관에서 근무하던 예레미아 판 플릿(Jeremias van Vleit, 1602~1663)이 남긴 일련의 기록에서 야마다 나가마사와 아유타야 저팬타운의 동향을 살필 수 있다. 이에 대해서는 크리스 베이커(Chris Baker) 등이 쓴《판 플릿이 본 시암(Van Vliet's Siam)》(Silkworm Books, 2005)이 유용하다.

94 山内晋次,《日宋貿易と '硫黄の道'》, 山川出版社, 2009.

95 1637년에는 네덜란드인 아버지와 일본인 어머니 사이에서 태어난 코르넬리아 판 니엔루드(Cornelia van Nijenroode)라는 여성이 나가사키에서 바타비아로 보내졌다. 그녀의 아버지는 가족들에게 재산을 남기고 히라도에서 죽었지만, 그 재산은 네덜란드 동인도회사의 규약을 어기고 벌었다는 이유로 몰수되었고 그녀의 어머니는 일본인 남성과 재혼했다. 그 때문에 바타비아에 도착한 그녀는 고아원에 들어갔다가 네덜란드인 피테르 크놀(Pieter Cnoll)과 결혼했다. 크놀이 1672년에 사망하자 그녀는 바타비아 재판소 판사인 요한 비테르(Johann Bitter)라는 네덜란드인과 재혼했는데, 비테르가 그녀의 재산을 횡령하는 바람에 그녀는 1687년 12월에 네덜란드로 건너가서 법정 싸움을 계속 이어갔다. 10년 이상 이어진 두 사람의 법정 투쟁은 1691년에 그녀가 사망한 뒤에 끝났고, 재산은 비테르가 아니라 그녀의 두 손자에게 상속되었다.

96 《16세기 서구인이 본 꼬라이》에서 재인용.

97 자가타라 오하루의 절절한 사연에 대해서는 하네다 마사시의《동인도회사와 아시아의 바다》(선인, 2012) 참고.

98 이 책이 독일어에서 영어로, 영어에서 프랑스어와 네덜란드어로, 네덜란드어에서 일본어로 번역된 과정에 대해서는 오시마 아키히데(大島明秀)의《'쇄국'이라는 담론: 캠퍼 저·시즈키 다다오 역 〈쇄국론〉의 수용사('鎖国'という言説: ケンペル著·志筑忠雄訳 〈鎖国論〉の受容史)》(ミネルヴァ書房, 2009)에서 상세하게 다루고 있다.

99 浜野潔,《歴史人口學で読む江戸日本》, 吉川弘文館, 2011.

100 손병규 외 지음,《한국 역사인구학연구의 가능성》, 성균관대학교출판부, 2016.

101 나가사키에서 검열한 책의 장부를 수집하고 연구한 결과는 중국학 연구자 오바 오사무(大庭脩)의 명저《에도시대에 중국 선박이 실어온 책의 연구(江戸時代における唐船持渡書の研究)》(関西大學東西學術研究所, 1967) 참고.

102 水谷尚子,《中国を追われたウイグル人: 亡命者が語る政治弾圧)》, 文藝春秋, 2007 참고.

103 小島幸枝, 〈天理図書館蔵「天地始之事」について: (一)善本翻刻篇〉《東海學園女子短期大學紀要》 6, 1969 · 8.

찾아보기

ㄱ

ㅅ

ㅇ

ㅈ

ㅊ

ㅋ

일본인 이야기1
전쟁과 바다

김시덕 지음

초판 1쇄 2019년 11월 22일 발행
초판 5쇄 2022년 3월 14일 발행

ISBN 979-11-5706-177-8 (04910)

만든 사람들
책임편집 유온누리
디자인 박대성
마케팅 김성현 김규리
인쇄 한영문화사

펴낸이 김현종
펴낸곳 (주)메디치미디어
경영지원 전선정 김유라
등록일 2008년 8월 20일 제300-2008-76호
주소 서울시 중구 중림로7길 4, 3층
전화 02-735-3308
팩스 02-735-3309
이메일 medici@medicimedia.co.kr
페이스북 facebook.com/medicimedia
인스타그램 @medicimedia
홈페이지 www.medicimedia.co.kr

이 도서의 국립중앙도서관 출판예정도서목록(CIP)은
서지정보유통지원시스템 홈페이지(http://seoji.nl.go.kr)와
국가자료종합목록시스템(http://www.nl.go.kr/kolisnet)에서
이용하실 수 있습니다. (CIP제어번호: CIP2019044992)

이 도서는 한국출판문화산업진흥원의 '2019년 우수출판콘텐츠
제작 지원' 사업 선정작입니다.